职业教育电子商务专业教学用书

电子商务网络技术基础

（第3版）

陈孟建　陈奕婷　林　宏　编著

电子工业出版社
Publishing House of Electronics Industry
北京·BEIJING

内 容 简 介

"电子商务网络技术基础"是中等职业学校电子商务专业的一门专业基础课程，主要为学习和理解"电子商务"和"网络营销"及相关课程奠定基础。本书每章用案例引出理论知识、能力训练题、课后习题，以阅读材料为结尾，收集的内容和案例都较为流行。在编写方式上采取理论知识与实际案例相结合、由浅入深、循序渐进、易看懂、易操作的方式，从而易被广大读者所接受。本书主要内容包括电子商务与计算机网络、Internet 技术基础、WWW 浏览器与信息搜索、移动电子商务、文件传输与其他、其他 Internet 服务、网上休闲购物与大数据等。

本书可作为职业院校电子商务专业、工商管理专业的教材或参考用书，也适合具有中等以上文化程度的读者自学之用。

本书还配有电子教学参考资料包，包括电子教案、教学指南及习题答案等。

未经许可，不得以任何方式复制或抄袭本书之部分或全部内容。
版权所有，侵权必究。

图书在版编目（CIP）数据

电子商务网络技术基础 / 陈孟建，陈奕婷，林宏编著. —3 版. —北京：电子工业出版社，2021.1
ISBN 978-7-121-40283-8

Ⅰ. ①电… Ⅱ. ①陈… ②陈… ③林… Ⅲ. ①电子商务－计算机网络－中等专业学校－教材
Ⅳ. ①F713.36②TP393

中国版本图书馆 CIP 数据核字（2020）第 261051 号

责任编辑：徐 玲　　文字编辑：王凌燕
印　　刷：河北鑫兆源印刷有限公司
装　　订：河北鑫兆源印刷有限公司
出版发行：电子工业出版社
　　　　　北京市海淀区万寿路 173 信箱　邮编 100036
开　　本：787×1 092　1/16　印张：14　字数：358.4 千字
版　　次：2012 年 5 月第 1 版
　　　　　2021 年 1 月第 3 版
印　　次：2024 年 8 月第 7 次印刷
定　　价：39.00 元

凡所购买电子工业出版社图书有缺损问题，请向购买书店调换。若书店售缺，请与本社发行部联系，联系及邮购电话：（010）88254888，88258888。
质量投诉请发邮件至 zlts@phei.com.cn，盗版侵权举报请发邮件至 dbqq@phei.com.cn。
本书咨询联系方式：xuling@phei.com.cn。

本书第 2 版于 2016 年 6 月出版，至今已经 4 年多了。这 4 年多以来，经全国各地广大读者的使用，本书受到了好评。在这期间也收到了不少读者的来信。根据多位教师、读者及出版社提出的宝贵意见和建议，我们对本书第 2 版进行了修订。

电子商务的发展日新月异，特别是近几年涌现出许多新思维、新思想、新技术。为了使广大学生能适应现代电子商务管理的需要，我们在本次修订工作中做了以下几方面的调整：

（1）系统地修改和完善了书中的习题；

（2）系统地修改和完善了每章阅读材料的内容；

（3）更新了第 6 章 6.3 节的全部内容；

（4）更新了第 7 章 7.2 节、7.3 节的全部内容；

（5）对某些章节的案例也做了相应的调整。

总之，我们尽量保持本书的原有风格，使其既能方便学生学习，又能方便教师教学，希望本书能够给广大读者带来更大的帮助。

本书由浙江经贸职业技术学院陈孟建、杭州艺术学校陈奕婷、上海知识产权交易所林宏等共同编写。在编写过程中，得到了李锋之、刘逸平、沈美莉、邹玉金、袁志刚等专家、教授的帮助，在此表示衷心的感谢！

由于编者水平有限，加之时间仓促，书中难免还存在错误和不妥之处，恳请读者批评指正。

编　者

第1章 电子商务与计算机网络 ··· 1
引例1——小明的数字化生活 ··· 2
1.1 电子商务概述 ··· 3
1.1.1 什么是电子商务 ··· 3
1.1.2 电子商务的功能 ··· 3
1.1.3 电子商务的特点 ··· 5
1.2 计算机网络概述 ··· 7
1.2.1 什么是计算机网络 ··· 7
1.2.2 计算机网络类型 ··· 9
1.2.3 计算机网络结构 ··· 10
1.3 计算机网络拓扑结构 ··· 13
1.3.1 总线型网络拓扑结构 ··· 13
1.3.2 星形网络拓扑结构 ··· 14
1.3.3 环形网络拓扑结构 ··· 15
1.3.4 树形网络拓扑结构 ··· 15
1.4 电子商务网络安全 ··· 16
1.4.1 电子商务网络安全概述 ··· 16
1.4.2 电子商务网络安全的威胁 ··· 18
1.4.3 电子商务网络安全技术策略模型 ··· 19
1.4.4 PDRR网络安全模型 ··· 20
能力训练题1 宽带连接线水晶头制作训练 ··· 24
习题1 ··· 27
阅读材料1——中国电子商务未来五大发展趋势 ··· 29

第2章 Internet技术基础 ··· 31
引例2——远程会诊实例：乳腺癌术后复发患者的真实经历分享 ··· 32
2.1 Internet基本概念 ··· 33
2.1.1 什么是Internet ··· 33
2.1.2 Internet协议 ··· 34
2.1.3 Internet结构 ··· 35

2.2 Internet 发展史 40
2.2.1 Internet 的产生与发展 40
2.2.2 中国四大网络体系 42
2.2.3 中国大型科普网站 44
2.3 Internet 服务与 IP 地址 47
2.3.1 Internet 主要服务 47
2.3.2 IP 地址概念 48
2.3.3 域名定义及管理 49
能力训练题 2 如何从网上寻找资料 52
习题 2 55
阅读材料 2——5G 手机有哪些优点 56

第 3 章 Web 浏览器与信息搜索 58
引例 3——现实生活中的电子商务 59
3.1 Web 概述 60
3.1.1 Web 简介 60
3.1.2 Web 技术结构 61
3.1.3 Web 的特点 62
3.2 Web 浏览器 63
3.2.1 主页基本概述 63
3.2.2 全球资源定位器 64
3.2.3 360 安全浏览器 65
3.2.4 搜狗高速浏览器 67
3.3 搜索网上信息 72
3.3.1 网络信息的获取方法 72
3.3.2 搜索引擎的分类与工作原理 73
3.3.3 常用搜索引擎介绍 76
能力训练题 3 搜索引擎的使用 81
习题 3 83
阅读材料 3——基于 Web 挖掘的个性化搜索引擎技术 84

第 4 章 移动电子商务 87
引例 4——移动电子商务的故事：开业当天营业额达 4.67 万元 88
4.1 移动电子商务概述 89
4.1.1 移动互联网 89
4.1.2 移动电子商务 91
4.2 移动电子商务模式 95
4.2.1 移动电子商务平台 95

4.2.2　移动电子商务应用模式 ………………………………………………… 97
4.3　移动电子商务技术 ……………………………………………………………… 98
　　　4.3.1　无线应用协议（WAP） ………………………………………………… 98
　　　4.3.2　移动 IP 技术 …………………………………………………………… 99
　　　4.3.3　蓝牙技术 ………………………………………………………………… 100
　　　4.3.4　通用分组无线业务（GPRS）技术 ……………………………………… 101
　　　4.3.5　移动定位 ………………………………………………………………… 102
4.4　电子交易与支付 ………………………………………………………………… 103
　　　4.4.1　电子货币概述 …………………………………………………………… 103
　　　4.4.2　电子货币的表现形式 …………………………………………………… 104
　　　4.4.3　电子交易概述 …………………………………………………………… 108
　　　4.4.4　电子支付概述 …………………………………………………………… 110
　　　4.4.5　电子交易模型 …………………………………………………………… 111
　　　4.4.6　电子支付模型 …………………………………………………………… 114
能力训练题 4　电子钱包申领 ………………………………………………………… 118
习题 4 …………………………………………………………………………………… 120
阅读材料 4——智能电商时代已经来临 ……………………………………………… 122

第 5 章　文件传输与其他 …………………………………………………………… 124

引例 5——为什么要使用 FTP 传输文件 ……………………………………………… 125
5.1　文件传输（FTP）概述 ………………………………………………………… 126
　　　5.1.1　什么是 FTP ……………………………………………………………… 126
　　　5.1.2　FTP 工作原理 …………………………………………………………… 127
　　　5.1.3　FTP 工作模式 …………………………………………………………… 130
5.2　cuteFTP 软件的使用 …………………………………………………………… 133
　　　5.2.1　什么是 cuteFTP ………………………………………………………… 133
　　　5.2.2　cuteFTP 8.0 操作 ……………………………………………………… 136
　　　5.2.3　cuteFTP 8.0 动态菜单 ………………………………………………… 139
5.3　远程登录与新闻组服务 ………………………………………………………… 142
　　　5.3.1　远程登录（Telnet）服务 ……………………………………………… 142
　　　5.3.2　新闻组服务 ……………………………………………………………… 145
　　　5.3.3　新闻组的工作 …………………………………………………………… 147
能力训练题 5　cuteFTP 的使用 ……………………………………………………… 149
习题 5 …………………………………………………………………………………… 151
阅读材料 5——计算机的服务器地址和服务端口指的是什么 ……………………… 152

第 6 章　其他 Internet 服务 ………………………………………………………… 154

引例 6——微信和网络的故事 ………………………………………………………… 155

- 6.1 电子公告板（BBS） ……………………………………………………………… 155
  - 6.1.1 BBS 概述 ………………………………………………………………… 155
  - 6.1.2 BBS 的类型 ……………………………………………………………… 156
  - 6.1.3 BBS 的功能 ……………………………………………………………… 158
  - 6.1.4 Web 形式访问 BBS ……………………………………………………… 159
- 6.2 IP 电话 …………………………………………………………………………… 162
  - 6.2.1 IP 电话概述 ……………………………………………………………… 162
  - 6.2.2 IP 电话工作原理 ………………………………………………………… 163
  - 6.2.3 IP 电话的实现方式 ……………………………………………………… 165
  - 6.2.4 典型 IP 电话软件 ………………………………………………………… 166
- 6.3 微信与微商 ……………………………………………………………………… 168
  - 6.3.1 微信概述 ………………………………………………………………… 168
  - 6.3.2 微信的基本功能 ………………………………………………………… 169
  - 6.3.3 微商概述 ………………………………………………………………… 170
  - 6.3.4 微商运营模式 …………………………………………………………… 172
  - 6.3.5 O2O 概述 ………………………………………………………………… 174
  - 6.3.6 O2O 的商业模式 ………………………………………………………… 174
  - 6.3.7 O2O 与电子商务 ………………………………………………………… 175
- 能力训练题 6 BBS 的使用 ……………………………………………………………… 177
- 习题 6 …………………………………………………………………………………… 179
- 阅读材料 6——微信的力量——智能化朋友圈 ……………………………………… 180

第 7 章 网上休闲购物与大数据 ……………………………………………………… 182

- 引例 7——我的网购故事 ……………………………………………………………… 183
- 7.1 网上购物 ………………………………………………………………………… 184
  - 7.1.1 网上购物概述 …………………………………………………………… 184
  - 7.1.2 在淘宝网上购物 ………………………………………………………… 185
  - 7.1.3 阿里旺旺的使用 ………………………………………………………… 186
- 7.2 人脸识别技术 …………………………………………………………………… 190
  - 7.2.1 人脸识别技术概述 ……………………………………………………… 190
  - 7.2.2 人脸识别技术在图书馆中的应用 ……………………………………… 192
  - 7.2.3 人脸识别技术在生活中的应用 ………………………………………… 192
- 7.3 大数据技术 ……………………………………………………………………… 194
  - 7.3.1 大数据概述 ……………………………………………………………… 194
  - 7.3.2 大数据技术概述 ………………………………………………………… 195
  - 7.3.3 大数据的应用 …………………………………………………………… 196
  - 7.3.4 大数据应用的顾客价值定位 …………………………………………… 197
- 7.4 云计算技术 ……………………………………………………………………… 199

  7.4.1 云计算概念 …………………………………………………………………… 199
  7.4.2 云计算交付模式 ………………………………………………………………… 200
  7.4.3 云计算部署模式 ………………………………………………………………… 201
  7.4.4 云计算关键技术 ………………………………………………………………… 202
能力训练题7 体验网上购物 ……………………………………………………………… 205
习题7 ………………………………………………………………………………………… 206
阅读材料7——一个90后女孩做微商的经验总结 ………………………………………… 208

参考文献 ………………………………………………………………………………… 211

第 1 章
电子商务与计算机网络

知识要点
- ❖ 电子商务的含义
- ❖ 电子商务的功能
- ❖ 计算机网络的定义
- ❖ 计算机网络的功能
- ❖ 计算机网络结构
- ❖ 电子商务与计算机网络的关系

能力要点
- ❖ 掌握计算机网络结构
- ❖ 掌握计算机网络在电子商务中的作用

引例1——小明的数字化生活

小明是某IT公司的一名职员，上班5年了，自己拥有小汽车、计算机，与同事合租了一套房子，生活得很不错。

早上闹钟将小明从梦中唤醒，他拿起手机看了看时间，已是6点钟了，他梳洗完毕就去吃早餐。昨天晚上因与同事一起喝了酒，车子停在单位，今天只能坐公交车。到了公交车站，小明看到许多等车的人在玩手机，便也拿出手机上网查看一下天气预报，又发了条短信给同事，告知今天没有开车，让同事不要再等他了。上了公交车，小明刷了电子钱包，刚坐下就看到公交车上的移动数字电视播出的公园花展广告，下周公园郁金香花展开始。每年的花展小明都会陪着女友去参观，于是小明立刻给远在英国留学的女友发了一条微信，问她能否回来参观今年的花展。

到了单位，小明首先在签到机上"刷脸"。（单位最近刚安装了我国自行研制生产的考勤机。）到自己的办公室打开计算机，连上网络后，看到一条用户求助信息，要求帮助指导安装ERP软件。小明打开微信软件，在"微信远程控制电脑桌面"功能的帮助下，解决了用户的软件安装问题。之后，又接到电话，老总在外地需要临时召开一个网络会议。小明打开公司网站，进入网络会议对话系统后，会议马上就开始了。会议上，经理和全体技术部员工商讨公司技术研发创新的问题，鼓励每位员工充分发挥自己的才能，提出可行性的建议，并最好能画出电子图表，做出具体的方案，以电子文稿的形式发给公司经理秘书处。会议完毕，小明根据自己对技术研发领域的了解，在网上查阅了相关资料，总结出相对合理的方案，然后将其发到了秘书处的微信群。

中午休息期间，小明在"边锋"网站上与网友进行了国际象棋的对弈，然后，又在"小说阅读"网站上阅读了几篇短篇小说。下午一上班，他就接到一个客户安装硬件的求助电话。由于客户单位距离较远，小明不认识路，就打开5G手机叫了一辆"百度"的智能汽车，半小时后顺利到达目的地。解决了客户的问题之后，小明回到公司，到技术部交代了业务完成情况，并将业务设备交还原处，这时已到了下班时间。小明开着车，伴随着车上MP4美妙的音乐，一路向家驶去。在路上，小明用5G手机打开家里的空调，将温度调到24℃。

回到家里，小明从冰箱里拿出一瓶冰镇的啤酒，一边喝着啤酒一边打开计算机，在电子商务网站上找了一家快餐店并订了一份快餐，10分钟后服务生就把快餐送到家里了。他边吃晚餐边打开数字电视，看了晚间新闻和股市行情。晚餐后，小明忽然想到家中的水电费要交了，就打开计算机，登录中国工商银行网上银行，运用转账功能支付了水电费。之后他又取出数码相机，将上周和同事一起出去旅游拍的照片复制出来，通过微信传输给女友，又和女友聊了几句。此时才7点50分，小明给在老家生活的老爸老妈打了电话。想到今天单位同事推荐的一部新播的热门电影《流浪地球》，小明就打开PPS软件搜索到影片。看完电影，已将近10点钟，小明有了困意，冲了澡，回到卧室，打开酷狗音乐，躺在床上欣赏着舒缓的音乐，10分钟后逐渐进入了梦乡……

以上是小明一天的数字化生活。如果你也想要这样的生活，那么就请学习本书中的知识，它会教你如何适应现代化的数字生活，如何在网络上自由翱翔。

第1章 电子商务与计算机网络

1.1 电子商务概述

1.1.1 什么是电子商务

电子商务是利用计算机技术、网络技术和远程通信技术，实现整个商务（买卖）过程中的电子化、数字化和网络化。

1. 电子商务广义定义

广义的电子商务是指使用各种电子工具从事商务活动。这些工具包括初级的电报、电话、广播、电视、传真机、计算机、计算机网络，以及 NII（国家信息基础结构——信息高速公路）、GII（全球信息基础结构）和 Internet 等现代系统。而商务活动是指从泛商品（实物与非实物、商品与非商品化的生产要素等）的需求活动到泛商品的合理、合法的消费除去典型的生产过程后的所有活动。

2. 电子商务狭义定义

狭义的电子商务是指利用 Internet 从事商务活动，即在技术、经济高度发达的现代社会里，掌握信息技术和商务规则的人，系统化地运用 Internet，高效率、低成本地从事以商品交换为中心的各种活动的总称。

这个定义突出了电子商务的前提、中心、重点、目的和标准，指出它应达到的水平和效果。它是对电子商务更严格和体现时代要求的定义。它从系统的观点出发，强调人在系统中的中心地位，将环境与人、人与工具、人与劳动对象有机地联系起来，用系统的目标、系统的组成来定义电子商务，从而使它具有生产力的性质。

1.1.2 电子商务的功能

电子商务可提供网上交易和管理等全过程的服务，因此它具有广告宣传、咨询洽谈、网上订购、网上支付、电子账户管理、服务传递、意见征询、交易管理等多种功能。

1. 广告宣传

电子商务使企业可以通过自己的Web服务器、网络主页（Home Page）和电子邮件（E-mail）在全球范围做广告宣传，在 Internet 上宣传企业形象和发布各种商品信息，用户利用 Web 浏览器可以迅速找到所需要的商品信息。与其他各种广告形式相比，网上的广告成本最为低廉，而提供给用户的信息量最为丰富。

2. 咨询洽谈

电子商务可借助非实时的电子邮件（E-mail）、新闻组（News Group）和实时的讨论组

（Chat）、即时通信工具（IM）来了解市场和商品信息、洽谈交易事务，如有进一步的需求，还可用网上的白板会议（Whiteboard Conference）来交流即时的图形信息。网上的咨询和洽谈能超越人们面对面洽谈的限制，提供多种方便的异地洽谈形式。

3．网上订购

电子商务通过 Web 中电子邮件的交互传送实现客户在网上的订购。企业的网上订购系统通常都在商品介绍页面提供十分友好的订购提示信息和订购交互表格，当客户填完订购单后，系统回复确认信息单，表示订购信息已收悉。电子商务的客户订购信息采用加密的方式传输，使客户和商家的商业信息不会被泄露。

4．网上支付

电子商务是一个完整的过程，网上支付是其中一个非常重要的环节。客户和商家之间可采用信用卡账号进行支付。采用电子支付手段可省略交易中很多人力成本。网上支付需要可靠、安全的信息传输控制，以防止欺骗、窃听、冒用等非法行为。

5．电子账户管理

网上支付必须有电子金融的支持，即银行或信用卡公司及保险公司等金融单位要提供网上操作金融项目的服务，而电子账户管理是其基本组成部分。

信用卡号或银行账号都是电子账户的一种标志，其可信度需配以必要的技术措施来保证。例如，数字证书、数字签名、加密等手段的应用均保障了电子账户操作的安全性。

6．服务传递

电子商务通过服务传递系统将客户所订购的商品尽快地传送到已订货并付款的客户手中。对于有形的商品，服务传递系统可以在网络中对本地和异地的仓库进行物流的调配，通过快递业完成商品的传送；而对于无形的信息产品，如软件、电子读物、信息服务等，则立即从电子仓库中将商品通过网络直接传递到用户端。

7．意见征询

企业的电子商务系统可以利用网页上的"选择""填空"等选项及时收集客户对商品和销售服务的反馈意见。客户的反馈意见有助于提高网上交易服务水平，使企业获得改进产品、发现市场的商业机会，让企业的市场运作形成一个良性的封闭回路。

8．交易管理

电子商务的交易管理系统可以完成对网上交易活动全过程中的人、财、物、客户及本企业内部各方面的协调和管理。

电子商务的上述功能，为网上交易提供了一个良好的服务和管理环境，使电子商务的交易过程得以顺利和安全地完成，并可以使电子商务获得更广泛的应用。

1.1.3 电子商务的特点

电子商务具有以下几个主要特点。

1．全球化

Internet 是普遍存在的，它的互联性决定了电子商务的跨国性，它的开放性决定了电子商务市场的全球性。电子商务可在一种无国界的、开放的范围内去寻找目标客户、供应商和合作伙伴。电子商务带来了更大范围内成交的可能性，因而能使企业的产品卖得更多。同时，电子商务也提供了更广泛的价格和质量的可比性，在网上，"货比万家"的说法是成立的，客户有了更多的选择，可以买到更便宜的商品，而这种可比性，使市场竞争更加激烈。

2．数字化

当商务及与商务活动相关的各种信息都以数字形式被采集、存储、处理和传输的时候，商务模式就发生了质的变化，数字生活、数字商务、虚拟企业等数字化形式应运而生。数字化具有的易于存储、查询、处理、修改等优越性，使人类前进的方向与数字化牢牢地捆绑在了一起。正是电子商务的数字化特点使得商务活动中的商流、资金流和信息流都能够在计算机网络中迅速传输，形成"三流合 e"的商务模式，这使得现代商务活动朝着"无纸"商务、信息商务、快速商务的方向发展。

3．个性化

电子商务个性化是指电子商务企业要向客户提供个性化的服务，主要包括以下三方面的内容。

（1）需求的个性化定制。由于自身条件不同，客户对商品和服务的需求也不尽相同，因此及时了解客户的个性化需求是电子商务企业的首要任务。

（2）信息的个性化定制。Internet 为个性化定制信息提供了可能，也预示着巨大的商机。《华尔街时报》很早就推出的个人电子报纸就是一例。Internet 最大的特点是实时、互动，随着网络互动电视的发展，消费者不仅可以实现电视点播，还能参与到节目的创意、制作过程。

（3）对个性化商品的需要。特别是技术含量高的大型商品，消费者不再只是被动地接受，商家也不仅仅是提供多样化的选择范围。消费者将把个人的偏好融入商品的设计和制造过程中。

电子商务个性化是企业创造竞争优势的重要手段。如今，在产品、价格乃至广告都同质化的今天，差异化竞争显得非常重要，这对于产品同质化程度较深、竞争异常激烈的 IT 行业来说尤甚。而个性化是体现差异化竞争优势的最好方式，实施电子商务个性化有助于提升企业的核心竞争力。

另外，个性化也是电子商务本身的价值所在。电子商务的价值就在于能够主动、快速、比较准确地对客户的需求做出反应，并通过电子数据交换、电子渠道等方式来满足客户需求。在这个交易过程中，其实质是企业对客户个性化需求的满足。电子商务的技术基础也为掌握客户的个性化需求提供了技术上的可能,如可以通过在线互动的方式直接了解客户的个性化需求,然后设法去满足。

个性化电子商务和电子商务个性化在国内外已渐成潮流,成为推动电子商务发展的加速器。如今,一些开展了电子商务的企业纷纷打出了个性化服务这张王牌。

4. 高效率

电子商务的信息传递基于电磁波的传输原理,主要采用 Internet 的传输信道,能够以每秒 30 万千米的速度(理想的理论值)将信息向前传递。在这种速度下,常规的时间和空间规律已经被彻底打破,电子商务已经突破了传统物理世界的时间限制和空间限制,使商务交易的效率和商务服务的效率都得到了极大的提高。

5. 交互性

各种信息交互协议决定了数字化信息可在计算机网络中进行双向传送,而电子商务正是基于这种网络环境的商务活动。因此,在电子商务过程中,可以轻松完成商务信息的双向传送,实现商务交易主体之间的信息交互。这是电子商务与传统商务相区别的重要方面。它预示着电子商务可以采用网络重复营销、网络软营销、数据库营销、一对一营销等现代营销的方式和手段,提高营销的效率和效益。

6. 方便性

电子商务的数字化特性和高效率特性使消费者的商务活动可以轻松突破时间和空间的限制。从理论上来讲,地球上的消费者可以在任何时间、任何地点轻松地实现商务购买。这虽然只是一个愿景,但是随着各种方便的网络设备被发明出来,电子商务正在逐步将这个美好的愿望变成现实(至少数字化商品可以尽快实现),这无疑给消费者的商务活动带来了极大的便利。

7. 低成本性

电子商务可以通过网络营销活动使企业提高营销效率,降低促销费用。据统计,在 Internet 上做广告,可以提高 10 倍的销售量,同时它的成本是传统广告的 1/10。另外,电子商务可以降低采购成本,因为借助 Internet,企业可以在全球市场寻求最优惠价格的供应商,而且可以通过与供应商信息共享,减少因中间环节信息不准确带来的损失。有资料表明,使用电子数据交换通常可以为企业节省 5%~10% 的采购成本。

因此,在充分利用各种电子商务技术和手段的情况下,制造类企业能够有效地降低运营成本,特别是其中的商品成本;而非制造类企业也能够有效降低其运营过程中发生的各种费用,从而使企业能够以较低的价格向消费者提供服务,保持较大的利润。

8. 改变了人们的生活方式

随着社会信息化的实现、Internet 应用的普及,人们在网上更加广泛地开拓自身活动和新领域,如网上教学、网上办公、网上查询、网上求职、网上预订、网上购物、网上竞标、网

上炒股、网上旅游、网上订票、网上阅读、网上开会、网上会诊、网上聊天、网上聚会、网上娱乐、网上生物认证、网上法律咨询等。总之，一切都是从网中来又回到网中去。人们对网络的需求更加多元化，对网络的应用更加广泛，与网络的关系更加密切，这一切都极大地改变了人们的生活方式。

1. 你去哪些网店购物呢？
   _____
2. 你购物时使用什么方式支付？
   _____
3. 网店小姐或先生服务态度酷吗？
   _____

1.2 计算机网络概述

1.2.1 什么是计算机网络

1. 计算机网络定义

所谓计算机网络，就是指将地理位置不同的具有独立功能的多台计算机及其外部设备，通过通信线路连接起来，在网络操作系统、网络管理软件及网络通信协议的管理和协调下，实现资源共享和信息传递的计算机系统，如图1-1所示。

2. 计算机网络要素

1）计算机网络基本要素

通过对计算机网络定义的分析可以看出，计算机网络必须具备以下基本要素：
（1）至少有两台具有独立操作系统的计算机。
（2）计算机之间要有通信手段将其互连。
（3）计算机之间要有相互通信的规则，也就是协议。
（4）配有网络软件。
（5）实现计算机资源共享。

2)计算机网络拓展要素

从资源、用户和管理角度来看,计算机网络应具备以下基本能力:

(1)从资源角度来看,网络应具有共享外部设备(如打印机、专用设备、外部大容量磁盘等)和公共信息(如公共数据库系统、数据库等)的能力;

(2)从用户角度来看,网络应具有把个人与众多的计算机用户连接在一起的能力;

(3)从管理角度来看,网络应具有共享集中数据管理(如备份服务、系统软件安装服务等)的能力。

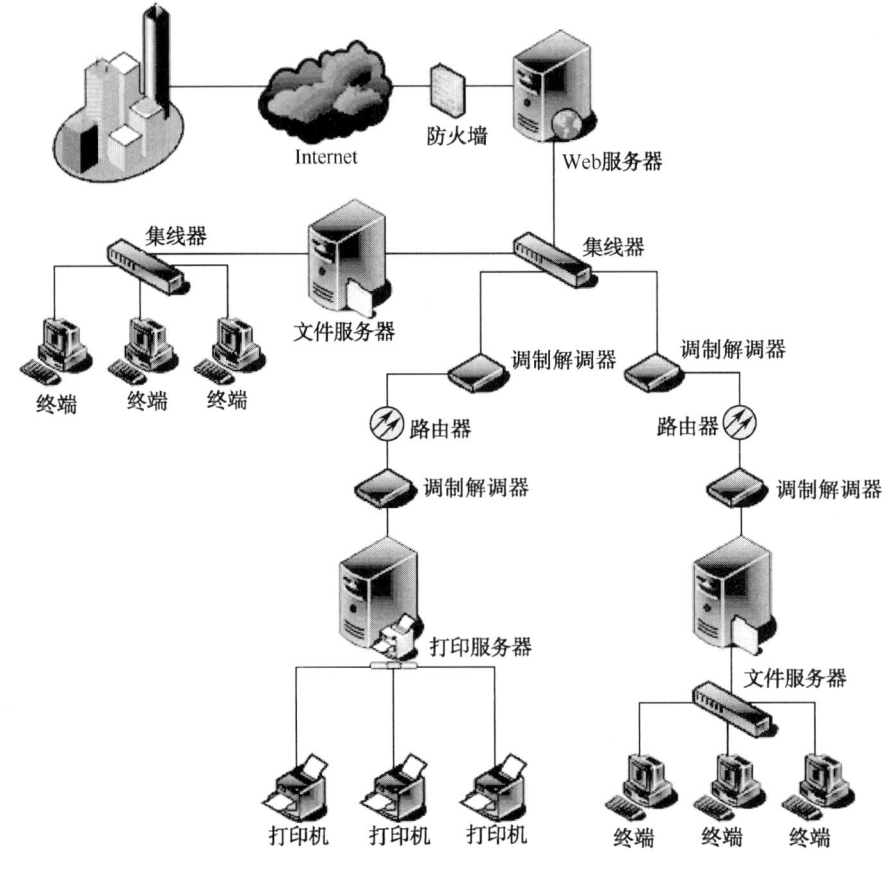

图1-1 计算机网络

3. 计算机网络功能

计算机网络具有以下几个功能。

1)资源共享功能

资源共享功能是计算机网络的主要功能,也是计算机网络最有吸引力的地方。它指的是网络上的用户都能够部分或全部地享受网络中的各种资源,如文件系统、外部设备系统、数据信息系统及各种服务系统等,使网络中各地区的资源互通有无、分工协作,从而大大提高系统资源的利用率。

2）信息传递与集中处理功能

信息传递与集中处理功能是计算机网络的基本功能之一。这一功能主要用以实现计算机与终端或别的计算机之间各种信息的传递，以及将地理位置分散的生产单位或业务部门甚至个人等通过计算机网络连接起来，进行集中的控制和管理。

3）综合信息服务功能

通过计算机网络可以向全社会提供各种经济信息、商业信息、物流信息、科研情报和咨询服务等。例如，电子商务就是利用 Internet 实现企业与企业之间、企业与消费者之间、消费者与消费者之间、企业与政府之间的各种综合信息的服务。又如，综合业务数据网络就是将电话、传真机、电视机、复印机等设备纳入计算机网络中，从而实现了数字、声音、图形、图片等多种信息的传递。

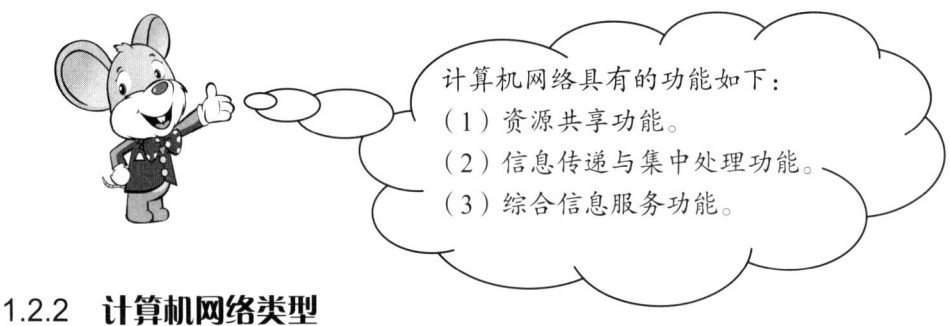

计算机网络具有的功能如下：
（1）资源共享功能。
（2）信息传递与集中处理功能。
（3）综合信息服务功能。

1.2.2 计算机网络类型

计算机网络根据覆盖范围进行分类，可以分为局域网络（LAN）、城域网络（MAN）、广域网络（WAN）等类型。

1．局域网络

局域网络（Local Area Network，LAN）是指某一个单位在某一个小范围内（如某一幢大楼、某一个建筑物、某一所学校、某一所医院等）组建的计算机网络，一般在 10 千米范围内。该网络具有组网方便、使用灵活、操作简单等特点，组成该网络的计算机并不一定是微型计算机。局域网络是目前计算机网络中发展最为活跃的一种网络，它起源于 20 世纪 80 年代初期，是随着微型计算机的大量使用而迅速发展起来的一种新型网络。如果这一网络中的计算机都是微型计算机，则称这种网络为微机型局域网络。

局域网络的特点如下：

（1）局域网络覆盖有限的地理范围，它适用于学校、机关、公司、工厂等有限距离内的计算机、终端与各类信息处理设备联网的需求。

（2）局域网络一般属于一个单位所有，易于建立、维护和扩展。

（3）局域网络具有高数据传输速率（10～100MB/s，甚至高达 1GB/s）、低误码率的高质量数据传输环境。

（4）决定局域网络特性的主要技术要素有：网络拓扑、传输介质、介质访问控制方法等。

（5）局域网络从介质访问控制方法的角度可以分为两类，即共享介质局域网络与交换局域网络。

2．城域网络

城域网络（Metropolitan Area Network，MAN）的范围可以覆盖一组单位（如一个地区的教育局及所属的所有学校）甚至一个城市。这种网络一般来说是在一个城市但不在同一地区范围内的计算机互联。这种网络的连接距离可以在 10~100 千米，它采用的是 IEEE 802.6 标准。MAN 与 LAN 相比，其扩展的距离更长，连接的计算机数量更多，在地理范围上可以说是 LAN 的延伸。在一个大型城市或都市地区，一个 MAN 通常连接着多个 LAN 网，如连接政府机构的 LAN、连接医院的 LAN、连接电信企业的 LAN、连接公司企业的 LAN 等。光纤连接的引入，使 MAN 中高速的 LAN 互联成为可能。

城域网络多采用 ATM 技术做骨干网。ATM 是一个用于数据、语音、视频及多媒体应用程序的高速网络传输方法。ATM 包括一个接口和一个协议，该协议能够在常规的传输信道上，在比特率不变及变化的通信量之间进行切换。ATM 也包括硬件、软件及与 ATM 协议标准一致的介质。ATM 提供一个可伸缩的主干基础设施，以便能够适应不同规模、速度及寻址技术的网络。ATM 的最大缺点就是成本太高，所以一般在政府城域网络中应用，如邮政 MAN、银行 MAN、医院 MAN 等。

3．广域网络

广域网络（Wide Area Network，WAN）是一种涉及范围较大的远距离计算机网络，即一个地区、一个省、一个自治区、一个国家及在它们之间甚至全世界建立的计算机网络。因此，我们又将广域网络称为远程网络，如环球网络 WWW、国际互联网络 Internet 等。Internet 把全世界 180 多个国家的计算机主机和近 5 亿个用户紧密地连在一起，使用户之间互通信息，共享计算机和各种信息资源。

由于广域网络传输距离远，所以传输的装置和介质由电信部门提供，如长途电话线、微波和卫星通道、光缆通道等，也有使用专线电缆的。广域网络由多个部门或多个国家联合建立，规模大，能够实现较大范围内的资源共享。

广域网络具有以下几个特点。

（1）覆盖地理范围广，信息传递距离从几十千米一直可达几万千米甚至几十万千米。

（2）信息传递速率比较低。

（3）传输误码率为 $10^{-6} \sim 10^{-4}$。

（4）一般可以由多个局域网络互联而成，广域网络中包含了多种网络结构，并可以根据用户的需要进行随意组网。

1.2.3 计算机网络结构

我们知道，计算机网络主要完成数据通信和数据处理，因此计算机网络结构包括两部分：一部分是数据通信系统（通信子网）；另一部分是数据处理系统（资源子网），如图 1-2 所示。

从图 1-2 中可知，通信子网由通信控制处理机、通信线路与其他通信设备组成，负担着全网数据传输、通信处理任务；而资源子网由主计算机系统、终端控制器、联网外设、各种软件资源与信息资源组成，包含着网络的数据处理资源和数据存储资源，负责全网数据处理和向网络用户提供网络资源和网络服务。

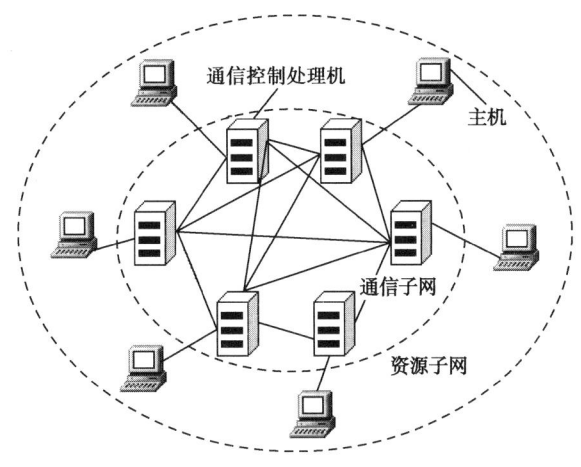

图1-2　计算机网络结构

1．主计算机

连接于网络上的供网络用户使用的计算机称为主机，用来运行用户的应用程序，为用户提供资源和服务。网络上的主机也称为节点机。主机一般由具有较高性能的计算机承担。

2．服务器

服务器是网络的核心部件。根据服务器在网络中所起的作用，它又可以分为文件服务器、打印服务器和通信服务器三种。

1）文件服务器

文件服务器负责对数据文件的有效存储、提取及传输，并执行读、写、访问控制及数据管理等操作。文件服务器配有大容量的磁盘存储器，以存放网络的文件系统，磁盘存储器可以是服务器的内部磁盘，也可以是外部磁盘。文件服务器上运行的是网络操作系统，其基本任务是协调、处理各工作站提出的网络服务请求，完成文件的传输、文件存储、同步更新、归档及数据移动等功能。

服务器的选择是非常重要的，网络越大，越需要选择性能高的服务器。这是因为影响文件服务器性能的主要因素包括处理机类型和速度、内存容量和内存通道的访问速度、缓冲能力、磁盘存储容量等。服务器可以是专用的，也可以是非专用的。对于专用服务器来说，它的全部功能都用于网络的管理和服务，能提高用户的访问速度和使用效率。非专用服务器也叫并发服务器，除作为文件服务器外，还可以作为用户工作站来使用，这时，服务器的一部分功能用于工作站上，将降低整个网络的系统性能。

2）打印服务器

打印服务器是网络上的应用服务器，它用来控制和管理对打印机和传真设备的访问。打印服务内容包括接受打印作业的请求、解释打印作业格式及打印机的设置、管理打印队列等。

打印服务器的特点如下：
（1）利用有限的接口提供多个访问。
（2）排除距离上的限制。
（3）处理同时来的打印请求，并对它们进行排队。
（4）共享专用设备。

3）通信服务器

通信服务器负责网络中各用户与主计算机的通信，以及网与网之间的通信。通信服务内容包括对二进制数据、图像数据及数字化声像数据的存储、访问和收发等。通信服务器与文件服务器相似，但也存在不同之处。例如，通信服务器能够主动地处理计算机用户之间、用户应用程序之间、网络应用程序之间或文件之间的交互通信。通信服务不仅是简单地将数据文件存储起来，它还将数据一个点一个点地往前传送并且通知等待这些数据的用户。

通信服务器的功能如下：
（1）在用户间传递计算机生成的通知及文件。
（2）将电子邮件及声音邮件系统集成到一起。
（3）利用面向对象的软件对分布在网络各处的对象进行处理。
（4）利用工作流程及目标连接应用文件发送和共享数据。
（5）组织及维护用户和设备的信息目录。

3．节点

节点又可分为两类，即转接节点和访问节点。其中转接节点的作用是支持网络的连接性能，它通过所连接的链路来转接信息，通常这类节点有集中器、转接中心等。访问节点包括具有连接的链路，还包括计算机或终端设备，它有发信节点和收信节点的作用，访问节点也称为端点。

4．链路

链路是指两个节点间承载信息流的线路或信道，所使用的介质可以是电话线路、电报线路或微波通路，每个链路在单位时间内可以接纳的最大信息量被称为链路容量。

5．通路

通路指的是从发信节点到收信节点的一串节点和链路，即一系列穿越通信网络而建立路由的"端点—端点"链路。

6．终端

终端是网络中用量最大、分布最广的设备，是用户直接进行操作和使用的一种设备。用户通过终端机进行网络操作，实现资源共享、互相联络的目的。终端种类很多，如键盘、显示器、智能终端机等。终端的连接方法有两种：一种是近程终端，它可直接连到通信控制处理机上；另一种是远程终端，它往往要通过集中器连到通信控制处理机上。终端设备可使用一般性能的物美价廉的微机充当。

7．通信控制处理机

通信控制处理机也称为节点计算机或前端计算机，该计算机负责通信控制和通信处理工作，主要控制所在模块的信息传输。在一个网络中，通信任务是非常繁重的，而且通信效益的高低、通信质量的好坏直接影响着网络的正常运行，所以，该计算机一般为小型机或高档微机。

8．通信设备

通信设备主要起着数据传输的作用，该设备主要包括集线器、信号变换器和多路复用器等。其中集线器设置在终端较集中的地方，负责把多个远程终端经低速线路集结在一起，然后通过一条高速线路连到通信控制处理机上。

1.3 计算机网络拓扑结构

网络中的计算机通常作为一个节点来对待，这些节点空间布局的形式常被称为网络拓扑，它代表了一个网络的基本结构。

所谓网络"拓扑"，就是几何的分支，即它将实物抽象化为与其大小和形状无关的点、线、面，然后再来研究这些点、线、面的特征。

计算机网络拓扑结构中，将网络单元抽象为节点，将通信线路抽象为链路。计算机网络是由一组节点和连接节点的链路组成的。

1.3.1 总线型网络拓扑结构

总线型网络拓扑结构是一种比较简单的结构，采用了一根中央主电缆，即被称为公共总线的传输介质，各节点直接与总线相连接，信息沿总线介质逐个节点地广播传送。这种结构非常简单，所需要的电缆也很少。总线型网络拓扑结构示意图如图1-3所示。

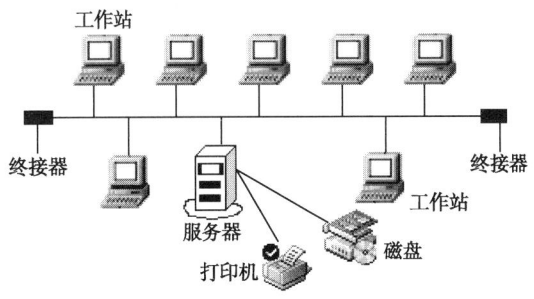

图1-3 总线型网络拓扑结构示意图

从图1-3中可知，总线型网络拓扑结构上的所有工作站或计算机都通过相应的硬件接口直接连在一根中央主电缆上,任何一个节点的信息都可以沿着总线向两个方向传输扩散,并且能被总线中的任何一个节点所接收。其传输方式类似于广播电台,所以,总线型网络也称为广播式网络。

总线型网络拓扑结构的特点如下:
（1）网络结构简单灵活,节点的插入、删除都较方便,因此易于网络的扩展。
（2）可靠性高,由于总线通常采用无源工作方式,因此任一个节点故障都不会造成整个网络的故障。
（3）网络响应速度快,共享资源能力强,便于广播式工作。
（4）设备量少,价格低,安装使用方便。
（5）故障诊断和隔离困难,网络对总线比较敏感。

1.3.2　星形网络拓扑结构

星形网络拓扑结构是由中央节点与各个节点连接而成的,各节点与中央节点通过点到点的方式连接。中央节点可直接与从节点通信,而从节点之间必须经过中央节点才能通信。通常中央节点由一种称为集线器（HUB）的设备充当,因此,网上的计算机之间都是通过集线器来相互通信的。星形网络拓扑结构示意图如图 1-4 所示。

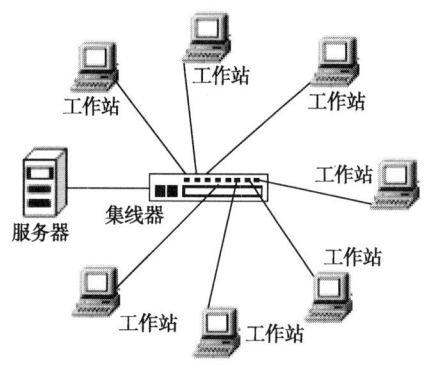

图 1-4　星形网络拓扑结构示意图

从图 1-4 可知,在星形网络拓扑结构上,所有工作站都与中央节点相连。中央节点又称为中心转接站,控制全网的通信,任何两个节点之间的通信都要通过中央节点进行。所以对中央节点要求相当高,中央节点相当复杂,负担比各工作站重得多,因此,中央节点的故障可能造成全网瘫痪。

星形网络拓扑结构的特点如下:
（1）网络结构简单,便于管理,控制简单,联网和建网都容易。
（2）网络延时时间较短,误码率较低。
（3）网络共享资源能力较差,通信线路利用率不高。
（4）节点间的通信必须经过中央节点进行转接,中央节点载荷大,工作复杂。
（5）现有的数据处理和声音通信的信息网大多采用星形

> 目前,大多局域网都采用星形网络拓扑结构。

网络拓扑结构。

1.3.3 环形网络拓扑结构

环形网络拓扑结构指的是在网络中的各节点通过环路接口连在一条首尾相接的闭合环形通信线路中，环路上的任何节点均可以请求发送信息，请求一旦被批准，便可以向环路发送信息。环形网络拓扑结构示意图如图 1-5 所示。

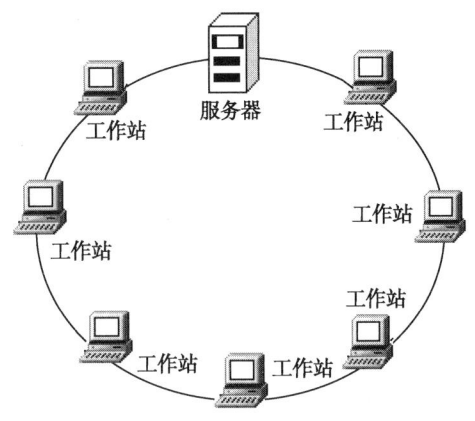

图 1-5　环形网络拓扑结构示意图

从图 1-5 可知，在环形网络拓扑结构上的所有工作站都通过一条环形线首尾相连，环形网络拓扑结构中的数据按照事先约定好的方向，从一个节点单向传送到另一个节点，没有路径选择问题。由于环线是公用的，所以，一个节点发出的信息必须穿越环中所有的环路接口，信息流中目的地址与环上某节点地址相符时，信息被该节点的环路接口所接收，而后的信息继续流向下一环路接口，一直流回到发送信息的环路接口节点为止。在整个发收信息过程中，任何一个接口损坏都将导致整个网络瘫痪。

环形网络拓扑结构的特点如下：

（1）信息在网络中沿固定的方向流动，两个节点间仅有唯一的通路，大大简化了路径选择的控制。

（2）由于信息是串行穿过多个节点环路接口的，所以，当节点过多时，传输效率会受到影响，网络响应时间会变长。

（3）环路中每一个节点的收发信息均由环路接口控制，控制软件较简单。

（4）当网络固定后，其延时也确定，实时性强。

（5）在网络信息流动过程中，由于信息源节点到目的节点都要经过环路中各中间节点，所以，任何两个节点之间的故障都将导致环路失常，可靠性差。由于环路是封闭的，不易扩展。

1.3.4 树形网络拓扑结构

树形网络拓扑结构是总线型网络拓扑结构的扩展，它是在总线型网络拓扑结构上加分支形成的。该结构与 DOS 中的目录树结构相似，其传输介质可有多条分支，但不形成闭合回路。树形网络拓扑结构示意图如图 1-6 所示。

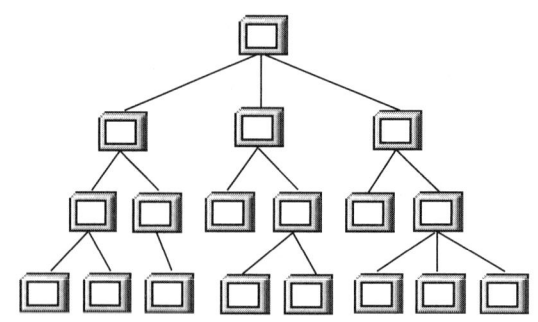

图 1-6　树形网络拓扑结构示意图

从图 1-6 可知，树形网络拓扑结构是层次结构，它是一种分级管理基础上的集中式网络。其主要通信是在上下级节点之间进行的。最上层的节点称为根节点，具有统管全网的能力，下面的节点称为子节点，具有统管所在支路网部分节点的能力。一般一个分支节点的故障不影响到另一个分支节点的工作，任何一个节点发出的信息都可以传遍到整个传输介质。该网络也是广播式网络，树形网络上的链路具有一定的专用性，无须对原网做任何改动就可以扩充工作站。

树形网络拓扑结构的特点如下：

（1）通信线路较短，所以网络成本低。

（2）链路具有一定的专用性，所以易于维护和扩展。

（3）某一个分节点或连线上的故障将影响该支路网的正常工作。

（4）树形网络拓扑结构较星形网络拓扑结构复杂。

网络拓扑结构是网络的基本要素，处于基础性地位，选择合适的网络拓扑结构很重要。确定拓扑结构，要考虑联网的计算机数量、地理覆盖范围、网络节点变动情况及今后的升级或扩展因素。

以上几种拓扑结构各有千秋，目前符合广播式布线系统的星形网络拓扑结构和双绞线传输介质将会成为 21 世纪局域网最流行的趋势。应当指出的是，在实际组建网络时，其拓扑结构不一定是单一的，通常是这四种拓扑结构的综合利用，在微机局域网互联技术得到大力发展后，会出现某种拓扑结构的复合形式。

1.4　电子商务网络安全

1.4.1　电子商务网络安全概述

1．电子商务网络安全的含义

电子商务网络安全泛指网络系统的硬件、软件及系统中的数据受到保护，不因偶然的或恶意的原因而遭到破坏、更改、泄露；系统连续、可靠、正常地运行，网络服务不被中断。

电子商务网络安全包括系统安全和信息安全两部分。系统安全主要指网络设备的硬件、操作系统和应用软件的安全；信息安全主要指各种信息的存储、传输的安全，具体体现在保密性、完整性及不可抵赖性上。

2．电子商务网络安全的内容

1）物理安全

物理安全是指用来保护计算机网络中的传输介质、网络设备和机房设施安全的各种装置与管理手段。物理安全包括防盗、防火、防静电、防雷击和防电磁泄漏等方面的内容。

物理上的安全威胁主要涉及对计算机或人员的访问。可用于增强物理安全的策略有很多，如将计算机系统和关键设备布置在一个安全的环境中，销毁不再使用的敏感文档，保持密码和身份认证部件的安全性，锁住便携式设备等。物理安全的实施更多地依赖行政干预手段，同时结合相关技术手段。如果没有基础性的物理保护，如带锁的开关柜、数据中心等，物理安全是不可能实现的。

2）逻辑安全

逻辑安全主要通过用户身份认证、访问控制、加密、安全管理等方法来实现。

（1）用户身份认证。身份证明是所有安全系统不可或缺的一个组件。它是区别授权用户和入侵者的唯一方法。为了实现对信息资源的保护，并知道何人试图获取网络资源的访问权，任何网络资源拥有者都必须对用户进行身份认证。当使用某些更高级的通信方式时，身份认证特别重要。

（2）访问控制。访问控制是制约用户连接特定网络、计算机与应用程序，获取特定类型数据流量的能力。访问控制系统一般针对网络资源进行安全控制区域划分，实施区域防御的策略。在区域的物理边界或逻辑边界使用一个许可或拒绝访问的集中控制点。

（3）加密。加密用于抵御在访问控制和身份验证过程中系统完全有效的情况下，当数据通过网络传送时，企业仍可能被窃听的风险。事实上，低成本和连接的简便性已使 Internet 成为企业内和企业间通信的一个极为诱人的媒介。同时，无线网络的广泛使用也在进一步加大网络数据被窃听的风险。加密技术针对窃听提供保护，只有具有解密数据所需密钥的人员才能读取信息。

3）操作系统安全

计算机操作系统是一个"管家婆"，它担负着自身宏大的资源管理任务、频繁的输入/输出控制任务，以及不可间断的用户与操作之间的通信任务。操作系统具有"一权独大"的特点，所有计算机和网络入侵及非法访问者都是以摄取操作系统的最高权力作为入侵手段的。因此，操作系统安全的内容就是采用各种技术手段和采取合理的安全策略，降低系统的脆弱性，使计算机处于安全、可靠的环境中。

4）联网安全

联网安全是指保证计算机联网使用后操作系统的安全运行及计算机内部信息的安全。联网安全可以通过以下几个方面的安全服务来实现：

（1）联网计算机用户必须很好地采取措施，确保自己的计算机不会受到病毒的侵袭。

（2）访问控制服务，用来保护计算机和联网资源不被非授权使用。

（3）通信安全服务，用来认证数据机密性与完整性，以及通信的可信赖性。

1.4.2　电子商务网络安全的威胁

电子商务网络安全的威胁包括以下几个方面。

1．信息泄露

信息泄露是指敏感数据在有意、无意中被泄露，被丢失或透露给某个未授权的实体。它通常包括：信息在传输中被丢失或泄露，如利用电磁波泄漏或搭线窃听等方式截获信息；通过网络攻击进入存放敏感信息的主机后，信息被非法复制；通过对信息流向、流量、通信频度和长度等参数的分析，推测出有用信息，如用户账号、口令等。

2．软件漏洞

每一个操作系统或网络软件的出现都不可能是完美无缺的，这就使我们的计算机处于危险的境地，一旦连接入网，将成为众矢之的。

3．安全配置不当

安全配置不当造成安全漏洞，如果防火墙软件的配置不正确，就根本不起作用。对于特定的网络应用程序，当它启动时，就打开了一系列的安全缺口，许多与该软件捆绑在一起的应用软件也会被启用，除非用户禁止该程序或对其进行正确配置，否则，安全隐患始终存在。

4．安全意识不强

用户口令选择不慎，或者将自己的账号随意转借他人及与别人共享等都会给网络安全带来威胁。

5．病毒

目前数据安全的头号大敌是计算机病毒，它是编制者在计算机程序中插入的破坏计算机功能或数据，影响计算机软件、硬件的正常运行并且能够自我复制的一组计算机指令或程序代码。计算机病毒具有传染性、寄生性、隐蔽性、触发性、破坏性等特点，因此，提高对病毒的防范刻不容缓。

6．黑客

计算机黑客也是对计算机数据安全构成威胁的一方面。计算机黑客利用系统中的安全漏洞非法进入他人的计算机系统，其危害性非常大。从某种意义上讲，黑客对信息安全的危害甚至比一般的计算机病毒更为严重。

7．完整性破坏

以非法手段窃得对信息的管理权，通过未授权的创建、修改、删除和重放等操作破坏完整性。

8．服务拒绝

服务拒绝是指网络系统的服务功能下降或丧失。这可能由两个方面的原因造成。

（1）受到攻击。攻击者通过对系统进行非法的、根本无法成功的访问尝试使系统产生过量的负荷，从而导致系统资源对合法用户的服务能力下降或丧失。

（2）由于系统或组件在物理上或逻辑上遭到破坏而中断服务。

9．未授权访问

未授权访问是指未授权的实体非法访问系统资源，或者授权实体超越权限访问系统资源。例如，有意避开系统访问控制机制，对信息设备及资源进行非法操作或运行；擅自提升权限，越权访问系统资源；假冒和盗用合法用户身份进行攻击，非法进入网络系统进行操作等。

10．SQL 注入攻击

SQL 注入攻击是指利用网站安全弱点，在执行网站的数据库中植入恶意代码，从而发出恶意指令感染网站数据库。黑客们已经发展出自动化工具，利用搜索引擎找出可能存在弱点的网站，然后将代码植入其服务器中。

11．第三方广告机构和恐吓性软件

第三方广告机构和恐吓性软件是指藏有病毒的采用 Flash 软件制作的广告。用户单击这些广告后，这些广告会偷偷向用户的计算机传输恶意程序，这严重威胁了电子商务网络或个人的数据安全。

12．社交网站

随着社交网站的流行，它们也逐步成为黑客的又一主要活动场所。在许多情况下，黑客盗取用户的账号和密码，向被攻击用户的好友发送销售信息或指示他们进入第三方网站。

1.4.3　电子商务网络安全技术策略模型

网络安全技术策略是一套指导用户对自身面临的威胁进行风险评估，决定其所需要的安全服务种类，选择相应的安全机制，然后集成先进的安全技术，形成一个全方位的安全系统的行动规则。而网络安全技术策略模型是从技术的角度对实现网络系统安全所做的科学、完整的描述。

1．网络安全技术策略基本模型

网络安全技术策略基本模型如图 1-7 所示。通信一方要通过网络将消息传送给另一方，通信双方（称为交易的主体）必须努力协调，共同完成消息变换。通过定义网络上从信源到宿主的路由，然后，在该路由上执行通信主体共同使用的通信协议（如 TCP/IP）来建立逻辑信息通道。

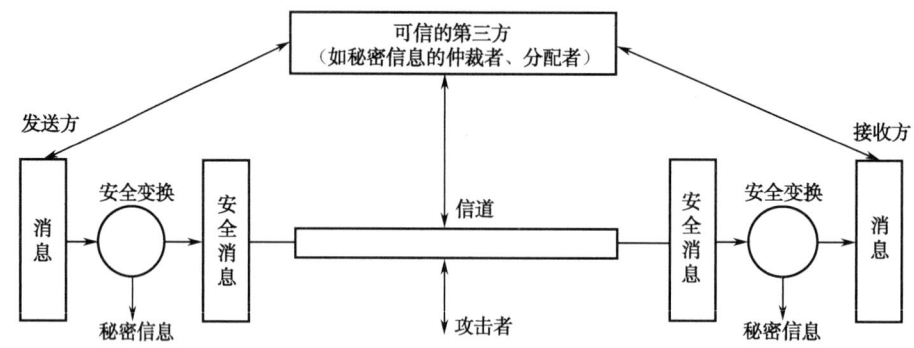

图 1-7 网络安全技术策略基本模型

从图 1-7 可知，一个安全的网络通信必须考虑：设计与安全相关的加密算法、用于加密算法的秘密信息（如密钥）、秘密信息的发布和共享、使用加密算法和秘密信息以获得安全服务所需的协议等几个方面。

如果需要加强信息的保密性、真实性，则需要考虑通信的安全性。安全传输技术包括以下两个基本部分。

（1）消息的安全传输。消息的安全传输是指对消息的加密和认证。加密的目的是将消息按照一定的方式重新编码，以使攻击者无法获得真正的消息内容；认证的目的是验证发送方的身份。

（2）收发双方共享信息。收发双方需要共享某些秘密信息，如加密密钥。为了获得信息的安全传输，需要有可信的第三方，其作用是向通信双方发送秘密信息而对攻击者保密，或者在通信双方有争议时进行仲裁。

2．未授权访问模型

为了保护信息系统的安全，对于未授权访问者设置了未授权访问模型，如图 1-8 所示。

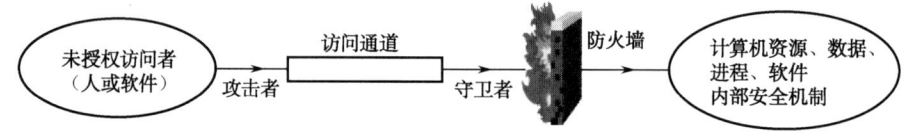

图 1-8 未授权访问模型

未授权访问的安全机制可以分为两道防线：第一道称为守卫者，它包括基于口令的登录程序和屏蔽逻辑程序，分别用于拒绝非授权用户的访问、检测和病毒；第二道防线由一些内部控制部件构成，用于管理系统内部的各种操作和分析所存储的信息，以检查是否有未授权的入侵者。

1.4.4 PDRR 网络安全模型

PDRR 网络安全模型如图 1-9 所示。

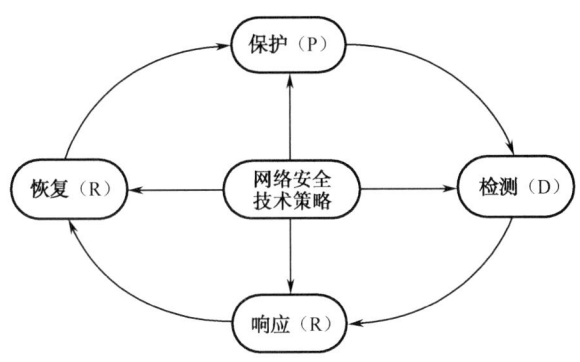

图 1-9 PDRR 网络安全模型

PDRR 网络安全模型主要内容包括：概括了网络安全的整个环节，即保护（Protect）、检测（Detect）、响应（React）、恢复（Restore）；提出了人、政策（包括法律、法规、制度、管理）和技术三大要素；归纳了网络安全的主要内涵，即鉴别、保密、完整性、可用性、不可抵赖性、责任可核查性和可恢复性；提出了信息安全的几个重点领域，即关键基础设施的网络安全（包括电信、油气管网、交通、供水、金融等）、内容的信息安全（包括反病毒、电子信箱安全和有害内容过滤等）和电子商务的信息安全。PDRR 网络安全模型认为密码理论和技术是核心，安全协议是桥梁，安全体系结构是基础，安全芯片是关键，监控管理是保障，攻击和评测的理论和实践是考验。

1．网络安全技术策略

网络安全技术策略（以下简称安全策略）的每一部分都包括一组相应的安全措施来实施一定的安全功能。它分成以下几个部分。

（1）保护。根据系统已知的所有安全问题做出保护措施，如打补丁、访问控制、数据加密等。保护是安全策略的第一个战线。

（2）检测。攻击者如果穿过了保护系统，检测系统就会检测出来。这个安全战线的功能就是检测出入侵者的身份，包括攻击源、系统损失等。

（3）响应。一旦检测出入侵，响应系统开始响应，包括事件处理和其他业务。

（4）恢复。在入侵事件发生后，把系统恢复到原来的状态。每次发生入侵事件，保护系统都要更新，保证相同类型的入侵事件不能再发生。所以整个安全策略包括保护、检测、响应和恢复，这四个方面组成了一个网络信息安全周期。

2．保护

PDRR 网络安全模型的最重要部分即第一个环节就是保护（P）。保护是预先阻止攻击，让攻击者无法顺利地入侵，保护可以阻止大多数的入侵事件。

1）安全缺陷扫描

安全缺陷分为两种，允许远程攻击的安全缺陷和只允许本地攻击的安全缺陷。允许远程攻击的安全缺陷就是攻击者可以利用该安全缺陷，通过网络攻击系统。只允许本地攻击的安全缺陷就是攻击者不能通过网络利用该安全缺陷攻击系统。

对于允许远程攻击的安全缺陷，可以用网络缺陷扫描工具去发现。网络缺陷扫描工具一般从系统的外围去观察，它扮演一个黑客的角色，但是它不会破坏系统。其工作原理如下：

① 扫描系统所开放的网络服务端口。

② 通过该端口进行连接，试探提供服务的软件类型和版本号，并判断是否有缺陷。其方法是根据版本号，在缺陷列表中查出是否存在缺陷；或者根据已知的缺陷特征，模拟一次攻击，如果攻击可能会成功，就停止攻击并认为是缺陷存在（要及时停止模拟攻击避免对系统造成损害）。

2）访问控制及防火墙

访问控制可以限制某些用户对某些资源进行操作。访问控制通过减少用户对资源的访问，从而减小资源被攻击的概率，达到防护系统的目的。例如，只让可信的用户访问资源而不让其他用户访问资源，这样资源受到攻击的概率会很小。

防火墙是基于网络的访问控制技术，可以工作在网络层、传输层和应用层，完成不同粒度的访问控制。防火墙可以阻止大多数的攻击但不是全部，很多入侵通过防火墙所允许的规则进行攻击。

3）防病毒软件与个人防火墙

计算机病毒是指"编制或在计算机程序中插入的破坏计算机功能或破坏数据，影响计算机使用并且能够自我复制的一组计算机指令或程序代码"。

计算机病毒的传统感染过程并不是利用系统上的缺陷。只要用户直接跟这些病毒接触，如复制文件、访问网站、接收 E-mail 等，该用户的系统就会被感染。一旦计算机被感染上病毒，这些可执行代码就会自动执行，破坏计算机系统。安装并经常更新防病毒软件会对系统安全起防护作用。防病毒软件根据病毒的特征检查用户系统是否被染上病毒。这个检查过程可以是定期检查，也可以是实时检查。

个人防火墙是防火墙和防病毒的结合。它运行在用户的系统中，并控制其他机器对这台机器的访问。个人防火墙除具有访问控制功能外，还有病毒检测，甚至有入侵检测的功能，这是网络安全防护的一个重要发展方向。

4）数据加密

数据加密作为一项基本技术，是所有网络安全的基石。数据加密过程是由形形色色的加密算法来具体实施的，它以很小的代价来提供很可靠的安全保护。在多数情况下，数据加密是保证信息机密性的唯一方法。

一般把受保护的原始信息称为明文，编码后的信息称为密文。数据加密的基本过程包括对明文进行翻译，译成密文或密码的代码形式。该过程的逆过程为解密，即将加密的编码信息转换为原来形式的过程。

数据加密常用的密钥有两类，即保密密钥和公开/私有密钥。在使用保密密钥时，加密者和解密者使用相同的密钥，也被称为对称密钥加密，这类算法有 DES 和 IDEA。这种加密算法的问题是，用户必须让接收人知道自己所使用的密钥，这个密钥需要双方共同保密，任何一方的失误都会导致机密的泄露。在告诉收件人密钥的过程中，还需要防止其他人发现，被他人发现密钥的过程被称为密钥发布。有些认证系统在会话初期用明文传送密钥，这就存在密钥被截获的可能性，所以后来用保密密钥对信息加密。

另一类加密技术是公开/私有密钥。与单独的密钥不同，它使用相互关联的一对密钥，一个是公开密钥，任何人都可以知道，另一个是私有密钥，只有拥有该对密钥的人知道。如果发信给有私有密钥的人，他就用私有密钥进行解密，而且只有他持有的私有密钥才可以解密。这种加密方式的好处显而易见，密钥只有一个人持有，也就更容易进行保密，因为不需要在网络上传送私人密钥，也就不用担心别人在认证会话初期劫持密钥。

5）鉴别技术

鉴别技术和数据加密技术关系紧密。鉴别技术用在安全通信中，使通信双方互相鉴别对方的身份及传输的数据。鉴别技术保护数据通信的两个方面：通信双方的身份认证和传输数据的完整性。鉴别技术主要使用公开密钥加密算法的鉴别过程，即如果你个人用自己的私有密钥对数据加密，那么任何人都可以用相应的公开密钥对密文解密，但不能创建这样的密文，因为没有相应的私有密钥。

数字签名是指在电子文件上签名的技术，用于确保电子文件的完整性。数字签名首先使用消息摘要函数计算文件内容的摘要，再用签名者的私有密钥对摘要加密。在鉴别这个签名的时候，先对加密的摘要用签名者的公开密钥解密，然后与原始摘要比较。如果比较结果一致，则数字签名是有效的，也就是说数据的完整性没有被破坏。

身份认证需要每个实体（用户）登记一个数字证书。这个数字证书包含该实体的信息，如用户名、公开密钥。另外，这个证书应该有一个权威的第三方签名，保证该证书上的内容是有效的。数字证书类似于生活中的身份证。数字证书确保公开密钥属于证书上的用户 ID，为了鉴别一个人的身份，只要确定其数字证书中的公开密钥就可以了。公钥基础设施（PKI）就是一个管理数字证书的机构，功能包括发行、管理、回收数字证书。PKI 的核心是认证中心（CA），它是证书认证链中的权威机构，对发行的数字证书签名，并对数字证书上的信息正确性负责。

3．检测

PDRR 网络安全模型的第二个环节就是检测（D）。上面提到防护系统可以阻止大多数入侵事件的发生，但是它不能阻止所有的入侵，特别是那些利用新的系统缺陷、新的攻击手段的入侵。因此安全策略的第二个安全屏障就是检测，即一旦入侵事件发生就会被检测出来，这个工具被称为入侵检测系统（IDS）。

入侵检测是防火墙的合理补充，帮助系统应对网络攻击，扩展了系统管理员的安全管理能力（包括安全审计、监视、进攻识别和响应），提高了网络安全基础结构的完整性。它从计算机网络系统中的若干关键点收集信息，并对其进行分析，看看网络中是否有违反安全策略的行为和遭到攻击的迹象。入侵检测是防火墙之后的第二道安全闸门，在不影响网络性能的情况下能对网络进行监视，从而提供对内部攻击、外部攻击和误操作的实时保护。

4．响应

PDRR 网络安全模型中的第三个环节就是响应（R）。响应就是已知一个攻击（入侵）事件发生之后对其进行处理。在一个大规模的网络中，响应这个工作都是由一个特殊部门负责的，那就是计算机响应小组。世界上第一个计算机响应小组 CERT（Computer Emergency Response

Team）位于美国卡内基梅隆大学的软件研究所，于 1989 年建立，是世界上最著名的计算机响应小组之一。从 CERT 建立之后，世界各国、各机构也纷纷建立自己的计算机响应小组。我国第一个计算机紧急响应小组 CCERT 于 1999 年建立，主要服务于中国教育和科研网。

入侵事件的报警可以是入侵检测系统的报警，也可以是其他方式的汇报。响应的主要工作也可以分为两种：第一种是紧急响应，第二种是其他事件处理。紧急响应就是当安全事件发生时采取应对措施，其他事件处理主要包括咨询、培训和技术支持。

5．恢复

恢复（R）是 PDRR 网络安全模型中的最后一个环节。恢复是指事件发生后，把系统恢复到原来的状态，或者比原来更安全的状态。恢复也可以分为两个方面：系统恢复和信息恢复。系统恢复指的是修补该事件所利用的系统缺陷，不让黑客再次利用这样的缺陷入侵。一般系统恢复包括系统升级、软件升级和打补丁等。系统恢复的另一个重要工作是除去后门。一般来说，黑客在第一次入侵的时候都利用了系统的缺陷。在第一次入侵成功之后，黑客就在系统内打开一些后门，如安装一个特洛伊木马等。

能力训练题 1　宽带连接线水晶头制作训练

一、能力训练前的准备

（1）查看本地计算机是否已与 Internet 连接成功。

（2）查看本地计算机的浏览器是否是最新版本，建议最好是 IE 6.0 或以上的浏览器。

（3）建立自己的子目录以备用，以后可以将在 Internet 上搜索到的资料下载到该子目录中。建议最好将自己的子目录创建在除 C 盘外的硬盘中，待用完后再将相应的资料复制到自己的网络硬盘或 U 盘中。

（4）准备双绞线若干米。

（5）准备水晶头若干只。

（6）压线钳一把。

（7）16 口集线器一台。

（8）两台计算机和两块网卡。

二、能力训练目的要求

通过制作双绞线，学生能够了解双绞线的结构和性能，学会双绞线的制作方法和技巧，掌握双绞线的连接方法。

三、能力训练内容

【操作一】　双绞线的制作

（1）用压线钳或剪刀等锐器刮去 15mm 的外皮，如图 1-10 所示。

（2）分清四对铜线。橙、白橙；绿、白绿；蓝、白蓝；棕、白棕，如图1-11所示。

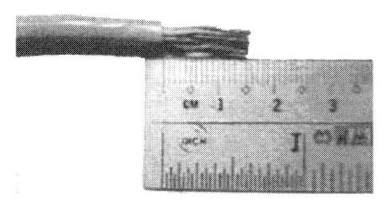

图1-10　刮去15mm的外皮

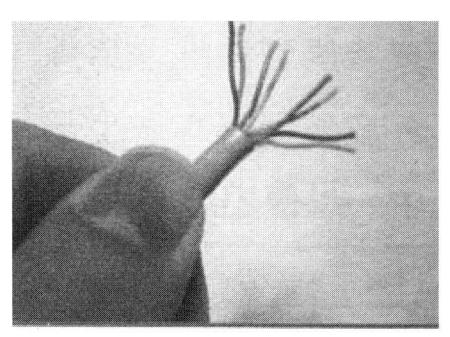

图1-11　分清四对铜线

（3）了解接线方式。

① T568B 标准方式：

脚位	1	2	3	4	5	6	7	8
颜色	白橙	橙	白绿	蓝	白蓝	绿	白棕	棕

② T568A 标准方式：

脚位	1	2	3	4	5	6	7	8
颜色	白绿	绿	白橙	蓝	白蓝	橙	白棕	棕

注意：

① 如果计算机之间是用集线器（HUB）或交换机（Switch）相连的，则双绞线两端都按照T568B的标准进行连接，这叫直通线。一般用于两台以上计算机相连的局域网中。

② 如果只有两台计算机相连，除可以按照第一种方法用HUB相连外，还可以直接通过交叉线相连。在制作交叉线（Crossover Cable）时，一端是T568B的接法，另一端是T568A的接法，把铜线插入接头，如图1-12（a）所示。注意要有一些外皮穿进接口，如图1-12（b）所示，以便固定。

 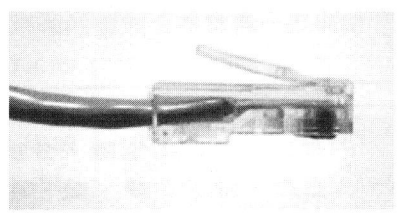

（a）　　　　　　　　　　　　（b）

图1-12　把铜线插入接头

（4）用压线钳用力压紧网线一端即可完成，如图1-13所示。

（5）重复以上几个步骤，制作多个接线头。

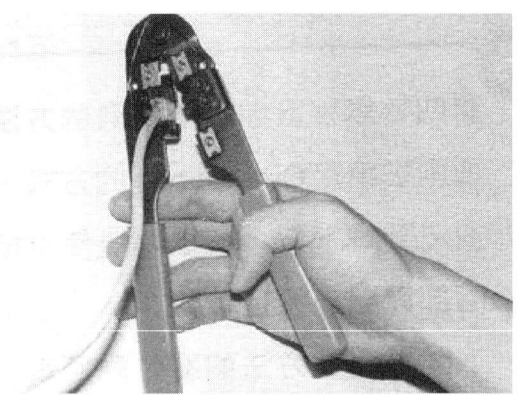

图 1-13　用压线钳用力压紧

【操作二】　双绞线的连接

如果与计算机连接，则可以从后面的网卡孔插入，如图 1-14 所示。

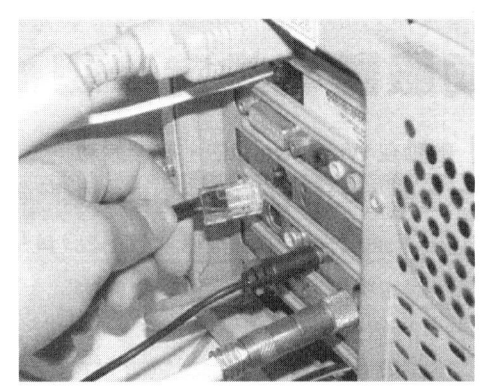

图 1-14　接到计算机网卡上

如果局域网通过一台服务器来上网，则作为服务器的计算机预先插了两块网卡，将宽带网线插到其中一块网卡上，再把刚才做的网线接到第二块网卡上。如果只有两台计算机，则将第二块网卡的交叉线插到第二台计算机上；如果有三台以上的计算机，则需要把第二块网卡的标准直通网线插到 HUB 上，HUB 会以是否亮灯的方式指示是否连接成功。完整连接如图 1-15 所示。

图 1-15　完整连接

四、能力训练报告

能力训练报告的格式如下。

1．训练过程

目的要求：
训练内容：
训练步骤：
水晶头制作过程：
水晶头连接过程：

2．训练结果

训练结果分析：
（可以使用表格方式，也可以使用文字方式。）

3．总结

通过能力训练，总结自己的掌握程度，分析出错原因，提出改进措施。

习题 1

一、填空题

1．电子商务是利用 ＿＿＿＿＿＿、＿＿＿＿＿＿＿＿＿和＿＿＿＿＿＿，实现整个商务（买卖）过程中的电子化、＿＿＿＿＿＿和＿＿＿＿＿。

2．电子商务可提供网上交易和＿＿＿＿＿＿等全过程的＿＿＿＿＿＿，因此它具有广告宣传、＿＿＿＿＿、＿＿＿＿＿、＿＿＿＿＿、＿＿＿＿＿、服务传递、＿＿＿＿＿、＿＿＿＿＿等多种功能。

3．电子商务具有以下几个特点：＿＿＿＿＿、＿＿＿＿＿、＿＿＿＿＿、高效率、＿＿＿＿＿、＿＿＿＿＿、＿＿＿＿＿改变了人们的工作环境和条件、＿＿＿＿＿＿＿等。

4．所谓计算机网络就是指将＿＿＿＿＿＿＿＿＿的具有＿＿＿＿＿＿＿的多台计算机及其外部设备，通过＿＿＿＿＿＿连接起来，在＿＿＿＿＿＿系统和网络管理软件及＿＿＿＿＿＿＿的管理和协调下，实现＿＿＿＿＿＿和＿＿＿＿＿＿的计算机系统。

5．根据网络的覆盖范围进行分类，可以分为＿＿＿＿＿＿、＿＿＿＿＿＿和广域网络（WAN）等类型。广域网络是一种＿＿＿＿＿＿＿较大的＿＿＿＿＿＿＿计算机网络，即＿＿＿＿＿＿、＿＿＿＿＿＿、＿＿＿＿＿＿、＿＿＿＿＿＿及它们之间甚至＿＿＿＿＿＿建立的计算机网络。

6．所谓网络"拓扑"就是＿＿＿＿＿＿的分支，即它将＿＿＿＿＿＿抽象化为与其＿＿＿＿＿＿和＿＿＿＿＿＿无关的＿＿＿＿＿、＿＿＿＿＿、＿＿＿＿＿，然后再来研究这些＿＿＿＿＿＿的特征。

7．总线型网络拓扑结构是一种＿＿＿＿＿＿结构，采用的是一根＿＿＿＿＿＿，即被称为公共总线的＿＿＿＿＿＿，各节点＿＿＿＿＿＿与总线相连接，信息沿＿＿＿＿＿＿逐

个节点地广播传送。

8. 星形网络拓扑结构是由_____与_____连接而成的，各节点与_____通过_____的方式连接。中央节点可直接与从节点通信，而从_____之间必须经过_____才能通信。

9. 网络安全泛指网络系统的_____、_____及其系统中的_____受到保护，不受_____的或_____的原因而遭到_____，_____和泄露。

10. 网络安全包括_____、_____、_____、_____、信息基础设施安全与_____、_____的总和。

二、判断题

1. 电子商务需要在 Internet 上进行，但有的企业在企业内部网上也能实现电子商务。（   ）
2. 网上的支付必须有电子金融来支持，即银行或信用卡公司及保险公司等金融单位要为金融服务提供网上操作的服务。（   ）
3. 电子商务能改变人们的工作环境和条件，但不能改变人们的生活方式。（   ）
4. 资源共享是计算机网络的主要功能，也是计算机网络最具有吸引力的地方。（   ）
5. 链路是指两个节点间承载信息流的线路或信道。（   ）
6. 总线型网络拓扑结构是以中央节点为中心与各个节点连接而组成的，各节点与中央节点通过点到点的方式连接。（   ）
7. 计算机网络的逻辑安全主要通过用户身份认证、访问控制、加密、安全管理等方法来实现。（   ）
8. 联网安全是指保证计算机联网使用后的操作系统的安全运行及计算机外部信息的安全。（   ）
9. 物理安全是指用来保护计算机网络中的传输介质、操作系统、计算机内部信息安全的各种装置与管理手段。（   ）
10. 计算机病毒是一种模拟生物生理病体的状态，如麻风病毒、艾滋病毒等的计算机代码。（   ）

三、简答题

1. 请写出电子商务的定义（包括广义的定义和狭义的定义）。
2. 请写出电子商务的广告宣传和服务传递功能。
3. 请写出电子商务为什么能改变人们的工作环境和条件，并举例说明。
4. 请写出电子商务为什么能改变人们的生活方式，并举例说明。
5. 请写出计算机网络的基本要素。
6. 请写出计算机网络的几种类型和特点（如有）。
7. 请写出总线型网络拓扑结构的特点。
8. 请写出星形网络拓扑结构的特点。
9. 请写出电子商务网络安全的含义。
10. 请写出 PDRR 网络安全的模型结构。

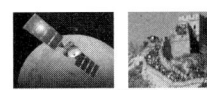

阅读材料1——中国电子商务未来五大发展趋势

（资料来源：https://www.sohu.com/a/257257443_396568）

> 专业化电子商务运营推广机构如雨后春笋般出现，并逐步成为一个特定的行业。可见电子商务未来发展前途无量。

第一个趋势：跨境电商

在达沃斯举行的2018年世界经济论坛年会上，阿里巴巴公司创始人兼董事局主席马云发言称："没有任何人可以制止全球化，没有任何人可以制止贸易。"中国与其他国家展开的跨境电商总量最为有力地体现了电子商务对全球化进程的推动效果。2016年，中国跨境零售电商市场规模为785亿美元（约5400亿人民币）；到2021年，这一规模有望超过1400亿美元（约9600亿人民币）。

究竟是什么推动了这一趋势的发展？首先，目前在国外工作、学习和旅游的中国人数量达到新高，他们能比过去接触到更多的国际品牌和产品。但由于一部分产品无法在中国境内买到，或者在国内旗舰店的售价过高，所以这些人在回国后，会选择通过跨境电商购买海外产品。

其次，中国消费者出于对自身安全及食品安全的考虑，会选择购买可信赖的国际品牌产品，在购买婴儿产品、营养保健品、美容护肤品和有机食品等关键类产品上更是如此，而跨境电商正是消费者实现这类愿望的途径。

消费者可以在中国的跨境电商平台进行购买，如阿里巴巴公司的天猫全球购或京东公司的京东全球购；也可以选择非官方的海外卖家，也就是我们所熟知的代购。代购代理商驻留海外，在当地购买正品商品，然后通过微信和淘宝等平台将商品销售给中国消费者。

第二个趋势：打造电商贸易特区

中国现有的进出口结构是在大规模跨境电商交易出现之前建立的。自2015年以来，中国在13座城市新设了跨境电商试验区，进出口贸易也因此取得了巨幅增长；而近日，国家又决定在22座城市增设试验区。这些试验区为跨境电商进出口提供了一个精简的体系，简化了审批快捷化、清关一体化和信息共享便利化的相关规定。此外，像阿里巴巴公司这样的

中国电商公司也在马来西亚和泰国等国家推广了电商贸易特区。然而，也有一部分人担心，这种做法或许会造成垄断，影响当地公司的发展。

第三个趋势：中国影响力提升

目前，不仅在跨境电商，甚至在国内电商方面，中国消费者都开始通过关键意见领袖（即数字媒体上的影响者）来了解最新产品及最新趋势。意见领袖传播相关内容的途径既包括在微信公众号上发表文章，也包括在社交媒体上进行直播。他们的直播对电商市场发展的促进效果尤为显著。

这些意见领袖的作用十分关键，他们能在关注者中塑造消费者偏好，还能使其了解新产品。对于品牌合作方而言，意见领袖在中国市场上的产品推销能力十分惊人，有大量记录在册的案例显示，品牌与意见领袖的合作可以在几小时甚至是几分钟内就带来数十万美元的销售量。

第四个趋势：线上到线下

在亚马逊公司收购全食超市（Whole Foods Market）后，西方消费者对此做出了一定反应，并推测亚马逊公司今后将推行新一代的数字化零售方式，而中国现在就已经实现了这一方式。

目前，阿里巴巴公司和京东公司都在全国各地迅速开起了零售店，分别取名为"盒马"及"7FRESH"。两个品牌均提供范围广泛的数字化购物服务。例如，消费者可以用手机扫描店中任何商品的条形码，以了解商品的来源、营养信息和价格。此外，两个品牌都可以在消费者购物后的30分钟内进行配送。

这类新型商店不仅能提供独特便利的购物体验，还能为消费者提供产品新鲜度及质量保证。消费者最初选择跨境电商的原因之一就是对产品安全存在一定顾虑，而新型商店的理念及其保障性有助于缓解这种顾虑。

第五个趋势：电商一路西行

中国电商在未来将越来越深入农村和内陆地区，这些地区仍存在巨大的发展空间。农村消费者跳过了个人计算机时代，开始使用手机访问互联网并进行在线购物。京东公司已经宣布，将在中国西南地区兴建185个无人机机场，用于商品配送。与此同时，阿里巴巴公司正在扩大其"农村淘宝"平台，最近还向农村电商平台汇通达投资了7.16亿美元（约49亿人民币）。该平台拥有八年历史，在18个省份开设了8万家会员店。在阿里巴巴公司和京东公司寻求发现下一波电商用户的同时，他们也在为实现复杂物流网络开发必要的基础设施，这与中国政府发展西部农村的目标一致。

从很多方面来看，电子商务的未来已经在中国得以实现，但由于本土科技巨头的大规模、多元化投资，中国的发展空间仍然很大。电子商务的发展不但为中国消费者带来了好处，还有助于解决基础设施建设、产品安全和跨境全球贸易等重要领域的问题。最后，中国电子商务不仅仅是消费者在日常生活中进行交易的手段，更是促进经济和社会发展的重要推动力，进而可以带动全国经济的转型变革。

第 2 章
Internet 技术基础

知识要点
- Internet 相关概念
- Internet 的产生与发展
- IP 地址的概念
- Internet 主要服务功能

能力要点
- 掌握 Internet 体系结构与协议
- 掌握 IP 地址的用法

引例 2——远程会诊实例：乳腺癌术后复发患者的真实经历分享

2017 年，王女士 40 岁，生活的一切都已步入正轨。作为家庭的女主人，王女士将家打理得井井有条。尽管每年会有一两次感冒，但她的身体状况还算不错。2017 年春节前后，王女士发现右侧乳房有肿块，遂去医院进行检查，经空芯针穿刺，她被提示右乳患有浸润性癌。"癌"这个字将王女士苦心经营的生活摧毁得只剩下断壁残垣。

乳腺癌是女性群体中常见且多发的一种疾病。医生告诉王女士，目前乳腺癌治疗大多以手术切除为主，再加以放化疗，临床表明已有较好的治疗效果。王女士进行了右乳单纯切除和右腋窝前哨淋巴结活检手术，经活检发现 4 枚前哨淋巴结，其中 1 枚微转移，随后她进行了腋窝清扫手术。

癌症彻底改变了王女士及整个家庭的生活，从确诊后到进行手术，一切都变化得太快。回忆起当初的日子，王女士说："感觉自己时时刻刻被死神追赶着，甚至没有给我感受痛苦的时间。"

2017 年王女士先后接受了化疗、放疗及内分泌治疗。2018 年前后，王女士出现了肝功能异常，其间经历了内分泌治疗数次停药。长期的检查和治疗，让王女士面临着来自身体和心理的巨大考验，同时也消磨着她的耐心。她有时会想：做出的这些努力是否值得？为什么希望没有降临到自己的身上？但回想起家人对自己的付出，她还是选择了坚持。

2018 年伊始，步步紧逼的癌症还是追赶了上来，王女士久坐之后感觉腰部、左腿酸胀，经核磁共振发现腰椎附件转移瘤。尽管有癌症复发的心理准备，但是突如其来的病情还是让王女士感到措手不及。经 10 次放疗后，王女士左腿疼痛出现好转。

曾经的痛苦治疗经历让王女士有了更多的抗癌经验，她想鸡蛋不应该只放在一个篮子里，要寻求更多的治疗选择，趁着疼痛好转的机会出国看病也未尝不可。

王女士在病友的推荐下找到了麻省医疗国际。通过了解王女士的抗癌经历，麻省医疗国际的医学顾问被王女士顽强的意志和乐观的心态所打动。王女士本打算选择赴美就医，但麻省医疗国际的肿瘤专家建议先做远程会诊，听取美国医学专家的意见，通过了解前沿的医学诊疗信息，得到第二诊疗意见后，王女士再决定是否前往美国看病。

麻省医疗国际医学顾问的建议，得到了王女士及其家人的认可。随即麻省医疗国际将其英文病历资料递交给美国同事。经过麻省医疗国际中、美医学团队的紧密沟通，再结合王女士的病情信息，选择 Dr. M. 作为其远程会诊的医疗专家。Dr. M. 来自美国丹娜法伯癌症研究院，该院是美国哈佛大学医学院的癌症专科附属医院，Dr. M. 也是美国乳腺癌治疗领域的优质专家，王女士对如此快速的安排表示非常满意。

会诊进行了一个小时左右。Dr. M. 不仅详细审查了王女士既往病历信息，而且还针对目前的病情进展提出了科学且专业的诊疗意见。Dr. M. 表示此次应为转移性乳腺癌，并非是原发性骨癌。系统性治疗对于转移性乳腺癌来说是更为主要的，所以当前的治疗目标应该是稳定病情并预防病情进一步发展。另外，Dr. M. 也表示欢迎王女士赴美，因为目前美国治疗转移性乳腺癌的方法有很多。如果王女士有意愿赴美，建议再次进行病理检测，并考虑在美国长期停留以接受治疗。

第 2 章　Internet 技术基础

　　王女士及其家属对此次远程会诊十分满意，她说道："是你们证明了我的决定是正确的，真的很感谢你们的帮助，让我看到了更多的治疗希望。"麻省医疗国际对能为抗癌之路上的王女士提供帮助表示荣幸，王女士能走到今天，麻省医疗国际只是一个辅助者，更多的是来自其自身的努力。

　　对于远程会诊和赴美就医，麻省医疗国际提供一对一服务，并为患者提供日后的长期咨询服务，为患者早日战胜疾病做出努力。远程会诊如图 2-1 所示。

图 2-1　远程会诊

2.1　Internet 基本概念

2.1.1　什么是 Internet

　　人们经常谈论的"上网""网游""网购""网聊"等，指的就是国际互联网（Internet）数字生活。

1. 互联网究竟是一张什么"网"

　　在现代生活中，人们经常会谈论"网购""网聊""网游"等话题，那么，你知道他们所说的"网"究竟是一张什么"网"吗？

　　其实，这张"网"并不是一张普通的网，也不是什么蜘蛛网，更不是一张渔网，而是一张覆盖全世界所有国家和地区的大"网"。可以想象一下，有一只巨型的蜘蛛，织成了一张团团包住整个地球的"大网"。这张大"网"就被称为"国际互联网"，简称"互联网"。

　　这张"网"通过无数条"线"把亿万台计算机连接起来，可以同时容纳约 20 亿个"网民"。2019 年第 43 次中国互联网络发展状况统计报告发布的核心数据显示，我国的网民规模为 8.17 亿人。

2. 互联网中的"线"究竟是一种什么"线"

互联网中的"线",有的是看得见的电缆、光缆,包括海底光缆(见图 2-2)、卫星(见图 2-3),有的是看不见的微波。我们把这些"线"称为"信息高速公路",在这条公路上飞奔的是文字、图像、声音、视频,它们能够在短短几秒钟内跨过万水千山,传到世界各地的计算机上。

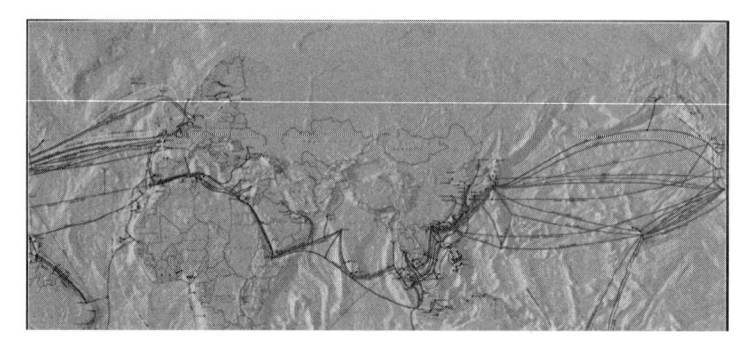

图 2-2 海底光缆示意图

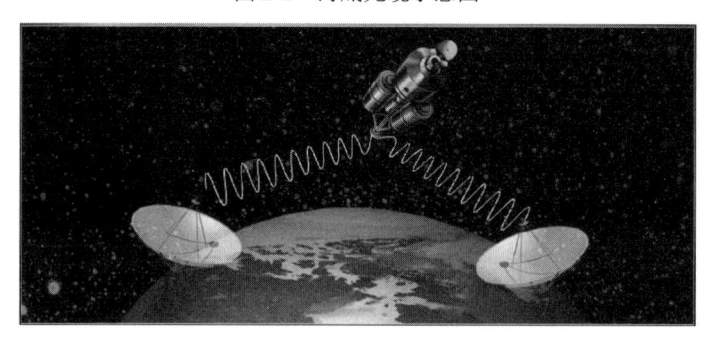

图 2-3 卫星连接示意图

全世界的网络是由许许多多大大小小的网络以各种不同的方式连接在一起的,这就是我们所说的"互联网"。

2.1.2 Internet 协议

1. 互联网的规章制度

我们知道,互联网是一张覆盖全世界所有国家和地区的大"网",在这张大"网"上可以同时容纳 20 亿位网民,他们来自不同的民族,有着不同的肤色,使用不同的语言。网民通过互联网进行信息交换、资源共享时,必须遵守规章制度,这种规章制度称为网络协议。当然了,网络协议有很多种,具体选择哪一种协议则要视具体情况而定。Internet 上的计算机使用的是 TCP/IP 协议。

一个网络协议主要由语法、语义、时序三要素组成。

(1)语法指的是用户数据与控制信息的结构与格式。

(2)语义指的是需要发出何种控制信息,以及完成的动作与做出的响应。

（3）时序指的是对事件顺序的详细说明。

网络协议对计算机网络来说是必不可少的，一个功能完备的计算机网络需要制定一套复杂的协议集，对于复杂的计算机网络协议，最好的组织方式是层次结构模型。我们将计算机网络层次结构和各层协议的集合定义为计算机网络体系结构（Network Architecture）。网络体系结构对计算机网络应该实现的功能进行了精确的定义。而这些功能是用什么样的硬件与软件去完成的，则是具体的实现问题，它是指能够运行的一些硬件和软件。

目前国内流行四种类型的局域网络体系结构，即以太网（Ethernet）结构、令牌环网（Token Ring）结构、星形网（ARCent）结构及光纤分布式数据网（FDDI）结构。

网络上的计算机进行交换信息时，只要按照某个协议就可以达到交换的目的，而不管网络的这端是什么人，甚至可以是一条狗、一只猫，如图2-4所示。

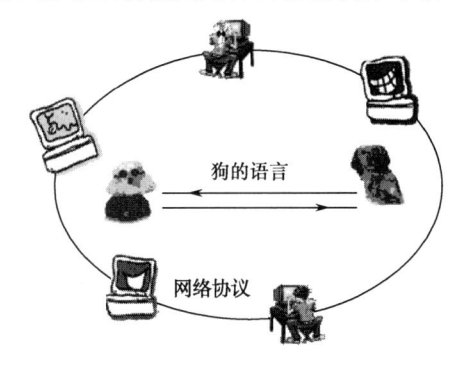

图 2-4　网络协议示意图

2．通信协议

从网络通信技术的角度来看，Internet 是一个以 TCP/IP 通信协议来联络各个国家、各个部门和各个机构的计算机网络的数据通信网。因为，在 Internet 上连接着成千上万台计算机，并在不同的国家、不同的机型、不同的语言间进行数据交换和通信联络，所以，必然需要一个大家都能支持的共同通信协议，这协议就是 TCP/IP 协议。在 TCP/IP 协议下，我们可以执行远程注册、上传信息、下载文件、收发电子邮件等。

3．资源共享

从信息资源的角度来看，Internet 是一个集各个部门、各个领域的各种信息资源为一体的、供网上用户共享的数据资源网。用户可通过一根电话线与 Internet 相连，可以跨越地区甚至跨越国界地使用远程计算机的资源，查询网上的各种信息，获取各种资料。随着中国与世界经济的接轨，我国信息产业的发展速度正逐步加快。1995 年，原邮电部（现工业和信息化部）率先进入 Internet 大家庭，标志着中国信息产业的兴起。

无论从管理角度，还是从商业角度来看，Internet 都可以带来无限生机，其中最主要的就是它的开放性。至今还没有一个企业或国家，敢声称它可以掌握世界性的信息资源,但 Internet 可以做到。它连接的地区、集体乃至个人，超越种种自然或人为的限制，达到了一种"和谐的统一"。

2.1.3　Internet 结构

1．Internet 体系结构

Internet 体系结构示意图如图 2-5 所示。

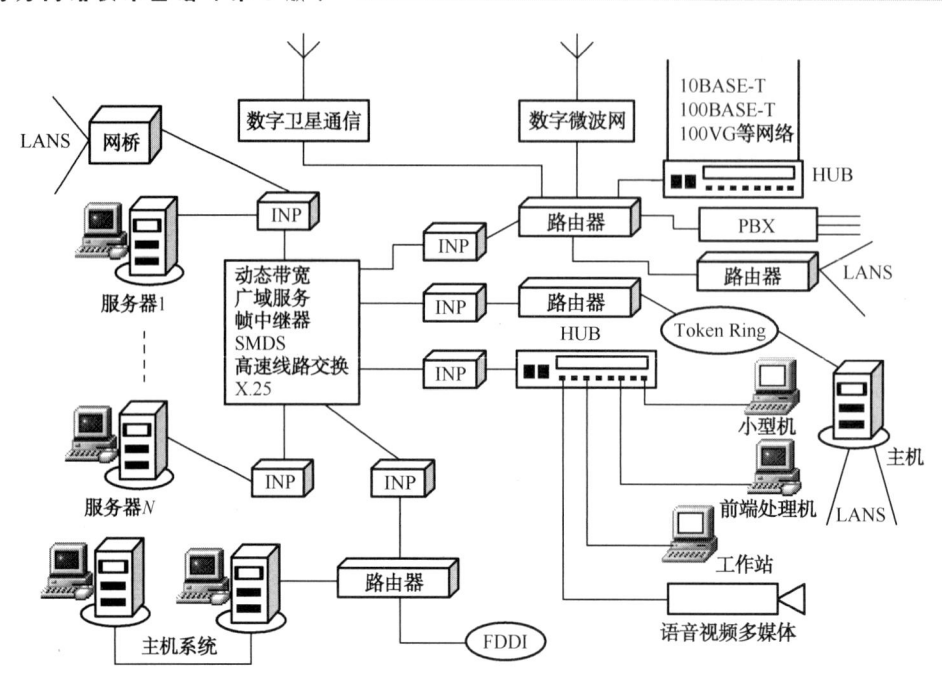

图 2-5 Internet 体系结构示意图

Internet 的主要设备有服务器、主机系统、网桥、多协议的分组交换节点处理器（INP）、小型机、前端处理机、工作站、集线器、单协议路由器、多协议路由器、混合桥/路由器等。其中 INP 是联网的关键设备，它既是局域网互联的关键设备，又是广域网连接的重要设备。例如，对于像帧中继器和交换多兆位时间服务（SMDS）这些设施，INP 提供了这些广域网服务和多协议局域网之间的交换。

某信息通过多媒体设备获得后，通过集线器到多协议的分组交换节点处理器 INP 处理后，送入广域服务器处理，并通过多协议路由器送入数字卫星通信站通过卫星发射，或者通过数字微波网发送到 Internet，也可以再经 INP 处理后通过网桥送入局域网。

2．Internet 结构中的常用设备

从图 2-5 可知，在该结构中有一些网络连接设备。下面我们介绍几种常用设备。

> Internet 结构中有常用的网络连接设备，它们是集线器、网桥、中继器、路由器、网关等。

1）集线器

集线器（HUB）又称为集中器，是连接网络上各个节点的一种装置。当网络的某个节点发生故障时，连接在集线器上的节点可以立即检测到，而且不影响网络上其他节点的正常工

作，从而有利于网络的维护和故障排除。集线器（HUB）连接如图2-6所示。

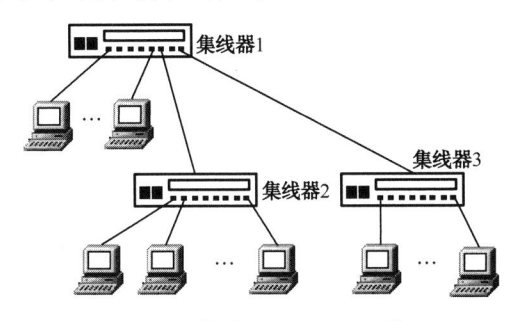

图2-6 集线器（HUB）连接

集线器的产品有很多，大致可分为独立式、叠加式、智能模块化式、高档交换式集线平台等类型。

① 独立式。该类集线器主要是为了克服总线结构的网络布线困难和易出故障的问题而引入的。一般适用于小型网络，能支持8～24个工作站，可以利用串联方式连接多个扩充端口。

② 叠加式。该类集线器采用叠加的方式将多个集线器通过一条高速链路连接而成，由4～8个集线器一个一个叠加起来，它只能支持一种局域网标准。一般适用于工作小组网络。

③ 智能模块化式。该类集线器采用了模块化结构，由机柜、电源、主干面板、插卡和管理模块等组成。一般适合作为大型网络的主干集线器。

④ 高档交换式集线平台。该类集线器比智能模块化式集线器更进一步，主要作为各种新的网络技术的平台，既支持现有的网络，又支持未来新的交换技术。

2）网桥

网桥的作用是连接两个同类的网络。例如，同一单位多个不同的部门根据自己的需要选用了不同的局域网，而各个部门之间又需要交换信息、共享资源等，这就需要将多个局域网连接在一起。网桥最常见的用法是互联两个局域网。网桥连接如图2-7所示。

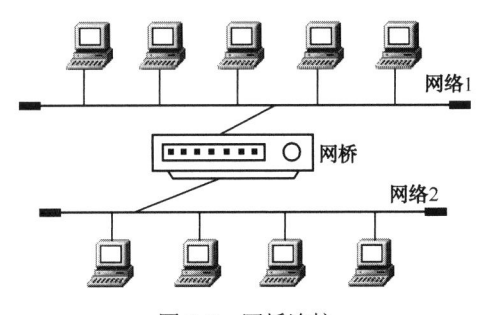

图2-7 网桥连接

网桥是可以在不同的数据链路层上实现不同网络的互联设备，它具有以下特征：

（1）网桥可以互联两个不同数据链路层协议、不同传输介质、不同传输速率的网络。

（2）网桥以接收、存储、地址过滤与转发的方式实现互联的网络之间的通信。

（3）网桥需要互联的网络在数据链路层以上采用相同的协议。

(4)网桥可以分隔两个网络之间的广播通信量,有利于改善互联网络的性能与安全性。

网桥的功能比中继器复杂,它不仅能实现信号的增加传输,而且具有信息收集、过滤、传送和数据链路层协议帧格式变换的功能,这些功能都是由网桥软件来实现的。

网桥工作时,首先读取一个网上的传送信息,并根据它的目的地址决定是否将该信息传送到另一个网。如果传送的信息不在同一个网上,网桥就采用传送方式,将一个网的帧格式转换成另一个网的帧格式,再传到另一个网上。反之,则采用过滤的方式,不让信息传到另一个网中。

3)中继器

由于网络受最远距离的限制,当网络段超过最大传输距离时,需要增加一个设备来延伸该网络,这个设备称为中继器。中继器主要用于两个或两个以上的网络段的连接。中继器连接如图 2-8 所示。

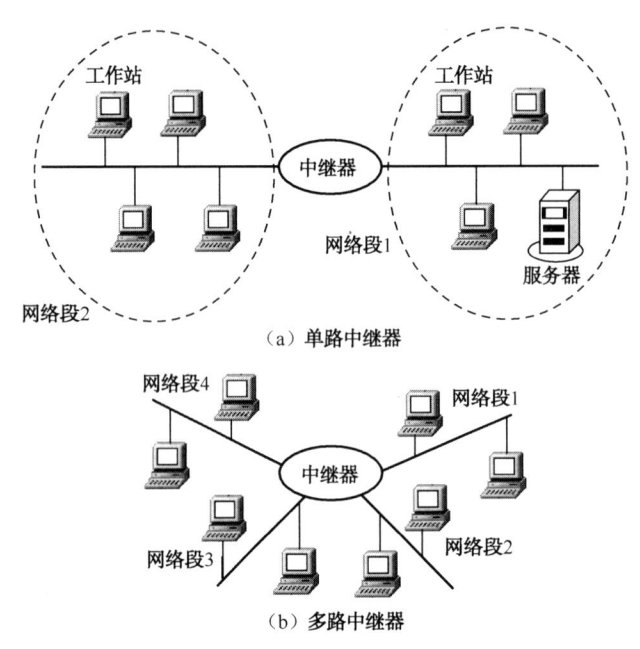

图 2-8 中继器连接

中继器的结构非常简单,没有软件,只是将物理层的信号增强,以便传输到另一个网络段。各个网络段属于同一个网络,各网络段上的工作站可共享处于某一网络段上的一个文件服务器。

4)路由器

路由器是在网络层上实现多个网络互联的设备。路由器连接如图 2-9 所示。该图中 4 个不同的网络由 3 个路由器进行互联。在这种结构中,局域网的数据链路层与物理层采用的协议可以是不同的,但数据链路层以上的高层要采用相同的协议。

路由器的功能比网桥更强,它除具有网桥的全部功能外,还具有路径选择功能。即当要求通信的工作站分别处于两个局域网且两个工作站之间存在多条通路时,路由器能根据当时网络上的信息拥挤程度自动选择传输效率比较高的路径。例如,假设图 2-9 中的网络

1 工作站 A 要与网络 3 工作站 B 之间进行信息传送。从图 2-9 中可知，传送信息的路径有两条，一条路径是通过路由器 1 和路由器 3 到网络 3 中，再直接传送到工作站 B；另一条路径是通过路由器 1、路由器 2 再到路由器 3，传送到网络 3 中的工作站 B。那么，究竟走哪一条路径呢？这全靠路由器根据当时网络上信息拥挤的程度自动地选择传送效率较高的那一条路径。

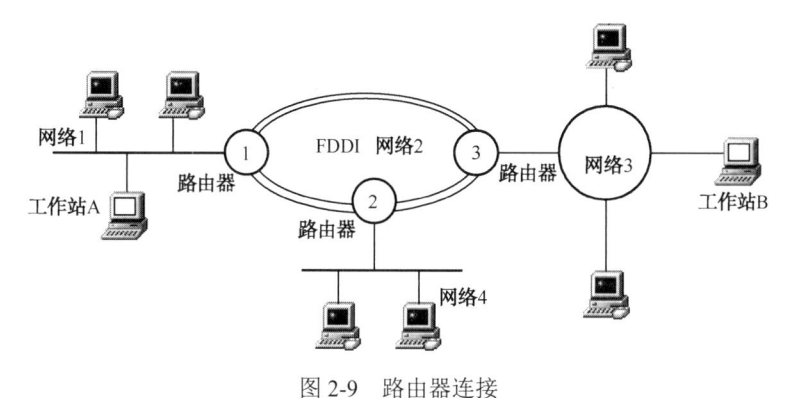

图 2-9 路由器连接

5）网关

网关又称为信关，它工作在 OSI 协议的传送层或更高层，用于连接不同体系结构的网络，或者用于连接局域网与主机。网关连接如图 2-10 所示。

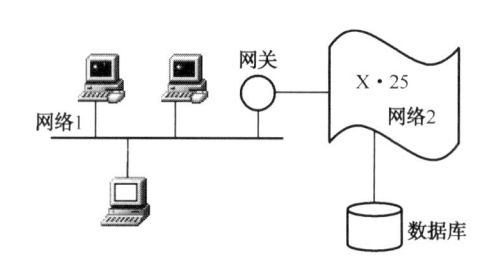

图 2-10 网关连接

网关设备比路由器复杂，当异型局域网连接时，网关除具有路由器的全部功能外，还要进行由操作系统差异而引起的不同协议之间的转换，这些功能均由网关软件来实现。由于网关连接的是不同体系的网络结构，它只能针对某一特定的应用而言，因此，不可能有万能的网关，只有用于电子邮件的网关、用于远程终端的仿真网关等。

讨论

1. 你在 Internet 上网聊、网购、网游了吗？

2. 如果有 4 个同学同时要上网，怎么办？

3. 集线器是什么？在什么情况下使用它？

2.2 Internet 发展史

2.2.1 Internet 的产生与发展

你知道吗？Internet 是美国人发明的！美国国防部在 1969 年组建了一个名为"阿帕网"（ARPAnet）的网络，这就是 Internet 的前身。

1. 互联网的产生与发展

1957 年，苏联发射人类第一颗人造地球卫星"APUTNIK"，作为回应，美国国防部在 1969 年组建了一个命名为"阿帕网"（ARPAnet）的网络。当时建立这个网络的目的只是将美国的几个军事及研究机构用计算机主机连接起来。该网络具体运行方式是，各地的大型计算机采用分组交换技术，通过专门的通信交换机和专门的通信线路相互连接。阿帕网就是互联网最早的雏形。到了 1972 年，阿帕网上的网点数已经达到 40 个，它们彼此之间可以发送小文本文件（即现在的 E-mail）。同时人们也发现了通过把一台计算机（性能差的个人计算机）模拟成另一台远程计算机（高性能的大型计算机）的一个终端而使用远程计算机上的资源的方法，这种方法称为远程登录（Telnet）。

1985 年，美国国家科学基金会（NSF）开始建立美国国家科学基金网（NSFnet）。并建立了 15 个超级计算中心及国家教育科研网，用于支持科研和教育的全国性的计算机网络 NSFnet，并以此为基础，实现同其他网络的连接。NSFnet 成为 Internet 上主要用于科研和教育的主干部分，代替了阿帕网的骨干地位。

1989年，MILnet（由ARPAnet分离而来）实现和NSFnet连接后，就开始采用Internet这个名称。自此以后，其他部门的计算机网相继并入Internet，ARPAnet就此宣告解散。

1990年，商业机构开始进入Internet，使Internet开始了商业化的新进程，也成为Internet大发展的强大推动力。

1995年，NSFnet停止运作，Internet彻底商业化。随着商业网络和大量商业公司进入Internet，网上商业应用取得高速的发展，同时也使Internet能为用户提供更多的服务，使Internet迅速普及和发展起来。

现在Internet已越来越趋于多元化，它不仅仅单纯为科研服务，而且正逐步进入人们日常生活的各个领域。近几年来，Internet在规模和结构上都有了很大的发展，已经发展成为一个名副其实的"全球网"。

网络的出现，改变了人们使用计算机的方式；而Internet的出现，又改变了人们使用网络的方式。Internet使计算机用户不再被局限于分散的计算机上，同时，也使他们脱离了特定网络的约束。任何人只要进入了Internet，就可以利用网络中的丰富资源。

目前，Internet用户已经遍及全球，有超过数亿人在使用Internet，并且它的用户数还在以等比级数上升。Internet已成为每个人生活、学习和工作的一部分。

2．中国互联网的发展史

早在1987年，北京大学钱天白教授便向德国发出了第一封电子邮件，这标志着我国开始进入国际互联网的行列（当时中国还未加入互联网）。

1990年10月，中国正式向国际互联网信息中心（InterNIC）登记注册了最高域名"CN"，从而开通了使用自己域名的Internet电子邮件。

1991年10月，在中美高能物理年会上，美方发言人怀特·托基提出把中国纳入互联网的合作计划。

1994年3月，中国终于获准加入互联网，并在同年5月完成全部联网工作。

1994年3月起，高能物理网（IHEPnet）、中科院教育与科研示范网、国家教委科研教育网、国家公共数据网及其他一些计算机网，先后完成同Internet的连接。

1995年后，出现了商业性的Internet服务提供商（ISP），Internet逐渐普及开来，商业化程度提高。

1995年5月，张树新创立了第一家Internet服务供应商——瀛海威，中国的普通百姓开始进入Internet。

1997年，Internet相关资费下调，服务提供商的服务优化，企业开始应用Internet。

2000年4~7月，中国三大门户网站搜狐公司、新浪公司、网易公司成功在美国纳斯达克挂牌上市。

2002年第二季度，搜狐公司率先宣布赢利，宣布Internet的春天已经来临。

2006年年底，市值最高的中国Internet公司腾讯公司的价值已经达到了60亿美元。到了2015年，腾讯公司的价值已超过1000亿美元。

Internet作为一种新技术冲动，短短十多年的发展给中国带来了巨大变化，而中国与Internet发达国家的差距也显而易见。在信息化浪潮中，中国Internet如何发挥后发优势，迎头赶上，是一个需要我们不断思考的问题。

2.2.2 中国四大网络体系

目前，中国可直接连接 Internet 的网络有 4 个，即中国科技网（CSTnet）、中国教育和科研计算机网（CERnet）、中国公用计算机互联网（CHINAnet）、中国金桥信息网（CHINAGBN）。

1．中国科技网（CSTnet）

中国科技网（CSTnet）是一个为科研、教育和政府部门服务的网络，主要提供科技数据库、成果信息服务、超级计算机服务、域名管理服务等。其目标是将中国科学院在全国各地分院的局域网互联，同时连接中科院以外的中国科技单位。

1989 年 8 月，中国科学院承担了原国家计划委员会（现国家发展和改革委员会）立项的"中关村教育与科研示范网络"（NCFC）——中国科技网（CSTnet）前身的建设。1994 年 4 月，NCFC 率先与美国 NSFnet 直接互联，实现了中国与 Internet 全功能网络连接，这标志着我国最早的国际互联网络的诞生。1995 年 12 月，中国科学院百所联网工程完成；1996 年 2 月，中国科学院决定正式将以 NCFC 为基础发展起来的中国科学院院网（CASnet）命名为"中国科技网"（CSTnet）。目前接入中国科技网的单位有农业、林业、医学、电力、地震、气象、铁道、电子、航空航天、环境保护等近 20 个科研单位及国家科学基金委、国家专利局等科技管理部门。中国科技网拥有多条通往美国、俄罗斯、韩国、日本等国际出口，并与中国香港、中国台湾等地区及与中国电信（CHINAnet）、中国联通（中国网通）CHINA169、中国教育网（CERnet）、国家互联网交换中心（NAP）等国内主要互联网运营商实现高速互联。中国科技网已成为中国互联网行业快速发展的一支主要力量。

2．中国教育和科研计算机网（CERnet）

中国教育和科研计算机网（China Education and Research Network，CERnet）是由国家投资建设、教育部负责管理、清华大学等高等学校承担建设和运行任务的全国性学术计算机互联网络，是全国最大的公益性计算机互联网络，于 1994 年启动。该网是中国最权威的教育门户网站，是中国教育对内、对外的窗口。

该网是全国第一个 IPv4 主干网。覆盖全国 31 个省市近 200 多座城市，自有光纤 20 000 多公里，独立的国际出口带宽超过 800Mbps。目前有 10 个地区中心、38 个省节点，全国中心设在清华大学。该网目前联网大学、教育机构、科研单位超过 1 300 个，用户超过 1 500 万人，是我国教育信息化的基础平台。

在提供全面的互联网服务的同时，CERnet 也支持很多国家大型教育信息化工程，包括网上高招远程录取、现代远程教育、数字图书馆、教育和科研网格项目等，还及时为教育系统提供了视频会议、VOIP 电话服务等。

3．中国公用计算机互联网（CHINAnet）

中国公用计算机互联网（CHINAnet）是由国务院信息领导小组确定的、由邮电部门组建的因特网（Internet）中国联网系统。它以高速、宽敞的网络环境、充足的中继线路、便利的接入方式、标准的中文环境及强大的技术支持独树一帜。

该网是 1994 年由原邮电部（现工业和信息化部）投资建设的公用互联网，现由中国电信经营管理，是中国最大的 Internet 服务提供商，于 1995 年 5 月正式向社会开放。它是中国第一个商业化的计算机互联网，旨在为中国的广大用户提供各类网络服务，推进信息产业的发展。

中国公用计算机互联网是一个分层体系结构，由核心层、区域层、接入层 3 个层次组成，以北京网管中心为核心，按全国自然地理区域分为北京、上海、华北、东北、西北、西南、华南、中南 8 个大区，构成 8 个核心节点，围绕 8 个核心节点形成 8 个区域，共 31 个节点，覆盖全国各省、市、自治区，形成我国 Internet 的骨干网。它以各省会城市为核心，连接各省主要城市，形成地区网，各地区网有各自的网管中心，分别管理由该地区接入的用户。各地区用户由地区网接入，穿过骨干网通达中国公用计算机互联网全国网。

4．中国金桥信息网（CHINAGBN）

中国金桥信息网（China Golden Bridge Network，CHINAGBN）也称作国家公用经济信息通信网。它是中国国民经济信息化的基础设施，是建立金桥工程的业务网，支持金关、金税、金卡等"金"字头工程的应用。金桥工程为国家宏观经济调控和决策服务，同时也为经济和社会信息资源共享和建设电子信息市场创造条件。目前该网络已初步形成了全国骨干网、省网、城域网 3 层网络结构，其中骨干网和城域网已初具规模，覆盖城市超过 100 个。

1993 年年底，国家有关部门决定兴建"金桥""金卡""金关"工程，简称"三金"工程。

（1）"金桥"工程是以卫星综合数字网为基础，以光纤、微波、无线移动等方式，形成空地一体的网络结构，是一个连接国务院及各部委的专用网，是与各省市、大中型企业及国家重点工程连接的国家公用经济信息通信网。它可传输数据、语音、图像等，以电子邮件、电子数据交换（EDI）为信息交换平台，为各类信息的流通提供物理通道。目前，金桥工程已在北京、天津、沈阳、大连、长春、哈尔滨、上海等全国 24 个中心城市利用卫星通信建立了一个以 VSAT 技术为主、以光纤为辅的卫星综合信息网络。

（2）"金卡"工程是电子货币工程。它的目标是用 10 年多的时间，在 3 亿城市人口中推广普及金融交易卡、信用卡。

（3）"金关"工程是用 EDI 实现国际贸易信息化，进一步与国际贸易接轨。

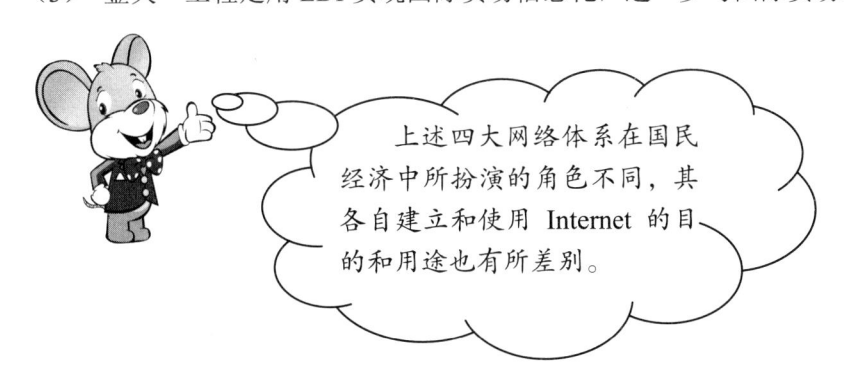

上述四大网络体系在国民经济中所扮演的角色不同，其各自建立和使用 Internet 的目的和用途也有所差别。

2.2.3 中国大型科普网站

今天，上网已不是什么新鲜事，网上浏览、网上购物、网上学校、网上游戏、网上聊天……网络越来越成为人们的"新宠"，甚至网络化生存成为人们新的生活方式的日子也并不遥远。在这样的需求和技术背景下，利用网络来进行科普，就成了一种必然。中国的科普网站从 1999 年兴起到今天已有 100 多个，约占整个中文网站的 0.04%，其中，专业性的科普网站也有数十个。目前国内有规模的社会公益科普网站有：中国科学院主办的中国科普博览、科学技术部主办的中国科普网、中国科学技术协会主办的中国公众科技网等。这种由国家主办的公益性科普网站在中国的科普网站中占主导地位。其特点是具有一定的权威性、政策性，并且知识内容较为丰富、系统，运行管理规范。

除社会公益性网站外，还有一些民营商业性科普网站和商业性网站开办的"科学频道"，如科普空间、潮流科技、网易科技频道、中华网科技频道等。这类网站的特点是实用性强，设计新颖、生动，受商业利益影响较大。

另一股不可小觑的力量来自完全由个人创办的科普网站或网页。例如，由一群教师志愿者制作维护的大眼睛科普教育网、科普作家陶世龙的"五柳村中华文化及科普"、外语教学与研究出版社陈宇先生的"中华蝶网"等。这类网站的特点是以某一方向或领域的科普知识为主，主办者是这一领域的专家或爱好者，由于经费、精力等原因不能保证内容的及时更新，随意性较强。

中国大型综合科普网站主要由中国科学院、中国各省市科学技术协会、与互联网相关的科研教育单位及大众媒体等主办。中国大型综合科普网站一览表如表 2-1 所示。

表 2-1 中国大型综合科普网站一览表

网站名称	网址	主办单位/省份
中国科普网	http://www.kepu.gov.cn	科学技术部政策法规与体制改革司
中国科普博览	http://www.kepu.net.cn	中国科学院
中国科普网	www.sinotech.org.cn	上海市
中国公众科技网	http://www.cpst.net.cn/	中国科学技术协会
中国公众科普网	http://www.kpcn.org/	浙江温州平阳科学技术协会
中国科普研究	http://www.crsp.org.cn/	中国科普研究所
科学教育网	http://www.sedu.org.cn/	中国科学技术协会
中国反邪教网	http://www.chinafxj.cn	中国反邪教协会
中山科学馆	http://www.zskxg.com	广东省科学技术协会
科技之光	http://www.whbc.com.cn	武汉电视台
三思科学网	http://www.oursci.org	湖北武汉
科普信息网	http://www.yunast.cn/	云南省科学技术协会
大众科技网	http://www.zast.org.cn/	浙江省科学技术协会
大科普网	http://www.ikepu.com/	北京

1. 中国科普博览简介

中国科普博览是一个综合性的以宣传科学知识、提高全民科学文化素质为目的的大型科普网站。它以中国科学院科学数据库为基本信息资源，以中国科学院分布在全国各地的一百多个专业研究所为依托，扩散到全国一些著名的科研机构、科普机构，系统采集全国各具特色的科普信息，内容包括天、地、生、数、理、化等各个学科。将每一类科普信息重新编写脚本并组织整理成虚拟科普博物馆与科普专题，以生动形象、图文并茂的方式通过互联网对外发布，融知识性和趣味性为一体，使之成为青少年课外学习的好去处，同时也为成年人继续学习提供了良好的素材。如图 2-11 所示是中国科普博览主页。

图 2-11　中国科普博览主页

2．中国科普网简介

中国科普网是由科学技术部政策法规与体制改革司主办的，以青少年为受众重点，面向全社会公众进行科学普及、发布科技信息的综合类科普网站。中国科普网以提高全民科学素质为宗旨，充分利用现代网络技术，追求内容新颖通俗、形式活泼生动，让公众于休闲中理解科学，让学生于快乐中接受教育。中国科普网将努力做到足不出户即可上天入海、通识万物。其主页具有科普资讯、科普视频、科普大家、科幻世界、品牌活动、科普产业等 6 个栏目，如图 2-12 所示。

图 2-12　中国科普网主页

3．科学教育网简介

科学教育网是由中国科学技术协会主办，由中国科协信息中心提供技术支持的。该主页有超越发现、美国科学教育从书选、国外科普文章、LASER 行动计划、理论研究、做中学、探究学习等栏目。

其中，"超越发现"栏目研究造福人类的科学探索之路，是美国科学院制定的一个长期项目，由一系列研究报告组成。这些文章告诉我们，引导科技与医学进步的根源在于基础学科的研究，而从事基础学科研究的科学家们并没有意识到，他们的研究成果在实际应用中具有远远超越其发现本身的价值。

这些文章由专业科普作家和著名科学家共同撰写完成。该网站为了能使读者更好地理解这些文章，建立了大量的相关详细内容的链接。主页具有科学、教师、微课、播客、地市科学、浙江科学、国内科学、文件通知、教学设计、教育科研、课程资源、学生探究等 12 个栏目，如图 2-13 所示。

图 2-13　科学教育网主页

4．中国公众科技网简介

中国公众科技网由中国科学技术协会主办，于 1999 年 6 月 30 日正式开通，是中国内地第一家开通的综合性专业科普网站。

中国公众科技网依托于中国科学技术协会系统，遍及全国城乡，覆盖科学技术各学科领域的基层组织和专业科普工作队伍，由中国科学技术协会系统共同建设，面向中国不同地域、不同生活状况、不同年龄段、不同知识水平的人群普及科学知识。在中国科协"十一五"事业发展规划中，中国公众科技网被列为重点建设项目，其建设目标是创建中国科协系统面向社会和公众的专业化科普门户网站。

中国公众科技网推出的"科普网站导航系统"，筛选收录了国内 348 个科普网站和颇具规模的科普栏目，通过咨询专家，对网站及栏目进行科学合理的分类整理，并邀请专家对每个网站和栏目从内容、设计、技术等方面进行打分和点评，与网站访问信息、网民评论相结合，为网民提供评价客观全面、分类精准的科普网站导航和索引服务。该系统使网民能够便捷、直观地了解各科普网站的特点，从中选择内容规范、可靠，符合自己需求的站点浏览查询。如图 2-14 所示是中国公众科技网主页。

图 2-14 中国公众科技网主页

2.3 Internet 服务与 IP 地址

2.3.1 Internet 主要服务

Internet 的服务可以分为基本服务和扩充服务两种。基本服务是指 TCP/IP 协议所包括的基本功能，主要有电子邮件（E-mail）、文件传输协议（FTP）、远程终端登录协议（Telnet）。扩充服务是指在 TCP/IP 协议基本功能的支持下，由某些应用软件或用户提供的服务，主要有研讨服务［如电子公告（BBS）、新闻组（Newsgroup）、电子杂志等］、名录服务（如 Whoes、Netfind 和 X.500 等）、信息查询服务（如 Archie、WAIS、Gopher、WWW 等）。

1. 电子邮件（E-mail）

电子邮件是采用简单邮件传输协议（Simple Mail Transfer Protocol，SMTP），利用网络交换文字信息的交互服务。

电子邮件的发送过程是：收、发双方之间建立一条 TCP 连接后，发件人先发出一个 MAIL 命令，其中指明发件人，以便收件人在需要时向其报告出错信息，再发一个 RCPT 命令来指出邮件的收件人。如果得知收件人能够接收邮件，发件人便可发 DATA 命令，后跟一串由 ASCII 字符行组成的信件，并由一个仅包含一个句号的行来表明结束。

电子邮件除了可以交换信件外，还可以用来查询信息。Internet 上的一些信息咨询服务中心为了让用户能查到他们提供的信息，编制了邮件服务器软件，当用户想向这些信息中心查询资料时，只要向其指定的电子邮箱发送一封含有一系列信息查询命令的电子邮件，邮件服务器软件会自动读取、分析收到的电子邮件中的命令，并将检索结果以电子邮件的形式发回到用户的电子邮箱中。

2．文件传输协议（FTP）

文件传输协议（File Transfer Protocol，FTP）可以使 Internet 上的两台主机互相传送文件，它几乎可以传送任何种类的文件，如文本文件、二进制文件、超文本文件、图像文件（图像文件的格式最好使用 GIF 和 JPG）、声音文件、数据压缩文件等。

在传送信息时，用户需要登录网站名称、对方主机 IP 地址、用户名称、密码、登录类型、传输类型、初始远程目录、远端目录过滤目录、初始本地目录、本地目录过滤目录等内容。传送信息时可以通过 FTP 软件直接传送信息。

3．远程终端登录协议（Telnet）

远程终端登录协议（Telnet）可以使用户自己的计算机成为 Internet 的远程计算机终端。用户在自己的主机上运行 Telnet 程序，就可以连接或登录到 Internet 上的某台远程主机上，一旦连接上，本地主机即可成为该远程主机上的一个分支终端。此时，本地主机可以调用远程主机上所提供的一切服务。在用户输入各种请求命令后，远程主机将会响应并提供服务，并将结果送回到用户终端屏幕上显示，用户也可以通过硬盘将其结果储存起来。

4．信息查询服务（WWW）

WWW（World Wide Web）称为万维网、全球信息网、世界网等，是一种将 Internet 上现有资源全部连接起来的，采用图形界面的，融网络技术、超文本技术和多媒体技术为一体的信息服务系统。

用户需要查询信息时，只要提出查询要求，至于到什么地方去查询及如何实现查询等，均由 WWW 自动完成。WWW 软件以 FTP 的方式将文件调到用户机上，其文档采用超文本标注语言（HTML）。除可以浏览文本信息外，WWW 还可以显示与文本内容相配合的图像、影视和声音等信息，是目前 Internet 上最受欢迎和最先进的服务之一。

2.3.2　IP 地址概念

我们知道用一台普通的家用计算机，只要能上宽带网就可以在家中浏览全世界所有的网页。这是什么原因呢？

要了解 Internet 是怎么工作的，首先要知道 Internet 中是怎样存放计算机的，每一个 Internet 中的计算机地址是怎样规定的。

假设某旅馆是一个 4 层楼房，共有 16 间客房，在某一时刻旅客入住情况如图 2-15 所示。

从图 2-15 中可知，101 号房间住的是 1 名男性、102 和 103 号房间各住 2 名男性、104 号房间住的是 1 名女性……我们将房间号称为地址，住在房间号（地址）内的人数称为数据，其属性有男性或女性，有 1 名、2 名甚至 3 名。

也就是说，地址（房间号）是一个确定不变的量，而地址内储存的数据（旅客）是一个不确定可变的量，但是，一旦注册登记后，地址内住的旅客也就确定了。

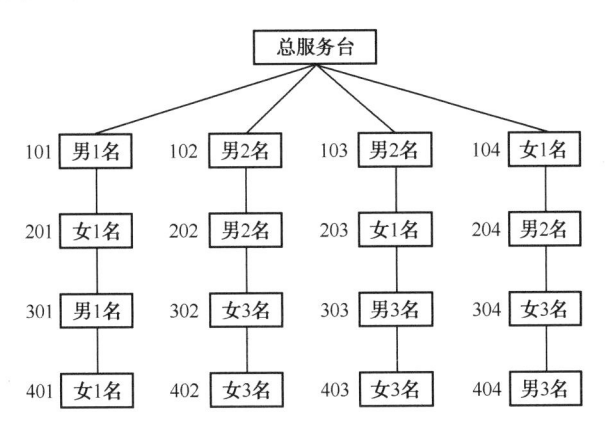

```
                            总服务台
            ┌──────────┬──────────┼──────────┬──────────┐
       101 男1名   102 男2名   103 男2名   104 女1名
            │          │          │          │
       201 女1名   202 男2名   203 女1名   204 男2名
            │          │          │          │
       301 男1名   302 女3名   303 男3名   304 女3名
            │          │          │          │
       401 女1名   402 女3名   403 女3名   404 男3名
```

图 2-15　在某一时刻旅客入住情况

我们可以将 Internet 中的计算机看成是住在一个具有 20 亿个房间的旅馆里（当然，这个旅馆分布在世界各个国家），旅馆中的每一个房间存放一台计算机，每一个房间中的计算机可以是任何品牌、任何型号、任何配置，就像旅馆中每一个房间中住的旅客既可以是男性或女性，也可以是夫妻一样。

那么，在 Internet 中计算机地址是如何分配的呢？我们知道，Internet 中有 20 亿个用户，每一个用户的地址都必须是唯一的，这就需要有 20 亿个不同的地址。同时，计算机只认识二进制所表示的数据，所以每一个用户分配到一个世界上唯一的 32 位二进制数表示的 Internet 地址，即 IP 地址（Internet Protocol Address，IP Address），该地址可用于与该计算机有关的全部通信。IP 地址的格式使用二进制数来表示，其长度为 32 位，以 XXXXXXXX.XXXXXXXX.XXXXXXXX.XXXXXXXX 格式表示，即将其分为 4 个 8 位二进制数。例如，10000111.01101111.00000101.00011011 是某一个连接在 Internet 上计算机节点的 IP 地址，这种 IP 地址称为二进制格式源 IP 地址。

为了使用户和网管人员便于使用、掌握和记忆，我们将二进制格式转换为十进制格式，将每 8 位二进制数用一个十进制数表示，其值为 0～255，并以小数点分隔。例如，将上例的二进制格式的 IP 地址表示为十进制格式：135.111.5.27。即使是这样，想要记住各个网站的 IP 地址也是很困难的事情。于是我们就想到了域名，域名是与 IP 地址建立关系的一种途径。

2.3.3　域名定义及管理

1. Internet 的域名定义

域名是为了方便用户访问 Internet 而设置的一套转换系统。同一个域名只能被注册一次，因此，Internet 上的域名是稀缺资源。一个完美的域名由几个层次组成，不同层次之间用小圆点隔开。例如，某主机的 IP 地址为 202.96.96.68，就意味着它的 32 位 Internet 地址是 11001010.01100000.01100000.01000100。这样的一组数据要人们记住是一件非常困难的事情，人们比较容易记住较有规律的反映某种特征的名字。例如，pub.zjpta.net.cn 就代表了 202.96.96.68，它的中文意思是中国浙江电信局公众开放的主机域名。

Internet 的域名命名方式采用层次型的结构，即在主机命名中加入了层次型的结构，名字的层次对应于名字空间的管理机构的层次,其规则有以下几项。

(1)最高一级的名字空间划分是基于"国名",即地理位置或组织,如 cn 表示中国。要注意的是,美国的域名通常不包含国名,这是因为 Internet 是以美国为发源地的缘故,在 Internet 中约定,如果该域名没有地理位置,那么就默认为在美国。

(2)第二级的名字空间划分是基于"组织名",如 net 表示网络组织、com 表示商业组织等。

(3)第三级的名字空间划分是基于主机的"本地名",如 zjpta 表示浙江省电信局。

(4)第四级的名字空间划分是基于"主机名",如 pub 表示其中的一台计算机名。

下面列举了 Internet 上主机域名组成的例子,如图 2-16 所示。

```
      pub.zjpta.net.cn
                   └── 我国标准代码(中国)
              └────── 代表网络管理操纵部门(网络资源)
①      └──────────── 本地区名(浙江省)
        └──────────── 单位自定(计算机名称或服务器类型)

      netlab.cs.nankai.edu.cn
                          └── 我国标准代码(中国)
                    └────── 代表网络管理操纵部门(教育机构)
②            └──────────── 本地区名(南开大学)
         └──────────────── 单位自定(计算机系)
      └──────────────────── 单位自定(网络实验室)

      ftp.microsoft.com...
                      └── 国别省略(美国)
                └────── 代表网络管理操纵部门(商业机构)
③        └──────────── 本地区名(策软公司)
      └──────────────── 单位自定(FTP服务器)
```

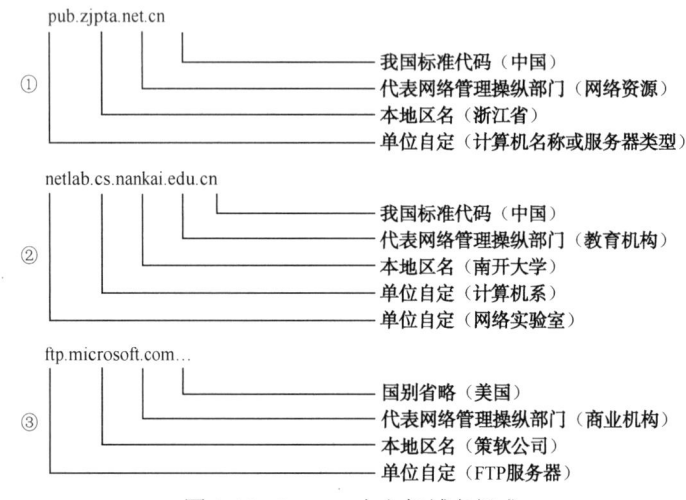

图 2-16 Internet 上主机域名组成

① pub.zjpta.net.cn

② netlab.cs.nankai.edu.cn

③ ftp.microsoft.com

其中,第二个例子中的第四部分由两部分组成。一般对于有较多主机的单位,命名时可以进一步细分。例如,该例子中将第四部分的内容分成 netlab 和 cs,其中 netlab 表示南开大学的网络实验室,而 cs 则表示南开大学的计算机系。

常见组织域名如表 2-2 所示,常见地理域名如表 2-3 所示。

表 2-2 常见组织域名

域 名	含 义	域 名	含 义
.int	国际组织	.com	商业组织
.edu	教育组织	.gov	政府组织
.mil	军事组织	.org	非营利法人商业组织
.net	网络资源组织	.firm	商业公司组织
.arts	文化和娱乐实体组织	.info	提供信息服务的实体组织
.store	商业销售企业组织	.web	与 WWW 相关的实体组织
.nom	个体或个人		

表 2-3　常见地理域名

域　　名	含　　义	域　　名	含　　义
.au	澳大利亚	.al	阿尔巴尼亚
.ar	阿根廷	.at	奥地利
.be	比利时	.bg	保加利亚
.br	巴西	.ca	加拿大
.ch	瑞士	.cn	中国
.de	德国	.dk	丹麦
.eg	埃及	.es	西班牙
.fi	芬兰	.fr	法国
.gr	希腊	.gl	格陵兰
.gb	英国	.hk	中国香港
.il	以色列	.is	冰岛
.in	印度	.it	意大利
.jp	日本	.ie	爱尔兰
.mx	墨西哥	.nz	新西兰
.pl	波兰	.ru	俄罗斯
.tw	中国台湾	.tr	土耳其
.us	美国	.uk	英国
.vn	越南	.vd	梵蒂冈

2．Internet 域名管理

域名方案应包括一个高效、可靠、通用的分布系统，实现名字对地址的映射。系统是分布的，由分布在多个网点的一组服务器协同操作，解决映射问题。系统是高效的，大多数名字映射在本地操作，只有少数名字映射需要在 Internet 上通信。系统是通用的，因为它不限制于仅使用机器名。系统是可靠的，单台计算机故障不会影响系统的正常运行。

域名系统是一个分布式主机信息数据库，它管理整个 Internet 的主机名与 IP 地址。域名系统采用分层管理，因此，分布式主机信息数据库也是分层结构的。其结构像一个倒立的树，树中的每一个节点代表整个数据库的一个部分，即域名系统中的一个域。域可以进一步划分为子域，子域相当于树中一个分叉，即一个子节点。每个域都有一个域名，域名定义了它在数据库中的位置。一台 Internet 上的主机名全称是从一个叶节点延树向上，直到根部的所有域名组成的域名序列。域名之间用"."分隔开。

如图 2-17 所示是 Internet 域名层次。树的根是识别顶层域的服务器，并知道解析每个域的服务器。给定要解析的名字后，根可为该名字选择一个正确的服务器，并逐级往下搜索，最后返回结果。

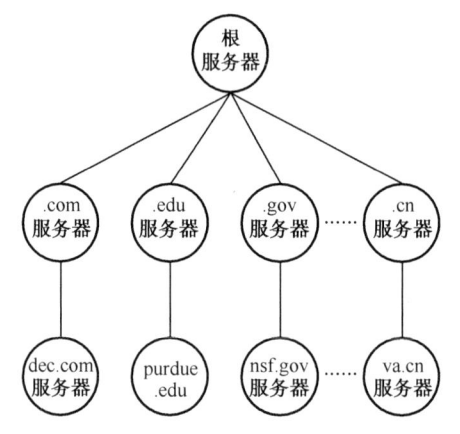

图 2-17 Internet 域名层次

概念树中的连接并不表示物理网的连接,而是解析域名的一种逻辑连接。服务器树是用于 Internet 通信的一种抽象结构。从概念上讲,域名转换自上而下进行,从根服务器开始,逐级处理,直到树叶上的服务器。客户机必须知道如何与域名服务器联系,而域名服务器必须知道根服务器地址。域名服务器使用众所周知的协议端口通信,以便客户机方便地与域名服务器通信。

能力训练题 2 如何从网上寻找资料

一、能力训练前的准备

(1) 查看本地计算机是否已与 Internet 连接成功。

(2) 查看本地计算机的浏览器是否是最新版本,建议最好是 IE 6.0 或以上浏览器。

(3) 建立自己的子目录以备用,以后可以将在 Internet 上搜索到的资料下载到该子目录中。建议最好将自己的子目录创建在除 C 盘外的硬盘中,待用完后再将相应的资料内容复制到自己的网络硬盘或 U 盘中。

(4) 准备 U 盘或网络硬盘。

二、能力训练目的要求

通过本次训练,学生能够了解 Internet 环境,掌握必要的技术操作技能,从中寻找有用的信息并下载到自己的文件夹内以备用,并且学会如何从 Internet 上搜索对自己有用的信息。

三、能力训练内容

【操作一】 从搜狐网站中寻找信息

(1) 进入 Internet,直接在 IE 浏览器中的 URL 地址栏输入 "http://www.sohu.com" 后,便可看到该网站主页内容。

(2) 按部门分类的方式查找电子商务网站的站点,直接从网站主页中用鼠标单击来查找所需的信息。

（3）按搜索引擎的方式查找电子商务网站的站点，直接从搜索表单中输入关键字让系统自动完成搜索。

（4）从各网站上获取信息（包括图片、文字、表格、表单、动画、脚本文件等），并下载到本地硬盘自己创建的文件夹中。

【操作二】 直接从著名网站"阿里巴巴"中寻找信息

（1）进入 Internet，直接在 IE 浏览器中的 URL 地址栏输入"http://china.alibaba.com"或"www.1688.com"后，便可看到该网站主页内容。

（2）观看该主页的整体布局、框架等情况。

（3）观看该主页的颜色搭配情况。

（4）观看电子商务网站的具体内容、结构及连接方法。

（5）实际感受一下电子购物的整体过程。单击某一个你认为所需的电子商品并进行网上交易。

（6）寻找有用的信息（包括图片、文字、表格、表单、动画、脚本文件等），并下载到本地硬盘自己创建的文件夹中。

【操作三】 提供国内外较有名的电子商务网站

1．国内较有影响的电子商务网站

（1）阿里巴巴网站　http://china.alibaba.com 或 http://www.1688.com

（2）珠穆朗玛电子商务网站　http://www.8848.net

（3）雅宝网站　http://www.yabuy.com

（4）易趣网站　http://www.eachnet.com

（5）酷！必得网站　http://www.coolbid.com.cn

2．国外较有影响的电子商务网站

（1）MSN 电子商务网站　http://carpoint.msn.com

（2）SFNB 电子商务网站　http://www.sfnb.com

（3）Turtle Trader 电子商务网站　http://www.turtletrader.com

（4）Expedia 电子商务网站　http://home.microsoft.com

（5）Hotmail 电子商务网站　http://www.hotmail.com

3．其他电子商务网站地址

（1）易标　http://www.ebiao.com

（2）网络购物中心　http://www.imall.com.cn

（3）所有网　http://www.soyou.com

（4）大中华拍卖网　http://www.ibid.com.cn

（5）首都电子商城　http://www.beijing.com.cn

（6）广联－中国分类信息网　http://www.adlink.com.cn

（7）cshop　http://www.cshop.com.cn

（8）当当网上书店　http://www.dangdang.com

（9）北京搜搜跳蚤市场　http://www.soso.com.cn

（10）金桥商务网　http://sw.jqinfo.com

（11）中国电子商务网　http://shop.chinaeb.com.cn

（12）上海拍拍网　http://www.auctiondown.com

（13）百特商厦　http://www.byteplaza.com

（14）焦点拉拉手网站　http://www.lalasho.com

（15）中国拍卖　http://www.youthexpress.com

（16）85818网上购物中心　http://www.85818.com.cn

（17）北京电子商务网　http://www.bjec.com.cn

（18）首都在线跳蚤市场　http://www.263.net

（19）东北热线拍卖广场　http://www.dlchina.com

（20）中国二手网　http://best.163.com/~2shou

（21）childshopc　http://www.childshopc.org/ch/

（22）ebstore　http://www.ebstore.com/

（23）ebauer　http://www.ebauer.com/

（24）worldport　http://www.worldport.com/gvstore

（25）merchant　http://merchant.reba.com/reba/

（26）shopping　http://www.shopping.com/

（27）swspectrum　http://www.swspectrum.com/

（28）fab4store　http://www.fab4store.com/

（29）1800flower　http://www.1800flowers.com/

（30）foxstore　http://www.foxstore.com/

四、能力训练报告

能力训练报告的格式如下。

1．训练过程

目的要求：

训练内容：

训练步骤：

（从搜狐网站寻找信息，或者直接从著名网站"阿里巴巴"中寻找信息。）

2．训练结果

训练结果分析：

（可以使用表格方式，也可以使用文字方式。）

3．总结

通过能力训练，总结自己的掌握程度，分析出错原因，提出改进措施。

习题 2

一、填空题

1．互联网中的"线"有的是看得见的_____、_____，包括_____、_____，也有的是看不见的_____。我们把这些"线"称为_____，在这条公路上飞奔的是_____、图像、_____、_____，它们能够在_____内跨过万水千山，传到世界各地的计算机上。

2．一个网络协议主要由语法、语义、时序三要素组成，其中：

语法是_____；

语义是_____；

时序是_____。

3．集线器（HUB）又称_____，是连接网络上_____的一种装置。网桥的作用是_____两个_____的网络。

4．由于网络受_____的限制，当网络段超过_____时，需要增加一个_____来延伸该网络，这个设备称为_____，主要用于_____以上的_____的连接。

5．路由器是由在_____上实现_____互联的设备。路由器的功能比_____更强，它除_____的全部功能外，还具有_____功能。

6．目前，中国可直接连接 Internet 的网络有 4 个，即_____网络、_____网络、_____网络、中国金桥信息网（CHINAGBN）等。

7．Internet 服务有_____服务、_____服务、_____服务、_____服务等。

8．IP 地址是_____分配到一个世界上_____用二进制数表示的 Internet 地址，即将其分为_____二进制数。

9．域名是为了_____访问 Internet 而设置的_____系统。同一个域名只能_____，因此 Internet 上的域名是稀缺资源。一个完美的域名由_____组成，不同层次之间用_____隔开。

10．域名方案应包括一个_____、_____、通用的分布系统，实现_____对_____的映射。系统是_____，由分布在多个网点的_____协同操作，解决_____问题。

二、判断题

1. 互联网就是一张大网，在这张大网里都是些看不见摸不着的网线。（　　）
2. Internet 中的协议是 TCP/IP，协议其实就是一种规章制度。（　　）
3. 集线器用于连接两个不同类型的网络。（　　）
4. 中继器具有放大网络信号的作用。（　　）
5. 路由器是在网络层上实现多个网络互联的设备。（　　）
6. Internet 最早的发明者是英国人。（　　）
7. 中国科普博览是中国优秀科普网站。（　　）
8. IP 地址是由 11 位十进制数表示的唯一地址。（　　）
9. 域名是为了方便用户访问 Internet 而设置的一套转换系统。（　　）
10. 域名方案应包括一个高效、可靠、通用的分布系统，实现名字对地址的映射。（　　）

三、简答题

1. 请写出 Internet 的概念。
2. 请写出网络协议的三要素。
3. 请写出集线器的功能和特点。
4. 请写出网桥的作用。
5. 请写出路由器的功能。
6. 请写出网关的功能。
7. 请写出中国四大网络体系的名称。
8. 请写出 Internet 主要服务的内容。
9. 请写出 IP 地址的概念。
10. 请写出 Internet 域名的定义。

阅读材料 2——5G 手机有哪些优点

（https://baijiahao.baidu.com/s?）

> 随着第五代通信技术（5G）标准的冻结，5G 已逐步走向商用，2019 年有大批 5G 手机上市，2019 年可以说是 5G 手机真正意义上的元年。

在说 5G 手机之前我们先来说说 5G，5G 网络是第五代移动通信网络，其峰值理论传输速度可达每秒数十吉字节，这比 4G 网络的传输速度快数百倍，整部超高画质电影可在 1 秒之内下载完成。除高带宽外，5G 网络相比 4G 网络具有更低的延迟，5G 网络的 Ping 值可以达到仅有几毫秒。

对于手机而言，5G 的升级其实跟 2G 过渡到 3G、3G 过渡到 4G 一样，用户感知最明显的是网速的提升及延迟的降低，但这一次，5G 网络的适用范围改变了，5G 不仅面向手机，还面向物联网（IoT）。也就是说，以后 5G 网络的绝对主力可能不再只是手机，还有汽车及各种各样的物联网设备，而不同物联网设备对网络的要求是不同的，因此，5G 网络在正式商用之后可能会有两张网，一张是面向手机，另一张则是面向物联网。知道了 5G 的定义之后，再来看 5G 手机，那么 5G 手机都有哪些优点呢？

目前，4G 网络的网速已经非常快了，那么 5G 网络的速率到底有必要吗？目前来看就算网速再快但电信运营商还是按照流量计费的，很少有人会用移动网络下载电影。因此单纯对于手机来说，用户体验到的 5G 远远没有 3G/4G 时代那么震撼，毕竟，移动流量还没便宜到可以随意下载动辄几吉字节的影片，5G 网络虽然快，但对移动手机用户来说，网速已经不是痛点，运营商真正需要解决的是流量资费问题。

另外，5G 手机会成为物联网的中枢，可以通过手机控制物联网设备，如控制房屋上的太阳能电池板、控制家中的空调等，手机相当于遥控器。物联网虽然说了好几年，但等 5G 商用之后才会迎来爆发，5G 网络很大意义上其实是为物联网准备的，包括车联网无人驾驶、远程医疗手术等都是 5G 的具体应用实例，如图 2-18 所示。

5G 手机开始普及之时，由于相应的产业链有滞后性，消费者可能感觉不出来 5G 和 4G 之间的差别，现在移动流量的价格还没有达到用户可以随意下载电影的地步，但毫无疑问，一个新兴事物的成长都需要一个过程，在接下来的几年里 5G 及 5G 手机肯定会大放异彩。

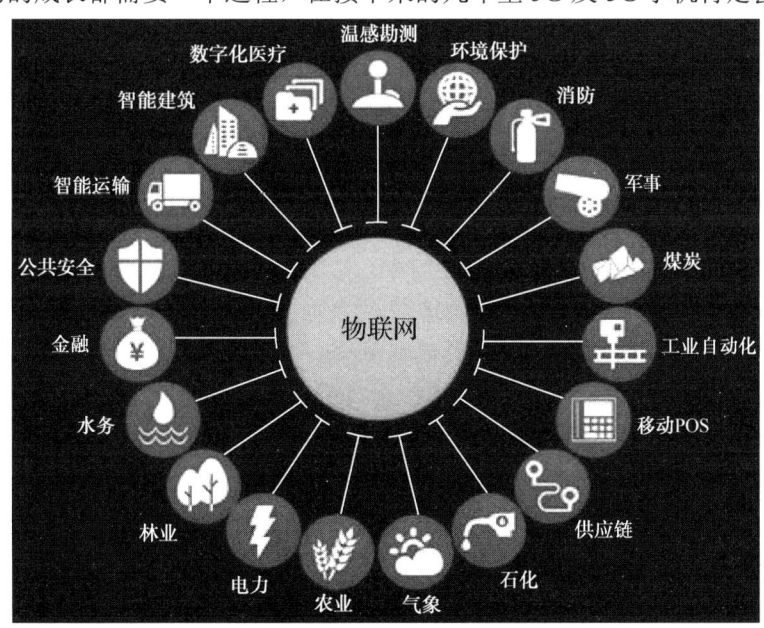

图 2-18 5G 网络与物联网

第3章
Web 浏览器与信息搜索

知识要点
- ❖ Web 的相关概念
- ❖ Web 技术结构
- ❖ 全球资源定位器的概念
- ❖ 主页基本概念

能力要点
- ❖ 掌握 Web 浏览器的操作
- ❖ 学会在网上搜索信息

第 3 章 Web 浏览器与信息搜索

引例 3——现实生活中的电子商务

案例 1

王小姐是一家网络公司职员,现在已经有八个月的身孕。由于出行不方便,但是又需要购置一些孕妇与婴儿物品,于是在淘宝网的母婴频道购置了千余元用品。

分析:

如今,网上购物已经成为潮流。有关资料表明,截至 2019 年 3 月底,我国网民规模达 8.17 亿多人,而网络购物用户规模超 6 亿人。随着网上交易的安全保障、管理制度等越来越完善,网上购物将会有更大的发展,如图 3-1 所示。

图 3-1 网购示意图

案例 2

李老师是某大学教授,学校每月将他的工资直接存入他的建设银行账户。李老师只要登录建设银行的网站,在计算机上操作便可得知本月的工资数额。李老师还经常通过网上银行给他在国外留学的女儿汇款,免去了在银行柜台等待的麻烦。同时,他也经常通过网上银行办理账务查询、代缴费等多项业务。

分析:

目前,国内各大银行都开通了网上银行业务,办理信息咨询、银行转账、个人理财等多种业务。特别是办理数额较大的资金存取与转账业务,既方便、快捷,又安全。

案例 3

假期将至,李老师一家三口准备出境旅游,他希望了解一些境外的风土人情、旅游路线和旅行社的情况。为此,他访问了国内著名的旅游网站——携程旅行网(http://www.ctrip.com/),进行了详细的查询及认真的研究,最后确定了旅游线路,并且办理了预定手续。一家三口开始了快乐的旅行。

分析：

全球旅游电子商务已经连续 8 年以 350%以上的速度增长。在欧美等发达国家，旅游电子商务已经成为整个电子商务领域发展最快、最突出的部分。旅游服务约 50%的业务都在网络上进行。

3.1 Web 概述

3.1.1 Web 简介

> 要在网上进行"网购""网聊"，需要一种工具，这个工具就是 Web 浏览器。

1. Web 的概念

万维网 WWW（World Wide Web）也称 Web、3W 等，是一种将 Internet 上现有资源全部连接起来的，采用图形界面的，融网络技术、超文本技术和多媒体技术为一体的信息服务系统。世界上成千上万的科研部门、大专院校、公司厂商、各种组织机构，甚至个人通过交互式多媒体的动态通信方式，向它提供各种信息，同时，用 Internet 进行各种信息的交互式传递、查询、管理等。

因此，Web 的真正定义应该是"为访问巨量文档资料所建立的一种通向广域超媒体信息检索的原始规约"，这种规约给 Internet 上的所有用户提供了一种通用而简单的手段去访问各种媒体和网络资源，也就是说，通过单一的操作界面便可以与目前大多数的网络系统兼容，并立即享用 Internet 上的全球信息服务。

Web 是以超文本标注语言（Hyper Text Markup Language，HTML）与超文本传输协议（Hyper Text Transfer Protocol，HTTP）为基础，能够提供面向 Internet 服务的、一致的用户界面的信息浏览系统。其中，Web 服务器采用超文本链路来链接信息页，这些信息页既可放置在同一台主机上，也可以放置在不同地理位置的主机上，文本链路由统一资源定位器（URL）维持，Web 端软件即 Web 浏览器负责信息显示与向服务器发送请求。

2. Web 的功能

理论上，Internet 范围的超文本文件系统的设计思想是要提供信息检索的最完美的途径，以及一个简单而方便的、可用来发现和利用存在的各种类型数据的方法。然而实际上，Web 的重要作用体现在以下两方面。

（1）阅读超文本文件文章。超文本文件比普通文件更有价值之处是它具有关联的特点，当用 Web 读文章时，你会发现可以节省很多时间。你不仅能在需要时转到相关的专题，也能通过忽略那些看起来乏味的关联跳过许多冗长的细节。

（2）访问 Internet 资源。

3．使用 Web

像许多 Internet 资源一样，Web 采用的是客户机/服务器系统。从 Web 的角度来看，所有事情都是由文件和关联组成的。因此，浏览器的工作就是读取文件及带着你跟选择的关联走。

也就是说，只要具有以下三种基本技能就能使用 Web。

（1）能够控制文件显示。

（2）知道怎样告诉浏览器跟着关联走。

（3）必须指定你想用什么来检索一项索引。

要正确使用这些方法依赖于所使用的浏览器。例如，浏览器使用带有鼠标的图形用户接口，那么关联项就被加亮，而只需在一项关联上按回车键或按鼠标就能选中它；而对于一个字符型的浏览器，每一个关联都被分配了一个数字，要想选择一个关联，只需录入与它对应的数字就可以了。总之，不管用什么类型的浏览器，都能很容易而且很直观地使用 Web。

3.1.2　Web 技术结构

Web 的技术结构如图 3-2 所示。

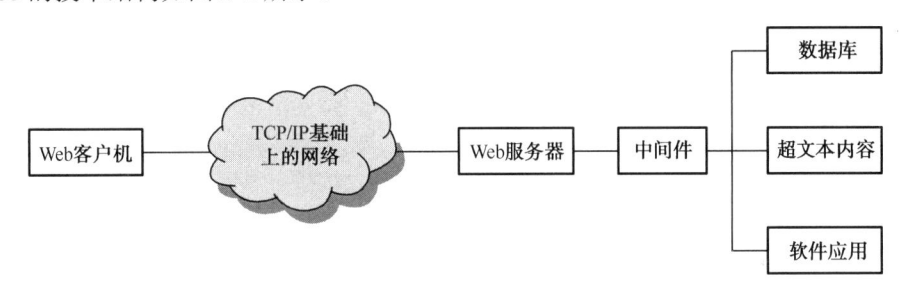

图 3-2　Web 的技术结构

从图 3-2 中可知以下几个内容。

（1）Web 客户机是指在客户端浏览 Internet 信息的主机，而在客户机上显示 Internet 信息的软件，简称 Web 浏览器。通常使用的浏览器有以下几种。

① 美国微软公司（Microsoft）生产的 Internet Explorer 即 Internet 探索器，简称为 IE，版本有 IE6.0、IE7.0、IE8.0，新发布的 IE9.0 只适合 Win7 系统。

② 北京傲游天下科技有限公司开发并生产的傲游浏览器（傲游 1.x、2.x 为 IE 内核，3.x 为 IE 与 Webkit 双核）是一款多功能、个性化、多标签浏览器。它能有效减少浏览器对系统资源的占用率，提高网上冲浪的效率。

③ 北京搜狗科技发展有限公司开发并生产的搜狗浏览器，即搜狗高速浏览器，是目前互联网上最快速、最流畅的新型浏览器。它与拼音输入法、五笔输入法等产品一同成为高速上网的必备工具。搜狗浏览器拥有国内首款"真双核"引擎，采用多级加速机制，能大幅提高上网速度。

④ 北京奇虎科技有限公司开发并生产的 360 极速浏览器是一款极速、安全的无缝双核浏览器。它基于 Chromium 开源项目，具有闪电般的浏览速度、完备的安全特性及海量丰富的实用工具扩展。

⑤ 深圳市腾讯计算机系统有限公司自主开发并生产的 QQ 浏览器是新一代免费手机浏览器，该公司同时还有 PC 浏览器。该公司官方介绍说手机 QQ 浏览器是更快、更方便的新一代手机浏览器。它不仅软件体积小，上网速度快，还通过多项领先技术让手机上网的浏览效果更佳，流量费用更少，可以让用户在手机上获得最佳的上网体验。

（2）Web 服务器是指计算机信息资源的存放主机。

（3）中间件是指可以调用 Web 服务器中的数据库数据、超文本内容和其他应用程序，常用的中间件有 CGI、JDBC、WEBAPI 等。

Web 通信的基本原理是：由浏览器向 Web 服务器发出 HTTP 请求，Web 服务器接到请求后进行相应处理，并将处理的结果以 HTML 文件的形式返回到浏览器，用户浏览器对其进行解释并显示给用户。Web 服务器要与数据库服务器进行交互，必须通过中间件才能实现。

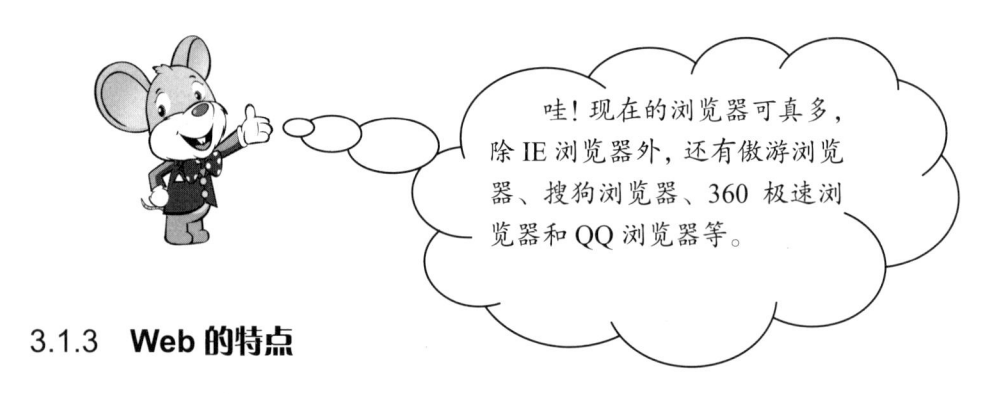

> 哇！现在的浏览器可真多，除 IE 浏览器外，还有傲游浏览器、搜狗浏览器、360 极速浏览器和 QQ 浏览器等。

3.1.3 Web 的特点

1. Web 的特点

Web 可以根据用户的各种要求，通过超文本的链接将其链接到用户所需要的某一个网址、网页、服务器或其他形式的媒体，如图形、图片、动画、声音、影视等。由于多媒体技术的出现，在 Web 中还可以使用超媒体，它是超文本和多媒体的有机结合。因此，Web 服务的特点如下：

（1）以超文本方式组织网络多媒体信息。
（2）用户可以在世界范围内任意查找、检索、浏览及添加信息。
（3）提供生动直观、易于使用、统一的图形用户界面。
（4）网点间可以互相连接，以提供信息查找和漫游的透明访问。
（5）可以访问图像、声音、影像和文本信息。

2. 超文本（Hypertext）

超文本是一种特殊的文本，与一般文本不同之处在于，用户阅读超文本时可以按非线性的方式，在不同的文本之间随机地转来转去，随心所欲地进行阅读。例如，某一个用户

在阅读一份超文本时需要查看文本中的有关图片，直接单击该图片名称就能很轻松地获得图片，而这些图片可能放在不同的文本中，也可能放在地理位置相距很遥远的另一台计算机的硬盘中。

Web 主要依靠超文本作为与用户联系的桥梁，在超文本里包含一些可以用作链接的词、词组、图标、网址等内容，用户只要单击所需要的内容，就能进入与之相关的另一个文档，甚至是另一台计算机。通过超文本技术，用户可以不必熟知网络的任何知识，就能随心所欲地在 Internet 上轻松冲浪。

3．超文本传输协议（HTTP）

超文本传输协议是一个用于超文本的通信协议，属于 TCP/IP 协议中的一个成员。HTTP 是用于分布式协作超文本信息系统的、通用的、面向对象的协议，它可以用于域名服务或分布式面向对象系统。

3.2 Web 浏览器

3.2.1 主页基本概述

1．主页的概念

主页也称首页、起始页，是用户打开浏览器时自动打开的一个或多个网页。主页也可以指一个网站的入口网页，即用户打开网站后看到的第一个页面，如图 3-3 所示。大多数作为首页的文件名是 index、default、main 或 portal 加上扩展名。用户可以通过主页访问有关的信息资源，并可下载有关的内容。

图 3-3　携程旅行网主页信息内容

主页一般包含的信息元素如下：

（1）文本元素。它是最基本的元素，通常是指主页中的具体文字，是对某个信息的文字

介绍或说明。

（2）图像元素。它是主页中常用的一种表示方式。Web 浏览器一般只识别 GIF 和 JPG 两种格式，因为这两种格式所保存的图像信息量最少，这是由于目前网络传播速度慢而采用的一种限制办法。

（3）表格元素。它类似于 Word 中的表格。表格单元内容一般为字符类型，当然也可以是图像、超文本链接等。

（4）超文本链接元素。它是 HTML 中的最重要元素，用于将 HTML 元素与其他文档文件或主页进行相连或转接。

（5）声音元素。在主页上嵌入各种声音或播放背景音乐，让用户在进入主页时享受艺术的美感，从而产生一个好心情。

（6）影视元素。在主页上也可以嵌入影视元素，如播放公司的产品广告、产品操作指南、消费者使用产品后的反馈信息等。

2．主页的作用

所有链接在 Internet 上的信息内容都是通过主页进行传送的。主页的作用如下：
（1）主页是用来了解一个学校、公司、政府的重要手段。
（2）主页是企业、学校、机关或个人形象的标志，是对外宣传的窗口。
（3）主页可以成为商家发布商品信息、消费者查询信息并提交订单、供应商确认订单、消费者在线支付款项等电子商务实施过程的重要途径。
（4）主页可以成为读者看书、学习、讨论、交谈的重要场所。
（5）主页可以成为人们观看电视、新闻、电影等重要界面。

3.2.2　全球资源定位器

1．URL 含义

我们知道，在 Internet 上的每台计算机都将被分配一个 32 位的地址，又称 IP 地址。IP 地址是一串由"."隔开的阿拉伯数字串，它从左到右分别确认主机所在的网络、子网和计算机，从而确定了要访问的唯一计算机。域名是一串有意义的字符串，从右到左确认主机所在的地理位置或所属类别及计算机。而 Web 也使用同样的地址方案，存储 Web 数据系统都遵守相同的协议，属于系统本身的独一无二的资源地址，称为全球资源定位器(Uniform Resource Locator，URL)。URL 指向 Web 上的文档和其他信息，以便用户浏览并对其进行寻找。

通俗地说，URL 用来指出某一项信息的所在位置及存取方式。例如，要上网访问某个网站，在 IE 或其他浏览器的地址栏中所输入的就是 URL。URL 是 Internet 上用来指定一个位置或某一个网页的标准方式。

HTML 的超文本链接也使用全球资源定位器来定位信息资源所在的位置。URL 描述了浏览器检索资源所用的协议、资源所在计算机的主机名，以及资源的路径与文件名。无论文件位置在哪台主机、哪个子目录，只要用户给出文件的 URL 地址，就能在 Internet 中准确无误地定位该文件。URL 就像是一个全球的定位器。

2. URL 构成

URL 的一般语法格式为：protocol://hostdnorip［.port/path/file］

其中：

（1）第一部分是协议（或称为服务方式），即 protocol 是属于 TCP/IP 的具体协议，如 http、ftp、telnet、gopher、wais 等。

（2）第二部分是存有该资源的主机 IP 地址（有时也包括端口号），即 hostdnorip 称为主机号，用于标识在 Internet 上注册地址的主机。

（3）第三部分是主机资源的具体地址，如目录和文件名等。其中，［　　］内为可选项，port 提供连接和传输的硬件和软件，path 为路径，file 为文件名。

（4）第一部分和第二部分之间用"：//"符号隔开，第二部分和第三部分之间用"/"符号隔开。第一部分和第二部分是不可缺少的，第三部分有时可以省略。

3. URL 举例

（1）使用 HTTP 协议的 URL 格式如下：http://www.microsoft.com/china/index.html。该例子表示，用户要连接到名为 www.microsoft.com/china 的主机上，采用 http 方式读取名为 index.html 的超文本文件内容。

（2）http://www.microsoft.com:23/exploring/exploring.html。其中，http: 是协议名称，www.microsoft.com:是主机名称，23/是端口地址，exploring/是存放目录，exploring.html 是文件名称。

在 URL 语法格式中，除必须有协议名称及主机名称外，其余如端口地址、存放目录等都可以省略。

（3）gopher://gopher.cemet.edu.cn 表示，用户要连接到名为 gopher.edu.cn 的 Gopher 服务器。

（4）ftp://ftp.pku.edu.cn/pub/dos/readme.txt 表示，用户要通过 FTP 连接来获得一个名为 readme.txt 的文本文件。

（5）file://linux001.nankai.edu.cn/pub/gif/wu.gif 表示，用户要在所连接的主机上获得并显示一个名为 wu.gif 的图形文件。

（6）telnet://cs.nankai.edu.cn:10 表示，用户要远程登录到名为 cs.nankai.edu.cn 的主机的 10 号端口。

3.2.3　360 安全浏览器

1．360 安全浏览器简介

360 安全浏览器（360 Safety Browser）是 360 安全中心推出的一款基于 IE 和 Chrome 双内核的浏览器，是世界之窗开发者凤凰工作室和 360 安全中心合作的产品。它与 360 安全卫士、360 杀毒软件等产品一同成为 360 安全中心的系列产品。360 安全浏览器拥有全国最大的恶意网址库，采用恶意网址拦截技术，可自动拦截木马、欺诈、网银仿冒等恶意网址。它独创的"沙箱"技术，在隔离模式下即使访问木马也不会被感染。

2. 360 安全浏览器 10 特点

360 安全浏览器 10 的特点如下：

（1）360 安全浏览器 10 是一款极速、安全的无缝双核浏览器。

（2）基于 Chromium 开源项目，具有闪电般的浏览速度、完备的安全特性及海量丰富的实用工具扩展。

（3）继承了 Chromium 开源项目超级精简的页面和创新布局。

（4）创新性地融入国内用户喜爱的新浪微博、人人网、天气预报、词典翻译、股票行情等热门功能，在速度大幅度提升的同时，兼顾国内互联网应用。

（5）智能拦截钓鱼网站和恶意网站，开心上网安全无忧。

（6）智能检测网页中恶意代码，防止木马自动下载。

（7）集成全国最大的恶意网址库，大家共同监督、评价各有关网站。

（8）即时扫描下载文件，放心下载，安全无忧。

（9）内建深受好评的 360 安全卫士流行木马查杀功能，可以即时扫描下载的文件。

（10）木马特征库每日更新，查杀能力媲美收费级安全软件。

（11）超强安全模式采用"沙箱"技术，真正做到百毒不侵（木马与病毒会被拦截在沙箱中，无法释放威力）。

（12）将网页程序的执行与真实计算机系统完全隔离，使得网页上任何木马病毒都无法感染计算机系统。

（13）颠覆传统安全软件"滞后查杀"的现状，所有已知未知木马均无法穿透沙箱，确保安全。

（14）体积轻巧，功能丰富（打开的网页在一个窗口内运行），媲美同类多窗口浏览器。

（15）支持鼠标手势、超级拖曳、地址栏自动完成等高级功能。

（16）广告智能过滤，上网痕迹一键清除，保护隐私，免受干扰。

（17）内建高速下载工具（有时赛过专业的下载工具），支持多线程下载和断点续传。

3. 360 安全浏览器 10 界面

安装 360 安全浏览器 10 后，用户只要在桌面系统上双击"360"图标即可启动 360 安全浏览器 10，如图 3-4 所示。

（1）360 搜索引擎按钮。它位于浏览器界面第二行，提供 360 高速搜索引擎功能，方便用户随时进行搜索。

（2）菜单栏。它位于浏览器界面第二行，有新闻、日历、查询、教育、娱乐、综艺、电影、电视等 20 项。

（3）网站权威推荐。它位于浏览器界面第三行，推荐权威网站，如人民网、新华网、央视网、中国网等 14 个网站。

（4）刷新按钮。它位于地址栏左边，方便用户重新登录刚登录过的地址。

（5）网页浏览区。这是浏览器中占据位置最大的区域，主要用来显示当前 Web 页中的内容。

（6）状态栏。它位于浏览器的最底端，当光标指向文档浏览区的某个链接位置时，状态

栏可以显示该链接的 URL。当某个文档正在向计算机传送时，这里显示传送的进度状态，当链接某个区域（如 Internet）时，在状态栏内将显示当前已链接的区域名称。另外，还有今日直播、跨屏浏览、加速器、下载等功能。

图 3-4　360 安全浏览器 10 界面

（7）360 安全浏览器版本。打开 360 安全浏览器，单击右上角的"菜单"，在最后一项"帮助"中单击"关于 360 安全浏览器"选项后，弹出 360 安全浏览器版本信息，如图 3-5 所示。

图 3-5　360 安全浏览器版本信息

3.2.4　搜狗高速浏览器

1. 搜狗高速浏览器简介

搜狗高速浏览器由搜狗公司出品，于 2004 年 8 月 3 日推出，目的是增强搜狐网的搜索技能。搜狗公司是搜狐公司旗下的子公司，主要经营搜狐公司的搜索业务；同时，还推出搜

狗输入法、免费邮箱、企业邮箱等业务。2010年8月9日，搜狐与阿里巴巴宣布将分拆搜狗成立独立公司，引入战略投资。

搜狗网页搜索是搜狗公司最核心的产品。该公司经过几年持续不断的优化改进，于2019年8月正式推出8.5.0815版本。

全面升级的搜狗网页搜索8.5版凭借其自主研发的服务器集群并行抓取技术，成为全球首个收录量达到100亿的中文网页搜索引擎；每天5亿网页的更新速度、独一无二的搜狗网页评级体系，确保了搜狗网页搜索在海量、及时、精准三大基本指标上的全面领先。搜狗公司的其他搜索产品也各有特色。音乐搜索小于2%的死链率，图片搜索独特的组图浏览功能，新闻搜索及时反映互联网热点事件的看热闹首页，地图搜索的全国无缝漫游功能，这些使得搜狗公司的搜索产品线极大地满足了用户的需求。

搜狗高速浏览器具有五级加速技术。

（1）一级加速：真双核引擎——全球最快的浏览器内核，双核心高速兼容。搭载业界最快的Webkit引擎，网页显示速度大大加快，从而使得观看视频、浏览新闻、淘宝购物更加快捷。

（2）二级加速：下载加速器——下载变得更快，更简单。内置下载管理器，通过多线程、多镜像的下载模式全面提升文件下载速度，比IE下载快1.5倍以上，可媲美业界最快的下载软件。

（3）三级加速：不卡不死——开100个标签都不会卡。

（4）四级加速：全网加速——网通、电信、教育网全面提速。

（5）五级加速：网速保护——在局域网内其他人使用下载工具进行下载时，自己仍可高速浏览网页。

2．搜狗高速浏览器特点

搜狗高速浏览器的特点如下：

（1）高速感知，精准预测。

① 搜狗高速浏览器新版本的"启动加速"功能效果惊人。用户打开搜狗高速浏览器，主页会实现"毫秒开启"的状态，主页网址导航的内容也将会一次性完整呈现；根据数据内容显示打开"启动加速"后，搜狗高速浏览器的开启速度将会提升2～5倍，平均每次将为用户节省3～6秒，彻底消灭"空白页"现象。

② 此功能的实现完全摆脱了网速及硬件配置的影响，开启了浏览器产品发展的新趋势。几乎所有试用用户均表示，直观感觉浏览器的开启速度加快十分明显。

③ 新版搜狗高速浏览器针对预取引擎速度进一步提高。精准预测，提前加载资源，特别是单击"新建标签页"平均提速一倍以上。至此，搜狗高速浏览器秉承高速理念，在有限的带宽下通过优化内核、网速保护等策略，完成从"七级加速"到"九级加速"的完美升级。

（2）用尽心思，至善至美。

① 搜狗高速浏览器新版本利用大数据优势，不仅对原有"打假助手"功能进行升级，增加了对京东商城的支持，还推出"私人阅读""片头雷达""音乐标签"等创新功能。

② 搜狗高速浏览器独家推出的网购打假功能，也在这一版本中有了升级。在支持天猫、淘宝的基础上，最新版"打假助手"已实现了对京东的支持。至此，搜狗高速浏览器实现了

对国内最受欢迎购物平台的全面覆盖，为网购一族带来了更好的安全购物体验。在"618"购物节中，"打假助手"功能大显身手，获得了用户及业界的高度肯定。

（3）极致高速，延续本真。众所周知，作为"双核"浏览器的鼻祖，搜狗公司带领浏览器行业掀起了中国网民的速度革命。面对多家浏览器在不断进化过程中越来越笨重、创新遇瓶颈的问题，搜狗高速浏览器 6.0.5 版本的升级则延续本真，将用户的浏览速度发挥到了极致。不难发现，从最初单纯的改善浏览速度，到解决影响网页浏览相关的外部因素，搜狗高速浏览器一直围绕"高速"做文章，紧紧跟随用户需求，实践着从工具到服务的转变。

3．搜狗高速浏览器界面

在安装了搜狗高速浏览器后，用户只要在桌面系统上双击"搜狗高速浏览器"图标即可启动搜狗高速浏览器。搜狗高速浏览器 8.5 版本界面如图 3-6 所示。

图 3-6　搜狗高速浏览器 8.5 版本界面

从图 3-6 中可知，该界面包括的内容如下：

（1）搜狗搜索引擎按钮。它位于浏览器界面第二行，提供搜狗高速搜索引擎功能，方便用户随时进行搜索。

（2）网站权威推荐。它位于浏览器界面第三行，推荐权威网站，如人民网、新华网、央视网、中国网等 12 个网站。

（3）菜单栏。它位于浏览器界面第四行，包括新闻头条、电视剧、免费小说、最新电影、热播综艺等 9 项。

另外，搜狗高速浏览器还可以进一步呈现有关窗口界面。

（1）个性设置。用户可以根据自己的需要选择浏览器的显示方式。单击"个性设置"按钮后，出现如图3-7所示的个性设置窗口。

图3-7　个性设置窗口

（2）换肤。用户可以根据自己所喜爱的样式进行换肤。单击"换肤"按钮后，出现如图3-8所示的换肤窗口。

图3-8　换肤窗口

（3）七天天气预报。用户单击"七日天气"按钮后，出现如图3-9所示的搜狗七天天气预报窗口，可预报未来七天本市或本地区的天气情况。

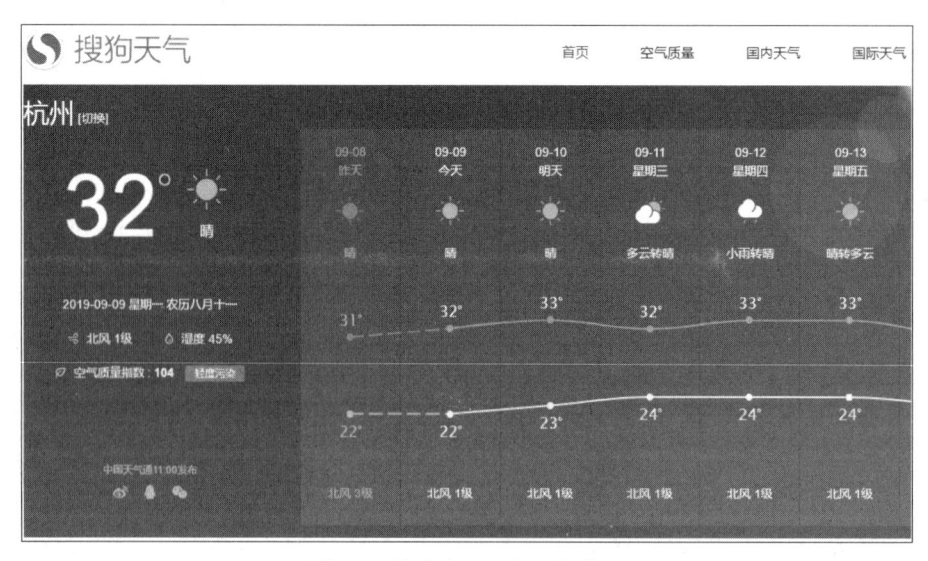

图3-9　搜狗七天天气预报窗口

（4）网上购物。用户单击"网上购物"按钮后，出现如图3-10所示的网上购物窗口，用

第 3 章　Web 浏览器与信息搜索

户可以直接选择其中的某个电子商务网站去购物，非常方便。

图 3-10　网上购物窗口

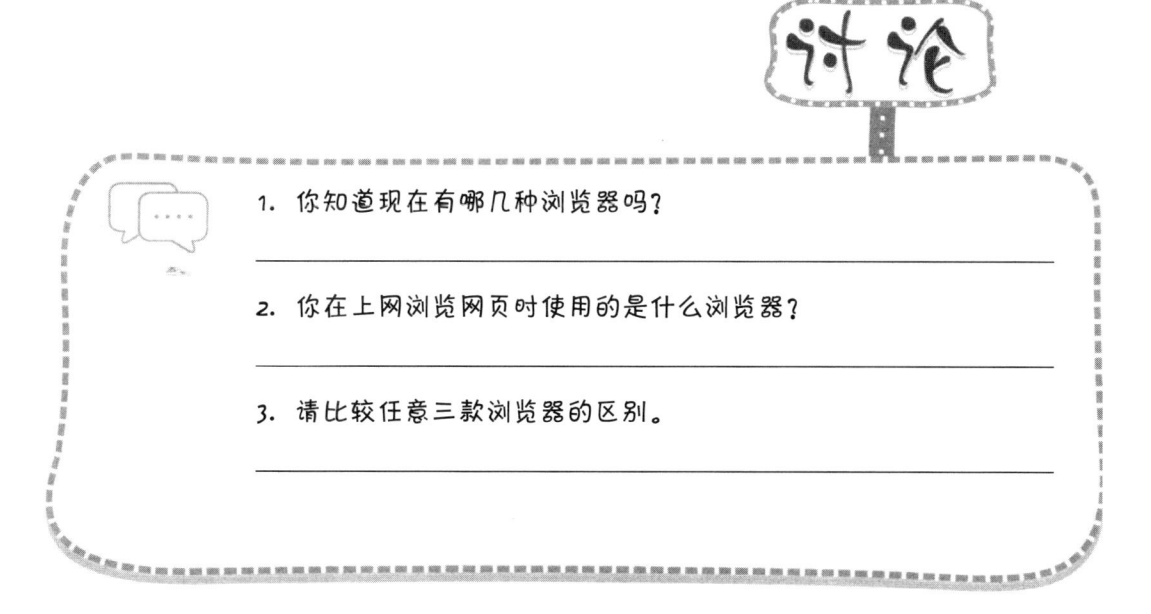

讨论

1. 你知道现在有哪几种浏览器吗？
   _____

2. 你在上网浏览网页时使用的是什么浏览器？
   _____

3. 请比较任意三款浏览器的区别。
   _____

3.3 搜索网上信息

3.3.1 网络信息的获取方法

1．网上浏览

网上浏览是获取信息的最简单方法。用户通过网上浏览可以熟悉网站的特点、内容和风格，对于了解各网站的栏目设置情况、商家情况是有益的。但是从网络经济学的角度来讲，这种漫无边际的浏览会在时间上和经济上造成浪费。

2．收藏和保存页面信息

用户对于在浏览中发现和获得的重要信息，可以收集并保存起来。收集和保存页面信息的方法有很多，下面介绍几种常用的方法。

（1）使用"另存为"加以保存。找到要保存的 Web 页面信息，单击"文件"菜单，选择"另存为"选项，在"另存为"对话框中指定保存的位置和名称，然后单击"保存"按钮，IE 便开始下载指定的内容。

（2）用电子邮件直接发送 Web 页面。找到要发送的 Web 页面信息，单击"文件"菜单，选择"发送"选项，然后单击"电子邮件页面"或"电子邮件链接"，输入 Web 页面的目标地址后单击工具栏上的"发送"图标。

（3）采用粘贴保存方法。首先用键盘上的 Print Screen 键复制网页，然后在 Word 文档中进行粘贴并保存。

3．定向浏览

定向浏览是网上浏览的深层次发展形势，它不仅具有明确的目的性，而且具有捕捉信息的敏感性。用户选择定向浏览时通常有以下几个目的。

（1）寻找商气旺的目标发布网站。
（2）获取网上商品的情况和定价信息。
（3）寻找手中商品的现实商机。
（4）分析产品的网上流向。
（5）判断该网站的商业价值。
（6）为待进行的商务谈判做准备。

4．订制信息

订制信息是一种主动获取所需信息的方法。许多商业网站提高了这种订制信息的服务，用户只要登录这些网站，在该网站订制信息的登记栏内留下电子邮件地址，就完成了订制信息的操作。例如，利用邮件列表订制信息是网站的一种个性化服务。

5. 搜索引擎

搜索引擎能够在互联网的信息中找到大量客户所需要的目标信息，备受人们的喜爱。利用搜索引擎获取信息是网络营销中的一种最基本、最直接、最快捷的方法。

6. 利用 IE 提供的搜索功能在网上搜索

一般情况下，浏览器都具有搜索功能，可以使用精确匹配的方法进行搜索。用户单击工具栏上的"搜索"按钮，在文档窗口左侧出现默认的 Google 搜索引擎窗口中输入需要搜索的内容，可以实现具体的搜索。

> 要在网上查找信息需要一种服务，这种服务就是搜索引擎。

3.3.2 搜索引擎的分类与工作原理

我们上网获取信息，肯定离不开搜索引擎。有这样一句话："内事问百度，外事找谷歌。"没错，这句话道出了两个搜索引擎不同的特点。百度是世界上最大的中文搜索引擎，而谷歌是世界上最大的搜索引擎。搜索引擎的准确率已经相当高了，我们可以在第一页就找到想要的信息。那么到底什么是搜索引擎呢？

1. 搜索引擎的概念

搜索引擎是为网络用户提供信息查询服务的计算机系统，也可以说是一类提供信息"检索"服务的网站。它根据一定的策略，运用特定的方法收集互联网上的信息，并对信息进行组织和处理，将处理后的信息通过计算机网络显示给用户。它包括信息收集、信息整理和用户查询三部分。

2. 搜索引擎的分类

搜索引擎模式是搜索引擎服务商凭借提供个性化、智能化的信息查询服务，吸引大量企业用户和消费者登录网站，以此为优势，通过竞价排名或固定排名等服务，吸引搜索引擎推广客户成为其付费客户，进行网站、产品、服务推广的互联网应用模式。

根据不同的模式，搜索引擎可以分为以下几类。

1）全文搜索引擎

全文搜索引擎是名副其实的搜索引擎，国外具有代表性的有 Google、Fast/AllTheWeb、AltaVista、Inktomi、Teoma、WiseNut 等，国内著名的有百度。它们都是从网站提取信息建立网页数据库。

按搜索结果来源分类，全文搜索引擎可细分为两种：一种是拥有自己的检索程序（Indexer），俗称"蜘蛛"（Spider）程序或"机器人"（Robot）程序，并自建网页数据库，搜索结果直接从自身的数据库中调用，如 Google、百度引擎；另一种则是租用其他引擎的数据库，并按自定的格式排列搜索结果，如 Lycos 引擎。

按自动信息搜集功能分类，全文搜索引擎可细分为两种：一种是定期搜索，即每隔一段时间，搜索引擎主动派出"蜘蛛"程序，对一定 IP 地址范围内的网站进行检索，一旦发现新的网站，它会自动提取网站的信息和网址加入自己的数据库；另一种是提交网站搜索，即网站拥有者主动向搜索引擎提交网址，在一定时间内定向向网站派出"蜘蛛"程序，扫描网站并将有关信息存入数据库，以备用户查询。

2）目录式搜索引擎

目录式搜索引擎完全依赖手工操作。用户提交网站后，目录编辑人员会亲自浏览网站，然后根据一套自定的评判标准甚至编辑人员的主观印象，决定是否接纳该网站。

一般搜索引擎收录网站时，只要网站本身没有违反有关规则，通常都能登录成功。而目录式搜索引擎对网站的要求则高得多，有时即使登录多次也不一定成功。

此外，在登录一般搜索引擎时，我们通常不用考虑网站的分类问题，而登录目录式搜索引擎时则必须将网站放在一个最合适的目录。

一般搜索引擎中各网站的有关信息都是从用户网页中自动提取的，所以从用户的角度看，用户拥有更多自主权；而目录式搜索引擎则要求必须手工填写网站信息，而且还有各种各样的限制。更有甚者，如果工作人员认为你提交网站的目录、网站信息不合适，可以随时对其进行调整，事先是不会和你商量的。

目录式搜索引擎，顾名思义就是将网站分门别类地存放在相应的目录中，因此用户在查询信息时，可按关键词搜索，也可按分类目录逐层查找。如果按关键词搜索，返回的结果跟搜索引擎一样，也是根据信息关联程度排列网站，只是其中人为因素要多一些。如果按分类目录查找，某一目录中网站的排名则是由标题字母的先后顺序决定的。

3）元搜索引擎

元搜索引擎也叫集搜索引擎，是指在统一的用户查询界面与信息反馈的形式下，共享多个搜索引擎的资源库为用户提供信息服务的系统。著名的元搜索引擎有 InfoSpace、Dogpile、Vivisimo 等，中文元搜索引擎中具有代表性的是搜星搜索引擎。

元搜索引擎与一般搜索引擎的最大不同之处在于，它可以没有自己的资源库和机器人，充当一个中间代理的角色，接受用户的查询请求，将请求翻译成相应搜索引擎的查询语法。在向各个搜索引擎发送查询请求并获得反馈之后，元搜索引擎首先进行综合相关度排序，然后将整理抽取之后的查询结果返回给用户。元搜索引擎的优点是返回结果的信息量大、查全率高、搜索范围更大、查准率比较高；缺点是用户不能充分使用元搜索引擎的功能，需要自行做更多的筛选。

3. 搜索引擎的工作原理

搜索引擎起源于传统的信息全文搜索理论。它并不是搜索互联网，实际上是搜索预先整理好的网页索引数据库。

真正意义上的搜索引擎，通常是指收集了互联网上几千万到几十亿个网页并对网页中的每一个词（关键词）进行索引，建立索引数据库的全文搜索引擎。当用户查找某个关键词时，所有在页面内容中包含了该关键词的网页都将作为搜索结果被搜出来。在经过复杂的算法进行排序后，这些结果将按照与搜索关键词的相关度的高低程度依次排列。搜索引擎工作原理示意图如图 3-11 所示。

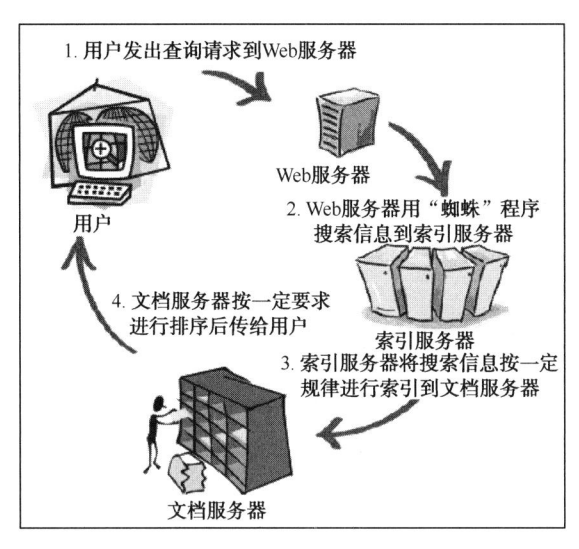

图 3-11　搜索引擎工作原理示意图

现在的搜索引擎已普遍使用超链分析技术，除分析索引网页本身内容外，还分析索引所有指向该网页链接的 URL、AnchorText，甚至链接周围的文字。所以有时候即使网页 A 中并没有某个词，如"恶魔撒旦"，但如果网页 B 用链接"恶魔撒旦"指向网页 A，那么用户搜索"恶魔撒旦"时也能找到网页 A。而且，如果有更多网页（C、D、E、F…）用名为"恶魔撒旦"的链接指向网页 A，或者给出这个链接的源网页（B、C、D、E、F…）更优秀，那么网页 A 在用户搜索"恶魔撒旦"时也会被认为更相关，排序也会更靠前。

从图 3-11 中可知，搜索引擎的工作原理可以看作以下几步。

（1）从互联网上收集网页信息（抓取）。搜索引擎首先会派出一个被称为"蜘蛛"或"机器人"的软件，根据一定规则扫描存在于互联网上的网站，并沿着网页上的链接从一个网页到另一个网页，从一个网站到另一个网站。为保证采集的资料是最新的，它还会回访已抓取过的网页。

（2）建立网页索引数据库（索引）。由分析索引系统程序对收集回来的网页进行分析，提取相关网页信息（包括网页所在 URL、编码类型、页面内容包含的所有关键词、关键词位置、生成时间、大小、与其他网页的链接关系等），根据一定的相关度算法进行大量复杂计算，得到每一个网页针对页面文字中及超链中每一个关键词的相关度（或重要性），然后用这些相关信息建立网页索引数据库。

（3）在索引数据库中搜索排序（排序）。当用户输入关键词搜索后，由搜索系统程序从网页索引数据库中找到符合该关键词的所有相关网页。因为所有相关网页针对该关键词的相关度早已算好，所以只需按照现成的相关度数值排序，相关度越高，排名越靠前。

（4）组织返回搜索结果（结果返回）。由页面生成系统将搜索结果的链接地址和页面内容摘要等内容组织起来，返回给用户。

以上介绍看起来非常简单，实际上对于搜索引擎来说，要找出结果并科学排序呈现结果，是一个相当复杂的过程。全世界网页数量超过 5500 亿，而搜索引擎找到的不过是冰山一角，如图 3-12 所示。

图 3-12　大部分网页无法搜索

> 搜索引擎的工作原理是：抓取、索引、排序、结果返回。

3.3.3　常用搜索引擎介绍

1. Google 搜索引擎

1）Google 公司背景简介

Google 公司于 1998 年 9 月 7 日以私有股份公司的形式创立，公司总部位于美国加利福尼亚山景城。Google 网站于 1999 年下半年启动。Google 公司创始人 Larry Page 和 Sergey Brin 在斯坦福大学的学生宿舍内共同开发了全新的在线搜索引擎，然后迅速传播给全球的信息搜索者。目前，Google 被公认为全球规模最大的英文搜索引擎，它提供了简单易用的免费服务，用户可以在瞬间得到相关的搜索结果。

2）Google 搜索引擎技术

Google 是全世界最受欢迎的搜索引擎，它使用一种自创的 PageRank™（网页级别）技术来索引网页，索引是由程序"Googlebot"执行的，它会定期请求访问已知的网页重新复制。页面更新越快，Googlebot 访问得也越多。Googlebot 再通过在这些已知网页上的链接来发现新页面，并加入数据库。

Google 搜索引擎以简单、干净的页面设计和相关度最高的搜寻结果赢得了网民的厚爱。Google 公司秉持着开发"完美的搜索引擎"的信念,在业界独树一帜。所谓完美的搜索引擎,就如公司创始人之一 Larry Page 所定义的那样,可以"确解用户之意,切返用户之需"。为了实现这一目标,Google 公司坚持不懈地追求创新,而不受现有模型的限制。因此,Google 公司开发了自己的服务基础结构和具有突破性的 PageRank™ 技术,从而使得搜索方式发生了根本性变化。

3)Google 的含义

"Google"这个名字来源于单词"googol",1 个 googol 所代表的数字为 1 后面加上 100 个零。Googol 是一个非常大的数字,宇宙中没有什么物质的数量可以达到 1 个 googol。Google 之所以使用这个词,是为了反映其整合全球海量(并且似乎是无穷无尽的)信息的使命,使得人人皆可访问并从中受益。

4)Google 的徽标

为了庆祝全球的各种节日,Google 公司经常会修改 Google 徽标,这些特殊的徽标称为"doodle",通常会投放 24 小时。Google 徽标如图 3-13 所示。

图 3-13 Google 徽标

5)Google 的战略目标

战略目标是:要为互联网使用者提供网上最好的查询服务,促进全球信息的交流。

6)Google 的目标用户

(1)全球网民。让人们能够更加快捷、更加方便地获取和查找信息。

(2)企业市场。助力企业内部信息整合,加强企业内部搜索;帮助企业实行网络营销。

7)Google 的产品与服务

(1)其产品包括搜索服务、移动服务、分享与沟通服务、软件产品等。

(2)其服务包括网页搜索、图片搜索、视频搜索、音乐搜索、地图搜索、购物搜索、博客搜索、大学搜索、生活搜索、图书搜索、学术搜索等。

8）Google 的企业文化

（1）倡导并鼓励一种创新、民主的企业文化。

（2）拥有文化委员会，在督导文化推广的同时，也倡导一些活动主题。

（3）老板与员工之间没有强烈的职位等级观念，更倡导民主的工作氛围，员工可以随时表达自己的想法甚至提出与管理层不同的意见。

2．百度搜索引擎

1）百度公司背景简介

百度在线网络技术（北京）有限公司（以下简称"百度公司"）于 2000 年 1 月由李彦宏、徐勇在北京中关村创立，致力于向人们提供"简单、可依赖"的信息获取方式。"百度"二字源于中国宋朝词人辛弃疾的《青玉案·元夕》词句"众里寻他千百度"，象征着百度公司对中文信息检索技术的执着追求。

百度公司从最初的不足 10 人发展至今，员工人数已超过 10 000 人。如今的百度，已成为中国最受欢迎、影响力最大的中文网站。百度公司拥有数以千计的研发工程师，这是中国乃至全球最为优秀的技术团队。这支队伍掌握着世界上最为先进的搜索引擎技术，使百度公司成为掌握世界尖端科学核心技术的中国高科技企业。

2）百度搜索引擎技术

百度是全球最大的中文搜索引擎，它的特点如下：

（1）基于字词结合的信息处理方式，巧妙解决了中文信息的理解问题，极大地提高了搜索的准确性和查全率。

（2）支持主流的中文编码标准，包括 GBK（汉字内码扩展规范）、GB2312（简体）、BIG5（繁体），并且能够在不同的编码之间转换。

（3）智能相关度算法。它采用了基于内容和基于超链接分析相结合的方法进行相关度评价，能够客观分析网页所包含的信息，从而最大限度地保证了检索结果相关性。

（4）检索结果能标示丰富的网页属性，如标题、网址、时间、大小、编码、摘要等，并突出用户的查询串，便于用户判断是否阅读原文。

（5）百度搜索支持二次检索，又称渐进检索或逼近检索，可在上次检索结果中继续检索，逐步缩小查找范围，直至达到最小、最准确的结果集，有利于用户更加方便地在海量信息中找到自己真正感兴趣的内容。

（6）相关检索词智能推荐技术。在用户第一次检索后会提示相关的检索词，帮助用户查找更相关的结果，统计表明可以提升检索量 10%~20%。

（7）运用多线程技术、高效的搜索算法、稳定的 UNIX 平台和本地化的服务器，保证了最快的响应速度。百度搜索引擎在中国境内提供搜索服务，可大大缩短检索的响应时间（一个检索的平均响应时间小于 0.5 秒）。

（8）可以提供一周、二周、四周等多种服务方式，可以在 7 天之内完成网页的更新，是目前更新时间最快、数据量最大的中文搜索引擎。

（9）检索结果输出支持内容类聚、网站类聚、内容类聚+网站类聚等多种方式，支持用户选择时间范围，提高用户检索效率。

（10）智能、可扩展的搜索技术保证了可以最快最多的收集互联网信息。其拥有目前世界上最大的中文信息库，可以为用户提供最准确、最广泛、最具时效性的信息。

（11）分布式结构、精心设计的优化算法和容错设计保证了系统在大访问量下的高可用性、高扩展性、高性能和高稳定性。

（12）高可配置性使得搜索服务能够满足不同用户的需求。

（13）先进的网页动态摘要显示技术。

（14）独有百度快照。

（15）支持多种高级检索语法，使用户查询效率更高、结果更准确。它已支持"+"（AND）、"-"（NOT）、"|"（OR）、"site:"和"link:"，还将继续增加其他高效的搜索语法。

3）百度徽标

为了庆祝全国人民的各种节日，百度公司经常会修改百度徽标，如图3-14所示。

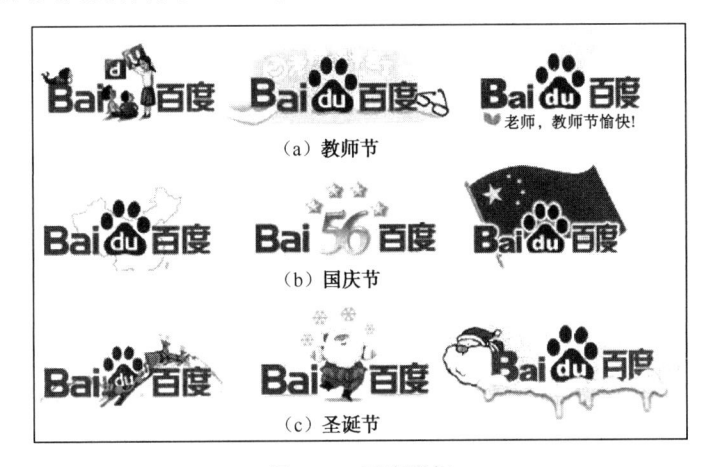

图3-14　百度徽标

4）百度的战略目标

百度的战略目标：保持并继续稳固自己全球最大中文搜索引擎的地位；为各类企业提供软件、竞价排名及关联广告等服务；为企业提供一个获得潜在消费者的营销平台，并为大型企业和政府机构提供海量信息检索与管理方案。

> 百度是全世界最大的中文搜索引擎。

核心能力：超链分析，就是通过分析链接网站的多少来评价被链接的网站质量，保证了用户在用百度搜索时，越受用户欢迎的内容排名越靠前。

5）百度的企业文化

百度的企业文化：狂热地追求更好的搜索技术，追求给网民带来最好的搜索体验，追求为人们提供最便捷的信息获取方式。

百度正是以为互联中国提供及时、丰富的信息，为网友提供最好的上网体验，改变人们的生活方式为使命的。

3. 奇虎360论坛搜索

1) 奇虎360背景简介

奇虎360论坛搜索即奇虎问答是北京奇虎科技有限公司（以下简称"奇虎360"）旗下的网站。奇虎360创立于2005年9月，主营以360安全卫士为代表的免费网络安全平台。

奇虎360独创了PeopleRank搜索技术，并将此技术应用于BBS搜索。基于该强大的社区搜索技术，2008年3月，奇虎360正式发布问答网站奇虎网，为网民提供问问题和找答案的服务。

目前，奇虎问答已成为国内答案数量最多最全的问答网站，搜索范围覆盖中国95%以上的社区网站，以及博客、点评类由用户创造的互联网个性化内容，形成了中国互联网最大的用户经验库。

2) 奇虎360战略目标

其以收集整理存储在BBS中的大量信息为主，努力成为"搜索门户"，通过持续不断的技术创新，实现网民对分享智慧和获取信息的需求，让网民们能够高效快捷地分享彼此的经验和智慧。

3) 奇虎360商业模式

其商业模式有问答搜索（可以让用户输入问题搜索自己想要的答案）、博客搜索（收录全球大部分中文博客供用户搜索）、论坛搜索（收录全球大部分中文论坛供用户搜索）、学院服务（为大部分大专院校服务）、网址导航服务、口袋服务、社区服务等。

4) 奇虎360核心能力

作为社区搜索门户，奇虎论坛已经先后发布了论坛搜索、新闻搜索、博客搜索、生活搜索、经验搜索等多个专注于不同领域的垂直搜索产品，初步形成了一个"社区+搜索"的互联网商业模式。

5) 奇虎360搜索技术

（1）采用蜘蛛+全文搜索技术，能够检索更多的论坛信息。

（2）所有的数据检索均在奇虎的服务器上实现，不会耗费论坛自身服务器的任何资源，因此效率远远高于论坛本身提供的数据库搜索。

（3）通常情况下，奇虎的抓取间隔为4～12小时，即新帖子发布后的4～12小时，只要此帖未设定特殊权限，即可被奇虎引擎搜索到。

（4）奇虎在经营上采用了社区营销联盟合作模式，即网站联盟模式。

（5）奇虎网站联盟是一个综合性网站联盟，该联盟提供包括广告联盟、无线联盟、论坛联盟、新闻联盟、音乐（MP3搜索）联盟、奇酷（生活搜索）联盟六大类联盟产品，与广大网站之间进行开放性合作，加盟合作的网站可以通过最为简便的形式把自己的流量转变成现金收入。

6) 奇虎360网址与主页

奇虎360网址是http://www.qihoo.com/，如图3-15所示。

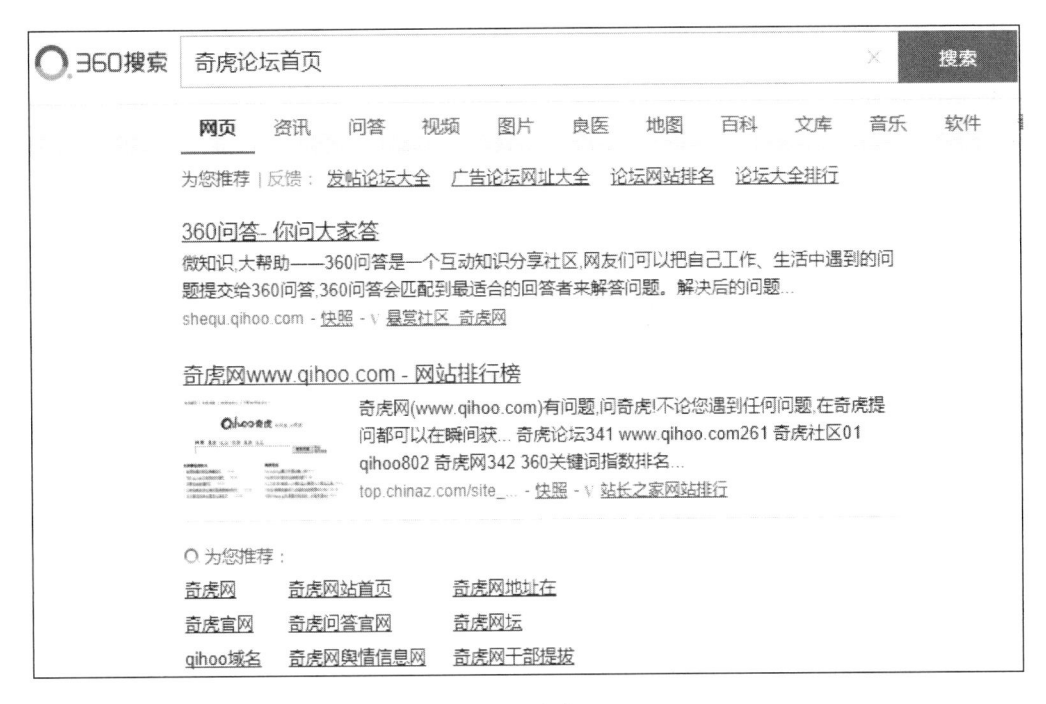

图 3-15　奇虎 360

7）奇虎 360 企业文化

（1）企业品质：精益求精，每天进步一点点。

（2）企业创新理念：主动思考，不断寻找新的突破。

（3）企业责任：勇于牺牲，不计荣辱；超越自我，追求完美。

8）奇虎 360 的优势

（1）奇虎 360 拥有中国最领先的 BBS 搜索技术。

（2）奇虎 360 更专业和专一，定位非常明确，致力于做好论坛搜索。

（3）奇虎 360 收录了中国 95%以上的论坛和博客的优质内容。

（4）在其他搜索服务商还在传统的搜索领域刀光剑影时，奇虎 360 独辟蹊径抓住社区搜索趋势，率先进入。

能力训练题 3　搜索引擎的使用

一、能力训练前的准备

（1）查看本地计算机是否已与 Internet 连接成功。

（2）查看本地计算机的浏览器是否是最新版本，建议最好是 IE8.0 或以上的浏览器。

（3）建立自己的子目录以备用，以后可以将在 Internet 上搜索到的资料下载到该子目录中。建议最好将自己的子目录创建在除 C 盘外的硬盘中，待用完后再将相应的资料复制到自己的网络硬盘或 U 盘中。

（4）准备 U 盘或网络硬盘。

二、能力训练目的要求

掌握使用搜索引擎搜寻指定信息的方法；能够有效地使用搜索引擎的一些特殊技巧，并保存搜索到的信息；学会总结和整理搜索到的信息。

三、能力训练内容

【操作一】 从百度搜索引擎网站寻找信息

（1）进入 Internet，直接在 IE 浏览器的 URL 地址栏输入"http://www.baidu.com"后，便可看到该网站主页内容。

（2）输入关键字"电子商务发展"并单击"百度一下"按钮。

（3）从搜索到的主画面中寻找 2~3 篇有关"电子商务发展前景"的文章，并下载至文件夹。

（4）阅读分析后，写出 1000~1500 字的总结。

【操作二】 直接从著名网站"阿里巴巴"中寻找信息

（1）进入 Internet，直接在 IE 浏览器的 URL 地址栏输入"http://china.alibaba.com"后，便可看到该网站主页内容。

（2）观看该主页的整体布局、框架等情况。

（3）观看该主页的颜色搭配情况。

（4）观看电子商务网站的具体内容、结构及链接方法。

（5）寻找"学生书包"产品，选中你所喜欢的书包并截图。

【操作三】 从 Google 搜索引擎网站寻找信息

（1）进入 Internet，直接在 IE 浏览器的 URL 地址栏输入"http://www.google.com"后，便可看到该网站主页内容。

（2）输入关键字"电子商务人才需求"，并单击"搜索"按钮。

（3）从搜索到的主画面中寻找 2~3 篇有关"电子商务人才需求"的文章，并下载至文件夹。

（4）阅读分析后，写出 1000~1500 字的总结。

四、能力训练报告

能力训练报告的格式如下。

1. 训练过程

目的要求：

训练内容：

训练步骤：

（从百度网站寻找信息，或者从著名网站"阿里巴巴"中寻找信息，或者从 Google 网站寻找信息。）

2．训练结果

训练结果分析：

（可以使用表格方式，也可以使用文字方式。）

3．总结

通过能力训练，总结自己的掌握程度，分析出错原因，提出改进措施。

习题 3

一、填空题

1．全球信息网服务系统 WWW（World Wide Web）称为_____、全球信息网、_____等，是一种将 Internet 上现有_____全部连接起来的，采用_____界面的，融_____、_____和多媒体技术为一体的_____系统。

2．超文本是一种_____的文本，与一般文本_____在于用户阅读超文本时，可以按_____的方式，在_____之间随机地_____，_____地进行阅读。

3．超文本传输协议（HTTP）是一个用于_____协议，属于_____协议集中的一个成员。HTTP 是用于_____协作超文本_____系统的、通用的、_____的协议，它可以用于_____服务或_____系统。

4．主页也称为_____、_____，是用户打开_____时自动打开的一个或多个_____。主页也可以指一个_____的入口网页，即打开网站后看到的_____。

5．搜索引擎是为_____提供_____服务的计算机系统，也可以说是一类提供_____服务的网站。它根据一定的_____，运用特定的方法搜集_____的信息，并对信息进行_____和_____，将处理后的_____通过计算机网络显示给_____。

6．搜索引擎一般可分为_____、_____和元搜索引擎等。其中，元搜索引擎也叫_____，是指在统一的_____与信息反馈的_____下，共享多个_____的资源库为用户提供信息服务的系统。

7．搜索引擎的工作原理是：第一步_____；第二步_____；第三步_____；第四步_____。

8．Google 公司于_____以_____公司的形式创立，公司总部位于_____。Google 网站于_____启动。

9．百度是全球_____搜索引擎。_____由李彦宏、_____两人创立于_____，致力于_____方式。

二、判断题

1. WWW 就是全球信息网服务系统，也称为万维网、全球信息网、世界网。（　　）
2. WWW 以 C 语言与超文本传输协议 HTTP 为基础。（　　）·
3. 主页也称为首页、起始页，是用户打开浏览器时自动打开的一个或多个网页，因此它也可以是 Word 文档，其文件扩展名为.DOC。（　　）
4. URL 是 Uniform Resource Locator 的缩写，翻译成全球资源定位器。（　　）
5. 搜狗高速浏览器是美国微软公司研究开发的。（　　）
6. 搜索引擎是只为个人提供信息查询服务的计算机系统。（　　）
7. 搜索引擎找到的信息只是其中的冰山一角，大部分都不能找到。（　　）
8. Google 公司由中国的李彦宏、徐勇两人创立于北京中关村。（　　）
9. 百度公司是以私有股份公司的形式创立的，公司总部位于加利福尼亚山景城。（　　）
10. 奇搜网于 2007 年由深圳时代赢客网络有限公司创建。（　　）

三、简答题

1. 简述 WWW 的概念。
2. 简述 Web 的功能和特点。
3. 简述超文本的概念。
4. 简述超文本传输协议的概念。
5. 简述主页包含的信息元素。
6. 简述主页的具体作用。
7. 简述搜索引擎的概念。
8. 简述搜索引擎的工作原理。
9. 简述搜索引擎的类型。

阅读材料 3——基于 Web 挖掘的个性化搜索引擎技术

（发明与创新. 谢海艇. 2018.6）

随着 Web 信息的迅速增加，搜索引擎市场出现了前所未有的繁荣景象，搜索引擎正向着智能化、个性化等适应不同用户需求的方向发展。

一、Web 挖掘技术概述

Web 挖掘是指从异构的分布式互联网数据中收集信息，利用计算机网络技术和人工智能不断地发现有用的数据模型和隐含知识。根据挖掘对象的不同，Web 挖掘可分为 Web 内容挖掘、Web 结构挖掘及 Web 日志记录挖掘。

Web 内容挖掘是基于 Internet 中各种网站的数据内容，以获得有效的知识驱动模型，并自动检索网络资源，提高网络数据的使用。

Web 结构挖掘是研究 Web 文档的链接结构，找到链接中隐含的可用模式。其中两个最著名的算法是 PageRank 算法和 HITS 算法。

Web 日志记录挖掘也称 Web 日志挖掘，以 Web 服务器访问日志为主要数据，分析用户的浏览行为与页面之间的结构类型，改进站点结构，为用户提供个性化服务。

二、基于 Web 挖掘的用户个性化数据库

用户个性化数据库以用户的多维信息为基础，不断深入挖掘用户的浏览行为，并根据页面权重、时间间隔、下载信息等因素不断更新数据库，帮助用户查找真正需求的信息。用户个性化数据库包括信息收集与信息更新。

1. 收集用户访问信息

如何获取有关用户的个性化信息是用户个性化数据库需要解决的首要问题。用户个性化数据库的数据信息主要来自用户提交的信息及分析用户的访问日志。用户在访问互联网的过程中，提交的查询关键词、停留网页时间、下载状态等信息会在 Web 服务器上留下记录，并形成用户访问日志。用户个性化数据库通过不断分析用户访问日志，挖掘用户的潜在个性化信息。

2. 更新用户个性化信息

用户的个性化需求不是一成不变的，大多数用户的个人特征数据会随时间的推移而变化。其主要表现形式有两方面：一方面为兴趣领域的变化，另一方面为兴趣程度的变化。用户兴趣的变化将不可避免地影响用户个性化数据库的内容，这就要求用户个性化数据库具有自主学习的能力，并根据用户的兴趣变化不断地更新数据库中的相关特征项。

下面采用改变权重的方法更新用户的个性化特征项，公式如下：

$$NewWeight=OldWeight+i \times t$$

式中　i——为用户访问网站的参数。针对不同用户的访问行为进行定义，如用户对访问内容进行下载、对网页进行全文浏览、对部分网页内容进行浏览、未对网页进行浏览等。不同的访问行为反映了用户对信息的满意程度。

　　　t——时间参数。用户通常会长时间浏览他们感兴趣的页面，否则浏览时间将会变短。

三、基于 Web 挖掘的个性化搜索引擎模型

个性化服务的目标是反映用户之间的差异，尊重用户的个性特征并向用户提供各种信息服务。基于 Web 挖掘的个性化搜索引擎模型主要为用户提供个性化的信息检索服务，便于用

户查阅使用。

本系统主要包括个性化数据库、检索系统、后台管理系统。个性化数据库主要表示用户的兴趣趋势，通过不断挖掘用户访问日志，自动更新用户的个性化特征项。检索系统主要基于用户查询关键词，在检索信息的同时计算相应页面的权重，以此为依据进行排序，并把检索结果反馈给用户。后台管理系统主要加强子系统之间的通信连接，维持系统的稳定运行。

四、结束语

随着互联网信息的急剧增加，搜索引擎技术在信息检索中发挥的作用越来越大。相信随着科学技术的进步，网络信息检索技术的发展也会越来越快。

第4章 移动电子商务

知识要点
- ❖ 移动互联网的基本概念
- ❖ 移动电子商务的基本概念
- ❖ 移动电子商务的基础技术
- ❖ 电子交易与支付的概念

能力要点
- ❖ 掌握移动电子商务交易
- ❖ 掌握移动电子商务支付

引例 4——移动电子商务的故事：开业当天营业额达 4.67 万元

一、前言

某鲜果电商于 2019 年 7 月接触"到店小程序"后，充分利用推客的裂变优势和开业 3 倍储值锁住客流量。面对开业当天大雨瓢泼、行人稀少的不利环境，仍创下营业额 4.76 万元的佳绩，新增粉丝 300%。

二、开业造势，先声夺人

新店开业，少不了宣传造势。但什么方法效率最高，效果最好，是很多店家烦恼的问题。尤其夏季高温，线下门店的自然客流量相比以往本就锐减，在暴雨冲击下，整条商业街的水果店更是生意萧条。不幸撞上恶劣天气的某鲜果电商，却没有被眼前的阵势吓退，而是使出 3 招猛烈轰炸，刷足存在感，赢得开门红。

1. 未见其店，先闻其声

相比周围已经开业 5 年以上、拥有稳定客源的老店来说，某鲜果电商开业之初绝不占优势。水果店不比餐厅，同质化严重，可替代性强，因此顾客们通常会优先选择拥有信任基础的店家进行消费，缺乏探究新店的兴趣。某鲜果电商吸引顾客的第一步，就是将新店开业的消息广而告之。

老板在店门口摆放音响，全天循环播放开业优惠活动，引发顾客好奇心。顾客即使远在几百米之外，也能听到活动内容。此外，老板还搭建舞台，邀请主持人上台造势，利用人群聚集效应，吸引路人驻足围观。

2. 传单攻势

光靠声音吸引顾客注意是远远不够的，语音播送会随着距离而渐渐消失，但传单却将开业活动内容清晰可见地送达顾客手中。某鲜果电商足足印刷了 3000 份传单，在热闹的公交站、地铁站、路口派送。用户可扫描传单上的二维码关注公众号或到店小程序，他们即使未踏入线下门店，作为线上流量也存在日后转化为消费者的可能。

3. 地贴引路

新开的门店，最担心的是顾客得知消息后却找不到地址，导致客源流失。因此，某鲜果电商贴心地在商业街沿路安排好地贴，为顾客引路，确保每一位顾客都能找到门店。

4. 限量好礼，引客进店

在前期准备的完美铺垫下，某鲜果电商转劣势为优势，在同行水果店门庭冷落的情况下强势出击，一举吸引人流，锁定目标顾客，第一天公众号便涨粉丝 300%。

顾客都到店门口了，光转悠不消费，就等于无效流量。但是竞争对手越多，顾客就越喜欢货比三家，消费时也就越冷静。如何缩短用户的思考时间，帮助他们迅速决策呢？

三、制造稀缺感

某鲜果电商推出两个重磅活动——50 岁以上顾客凭身份证，每天下午 6:30—8:30，限 30 名到店免费领取香蕉 1 份；每天进店的前 100 名顾客可以任意消费，然后加 1 元换购西瓜果切 1 份，加 3 元换购 3 色拼盘 1 份。门槛低、让利大、先到先得，是刺激顾客常进店、常消费的关键词。如此大幅的优惠自然是不可能帮助商家盈利的，香蕉、西瓜、水果拼盘都只是

引流款。商家的目的是凭借高品质水果赢得顾客好感，证明自身实力，使顾客愿意为产品背书，带来更多客流量。

四、边买边赚，轻松裂变

流量池已积累了一批种子顾客，如何充分激发他们的活力，达到裂变的目的？

当市场趋于饱和，相距不远的水果店之间最常用的竞争手段便是价格战——满减，团购，折扣……但这些营销手段都只能让顾客省钱。利用到店小程序，某鲜果电商却能让顾客自用省钱，分享赚钱。

某鲜果电商聪明地打出一个响亮的标签——"商业街第一家，买水果，赚分红！"老顾客扫码关注公众号，并分享店铺首页给自己的微信好友。点进链接的任何人只要进店或外卖消费，老顾客可直接获得3%佣金余额。在推客功能的加持下，某鲜果电商仅投入45.23元成本，由老顾客带来的新顾客消费金额便达1507.98元。

五、充值圈客，复购良方

俗话说："放长线，钓大鱼。"做生意也是如此。想要从周围几家竞争对手手里抢来稳定的客源，打价格战并非长久之计——靠低价吸引来的顾客自然也会被其他商家的低价吸引走，更何况线下门店面临租金、进货成本、人工费等问题，价格过低会压缩盈利空间，导致入不敷出并最终关店。

为了实现营收正向循环，某鲜果电商利用到店的储值有礼功能，推出了开业3倍充值活动。例如，顾客消费50元，充值150元，则消费的50元立享免单。对比其他商家的8倍充值，某鲜果电商大大降低了顾客的充值门槛。虽然单笔额度减少了，却使顾客转化率有效提升，从而促进储值金额不断攀升，拉动门店现金流。

此外，顾客购买大额储值卡可享更多优惠：充300元送20元，充500元送50元，充800元送110元，充1000元送130元；不同面额的储值卡附赠价值不等的礼品，包括水蜜桃、火龙果、牛奶、蜜瓜、坚果等。

4.1 移动电子商务概述

4.1.1 移动互联网

移动互联网（Mobile Internet，MI）是一种通过智能移动终端，采用移动无线通信方式获取业务和服务的新兴业务，包含终端、软件和应用三个层面。

1. 移动互联网定义

移动互联网就是将移动通信和互联网二者结合起来成为一体，具体是指将互联网的技术、平台、商业模式和应用与移动通信技术结合并实践的活动的总称，如图4-1所示。

图 4-1　移动互联网

移动互联网定义分为广义和狭义两种。

广义移动互联网是指用户使用各种移动终端，通过各种无线网络接入到互联网中，如无线局域网（WLAN）、WiMax、移动通信网等。

狭义移动互联网是指用户使用各种移动终端（手机、PDA、便携式 PC 或其他手持设备），通过移动通信网（如 GSM、CDMA、3G/4G 网络等）接入互联网业务（包括开放式互联网、WAP、IMS 等方式）。

2. 移动互联网的特点

移动互联网的特点如下：

（1）便捷性。它提供了丰富的应用场景，移动用户可随时随地方便地接入无线网络，在任何完整或零碎的时间同时使用诸多应用。此外，随时随地均可使用的移动应用还可以把很多消费的研究和决策往后推。例如，出行之前不用再去查找路线，上车后打开 GPS 即可。

（2）智能感知。移动互联网的设备可以定位自己所处的方位，采集附近事物及声音的信息。而现在更新的设备还可以感受到温度、嗅觉、触碰感，这显然要比传统的设备"聪明"很多，如图 4-2 所示。

（3）个性化。移动互联网的个性化表现为终端、网络和内容与应用的个性化。首先，终端个性化表现在消费移动终端与个人绑定，个性化呈现能力非常强。其次，网络个性化表现为移动网络对用户需求、行为信息的精确反映和提取能力，并可与 Mashup 等互联网应用技术、电子地图等相结合。

图 4-2 智能感知

4.1.2 移动电子商务

1. 移动电子商务定义

移动电子商务是指利用手机、PDA 等无线终端进行的 B2B、B2C、C2C 或 O2O 的电子商务。它将网络、移动通信技术、短距离通信技术及其他信息处理技术完美地结合，使人们可以在任何时间、任何地点进行各种商贸活动，实现随时随地、线上线下的购物与交易、在线电子支付，以及各种交易活动、商务活动、金融活动和相关的综合服务活动等，如图 4-3 所示。

图 4-3 移动电子商务

移动商务作为新兴事务，不同的学者和专家也给出了不同的定义。一般认为移动商务（M-Commerce）是由电子商务（E-Commerce）的概念衍生出来的，以前的电子商务以 PC 为主要界面，是"有线的电子商务"；而移动商务是那些依托移动通信网络，使用手机、PDA、笔记本电脑等移动通信终端和设备所进行的各种商业信息交互和各类商务活动。

无线技术的移动性（参与）和便携性（技术），扩展了传统电子商务的性质和作用范围。因此，移动商务有时也称为移动电子商务。移动电子商务可以看作固定式有线电子商务的许多负面的一种灵活的解决方案。无线的网络基础结构，以及支持这种结构的便携式移动技术，提供了商业系统领域内的灵活性和移动性。迄今为止，无线远程通信网络最商业化的应用已经成为通过便携式设备（如 PDA 和特殊的移动电话）访问移动 Internet 的能力。但是，移动 Internet 只是移动电子商务世界中许多其他应用中的一种。类似地，移动电话已经被看作无线世界中的主要设备。如图 4-4 所示为移动电子商务环境的主要组件。

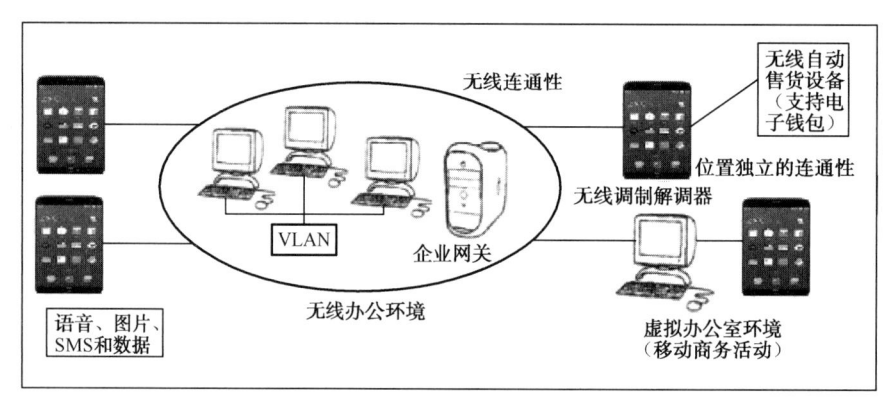

图 4-4 移动电子商务环境的主要组件

移动电子商务的应用范围包罗万象，如在线交易、企业应用、获取信息和娱乐消费，这些服务在企业用户、专业人士和消费者中受到了广泛的欢迎。通过移动电子商务，用户可随时随地获取所需的服务、信息和娱乐。

2．移动电子商务的特点

移动电子商务的特点如下：

（1）移动接入。移动接入是移动电子商务一个重要特性，也是基础。移动接入是移动用户使用移动终端设备通过移动网络访问 Internet 信息和服务的基本手段。移动网络的覆盖面是广域的，用户可以随时随地方便地进行电子商务交易。

（2）身份鉴别。SIM 卡的卡号是全球唯一的，每一个 SIM 卡对应一个用户，这使得 SIM 卡成为移动用户天然的身份识别工具。利用可编程的 SIM 卡，还可以存储用户的银行账号、CA 证书等用于识别用户身份的有效凭证。它还可以用来实现数字签名、加密算法、公钥认证等电子商务领域必备的安全手段。有了这些手段和算法，就可以实现比 Internet 领域更广阔的电子商务应用。

(3)移动支付。移动支付是移动电子商务的一个重要功能,用户可以随时随地完成必要的电子支付业务。移动支付的分类方式有多种,其中比较典型的分类包括:按照支付的数额可以分为微支付、小额支付、宏支付等;按照交易对象所处的位置可以分为远程支付、面对面支付、家庭支付等;按照支付发生的时间可以分为预支付、在线即时支付、离线信用支付等。

(4)信息安全。移动电子商务需要具有 4 个基本特征(数据保密性、数据完整性、不可否认性及交易方的认证与授权)的信息安全。由于无线传输的特殊性,现有有线网络安全技术不能完全满足移动电子商务的基本需求。移动电子商务的信息安全所涉及的新技术包括:无线传输层安全(WTLS)、基于 WTLS 的端到端安全、基于 SAT 的 3DES 短信息加密安全、基于 SignText 的脚本数字签名安全、无线公钥基础设施(WPKI)、KJava 安全、BlueTooth、红外传输信息传输安全等。

3.移动电子商务的过去

移动电子商务开始于 2002 年,当时 C2C 的老大是易趣,淘宝还没有任何知名度。那时候也没有什么支付宝之类的第三方支付平台,而物流还要靠邮局的平邮。用简单的几句话来概括:物流基本靠走,通信基本靠吼,信誉基本靠狗,如图 4-5 所示。

图 4-5 移动电子商务的过去

4.移动电子商务的现在

现在移动电子商务处在加速期,电子商务"十二五"被列为国家战略性新兴产业。我们还是用简单的几句话来概括:完善的信誉评价体系,发达的物流配送,方便快捷的支付方式,如图 4-6 所示。

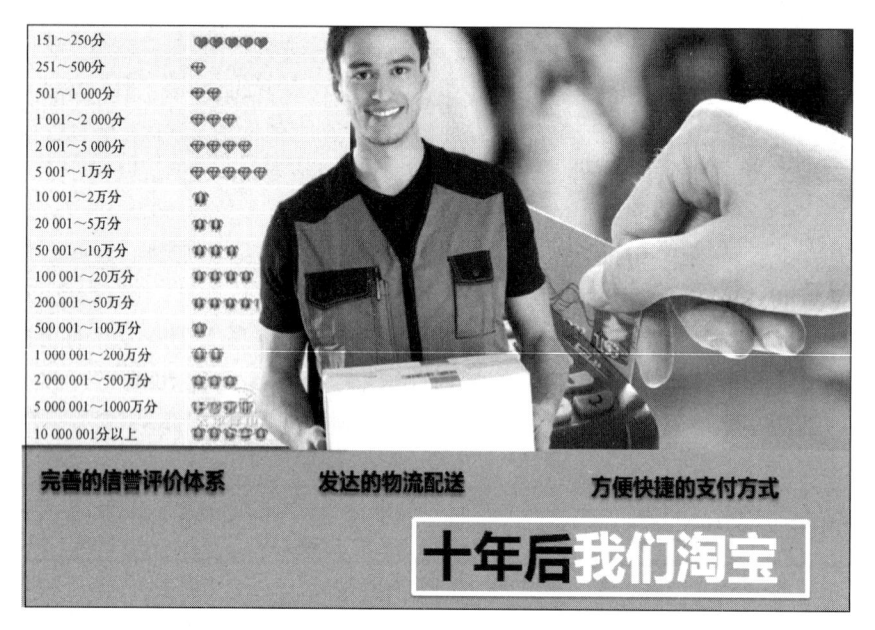

图 4-6　移动电子商务的现在

5. 移动电子商务对中国社会的影响

（1）它让信用开始等同于财富。由于有了电子商务，我们在网络上建立起了相应的信用评价机制，信用开始逐渐和财富画上等号。而在移动电子商务兴起之前，有信用的人未必有财富。

今天在淘宝网上，卖家和买家对每一个好评、每一个差评非常关注。假如不能在信用越好和财富越多之间画等号，那么我们在商业社会里看到的将永远是欺诈。

（2）它让消费者有了更多选择，并在选择中变得越来越聪明。以前到商场去买一件衣服可能要花 3 000 元，但是现在网上同样的衣服只卖 300 元。一些人会习惯性认为这肯定是假货，否则怎么可能这么便宜？事实上不是网上卖便宜了，而是商场卖贵了，这衣服本来就只值 300 元。

（3）它让国内的制造业懂得了不仅仅要会制造，还需要服务，还需要营销，还需要品牌。

2018 年 11 月 12 日零点，阿里巴巴公布了"双 11"的最终战绩：淘宝一天的交易额突破 2135 亿元，如图 4-7 所示。

"双 11"期间，天猫共有 210 个品牌成交额过亿，远超 2017 年的 167 家品牌。"双 11"当天，天猫 60.3%的交易订单都是通过支付宝指纹、刷脸支付完成的，这标志着"双 11"正式进入了新零售时代。阿里巴巴 CEO 张勇评价说，"双 11"不是为了数字而做，而是当作节日来做。

图 4-7 2018 年"双 11"淘宝一天的交易额

4.2 移动电子商务模式

4.2.1 移动电子商务平台

> 移动电子商务平台就是使用移动互联网,通过手机就可以浏览平台上的相关产品信息。

1. 移动电子商务平台定义

新一代的 WAP 标准使当今互联网技术顺利移植为如 XHTML 等以 XML 为基础的技术,包括传输控制协议(TCP)及支持多媒体应用的彩色图像、动画、音乐文件和图片的下载。

2. 移动电子商务平台环境

移动电子商务平台环境主要包括用户、使用环境、移动设备与浏览器、互联网接入、网站结构与内容等。

1)用户

用户即使用者。从语言层级的角度来看,它比顾客低,也不及客户。用户一词更多是指一种产品的使用者,它是中性的,有一定的技术色彩,特别是在互联网时代,人们使用的产品在规模上越来越大,用户的群体也越来越大,突破了阶层的局限。因此,用户和产品是分不开的,手机便是一个典型的例子。手机既是一种媒介,也是一种产品,它在这个意义上诠释了麦克卢汉所说的媒介即信息。当一个观众变成一个用户的时候,往往他的黏性也在增加,也就是我们经常说的媒介忠诚度。用户当然也是消费者,不同的是,用户有了更多共同生产和共享消费的元素。

2）使用环境

使用环境是指用户使用移动设备进行电子商务时所处的物理环境、社会环境和时间环境等。其中，物理环境包括地理位置、天气情况等；社会环境包括经济状况、文化、宗教信仰，以及其他人对用户的影响力等；时间环境是指用户执行某个任务的时间点及时间限制。

3）移动设备与浏览器

移动设备通常是指具备联网功能的手机、PDA 等；浏览器是指安装在移动设备上的网站浏览软件，如 QQ 浏览器、360 浏览器、百度浏览器和搜狐浏览器等。

4）互联网接入

互联网接入是指移动设备与无线网络和有线网络的连接。目前，手机接入的网络有 4G、5G 等。

目前大多数人用的是 4G 网络。手机通过诸如 GPRS 网络等连接到移动基站，基站的网络设备是已经连接到国际互联网的。

从个人业务角度来讲，首先，手机要支持相应的技术；其次，还得有个手机号，并开通相应的上网业务。

5）网站结构与内容

网站结构与内容是指企业为用户提供产品和服务的平台，是移动电子商务网站商业目的、信息和技术的综合体现。如图 4-8 所示是手机淘宝网的平台。

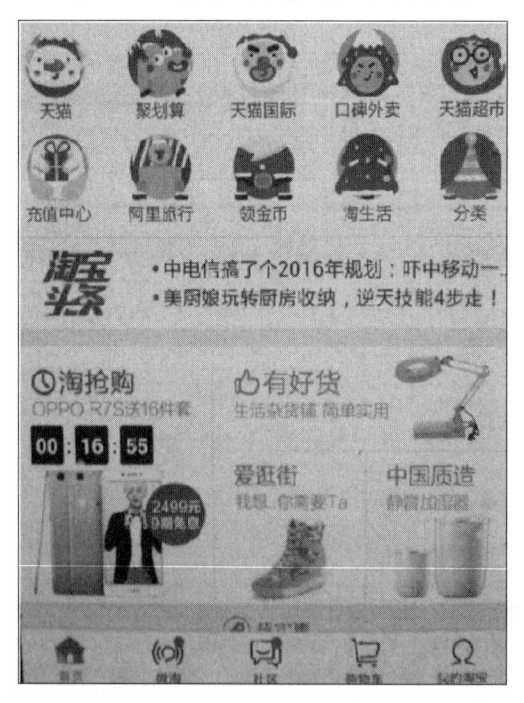

图 4-8　手机淘宝网的平台

4.2.2 移动电子商务应用模式

1．以手机淘宝、京东移动端等为代表的传统 PC 电商移植到移动电商

传统 PC 电商向移动电商移植，其主要目标是拓展移动互联网的流量资源，平台、商家和供应链的本质并没有太多变化。

2．以买卖宝为代表的 WAP 移动 B2C 电商

买卖宝专注三四线城市的人群，针对当时此类人群有手机无计算机的情况进行的电商购物，采用 WAP 方式在 PC 时代具有一定差异化和壁垒。不过随着此类人群普及智能手机，此类电商受到阿里和京东等电商的较大冲击。

3．以腾讯微商城、第三方微商城、企业微商城为代表的移动电商模式

以腾讯微商城为例，腾讯微商城是在微信爆发背景下进行的电商拓展，易迅不管是继续直营还是招募商家入驻，本质上都是希望通过微信平台入口获取移动互联网流量资源和社会化营销资源，但信任背书关系和交易双方角色并未发生变化，实际是社会化电商的一种形式。

4．以随手购、微店等为代表的 C2C 移动电商模式

这类电商模式，即鼓励基于朋友信任背书的 C2C 交易。在此模式下，个体将转变为卖货人、买货人、信用背书人、采购人、首席体验官、客服等多种角色。但是信用风险也很大，需要在系统上做一些控制。

5．以 4G 环境为代表的移动电子商务模式

4G 网络的诞生为移动电子商务的发展奠定了基础。4G 网络提供的服务更多，不论功能还是性能都要好于 2G、3G 网络。目前，移动网络已全面进入 4G 时代，因此移动电子商务发展应充分利用 4G 网络优势，创新改革移动电子商务模式。

1）App 商用模式

现代社会中智能手机普及率越来越高，智能手机 App 给商家带来了商机，很多商家纷纷开发自己的 App 客户端。App 商用模式是通过 App 客户端为用户和消费者提供服务，其最大特点是可视化操作界面及人性化服务，消费者可通过可视化操作界面直观地选择服务，并且 App 客户端安装后可长时间存在于用户移动设备中，这对于提升用户忠诚度也有很大帮助。App 商用模式必然成为移动电子商务的主流商务模式。

2）微信营销模式

微信营销模式是随着微信平台的发展而兴起的电子商务模式，微信营销模式主要是通过附近人搜索、品牌活动、折扣、在线支付等形式实现的。商家可通过微信平台"附近的人"功能获取用户信息，从而了解用户的消费兴趣，通过增加用户来实现产品宣传和销售。目前已有许多企业和个人在微信平台上推出了品牌微店，利用微信营销模式进行商务活动。

4.3 移动电子商务技术

> 移动电子商务技术主要有：无线应用协议（WAP）、移动 IP 技术、蓝牙技术、通用分组无线业务（GPRS）技术、移动定位系统等。

4.3.1 无线应用协议（WAP）

1. WAP 概述

无线应用协议（WAP）是一项全球性的网络通信协议，它使移动 Internet 有了一个通用标准，其目标是将 Internet 的丰富信息及先进的业务引入移动电话等无线终端中。

WAP 定义可通用的平台，把 Internet 网上 HTML（标准通用标记语言 SGML 下的一个应用）的信息转换成用 WML（Wireless Markup Language）描述的信息，显示在移动电话的显示屏上。WAP 只要求移动电话和 WAP 代理服务器的支持，而不要求现有的移动通信网络协议做任何改动，因而可以广泛地应用于 GSM、CDMA、TD-SCDMA 和 3G 等多种网络。

WAP 根据无线网络的特点（如低带宽、高延迟）进行优化设计，把 Internet 的一系列协议规范引入无线网络中。此外，WAP 尽可能少地利用手持设备的 ROM、RAM 和 CPU 等资源，它通过加强网络的功能来弥补手持设备的缺陷。而基于 Internet 标准的微浏览器技术可以使手持设备根据自己不同的显示、输入方式来决定显示信息的方式。这样，各种终端，从最简单的手持机到功能丰富的 PDA 或笔记本电脑都能获取相同的信息和资源。

目前，许多电信公司已经推出了多种 WAP 产品，包括 WAP 网关、应用开发工具和 WAP 手机，向用户提供网上资讯、机票订购、游戏、购物等服务。

2. WAP 工作原理

用户可以借助无线手持设备，如 PDA、手机、双向广播等，通过 WAP 获取信息。WAP 支持绝大多数无线网络，所有操作系统都支持 WAP，其中专门为手持设备设计的操作系统有 PalmOS、EPOC、Windows CE、FLEXOS、OS/9 及 JavaOS。一些手持设备，如 PDA，安装微型浏览器后，可借助 WAP 接入 Internet。微型浏览器文件很小，可较好地解决手持设备内存小和无线网络带宽不足的问题。虽然 WAP 能支持 HTML（标准通用标记语言下的一个应用）和 XML（标准通用标记语言的子集），但 WML 才是专门为小屏幕和无键盘手持设备服务的语言。WAP 也支持 WMLScript。该脚本语言类似于 JavaScript，但对内存和 CPU 的要求更低，因为它基本上没有其他脚本语言所包含的无用功能。

采用客户机/服务器模式，在移动终端嵌入一个于 PC 上运行的微型浏览器，更多的事务和智能化处理交给 WAP 网关。服务和应用临时性地驻留在服务器中，而不是永久性地存储在移动终端中。

4.3.2 移动 IP 技术

1. 移动 IP 技术概述

移动 IP 技术通过在网络层改变 IP 协议来实现移动计算机在 Internet 中的无缝漫游。它使得节点从一条链路切换到另一条链路上时无须改变 IP 地址,也不必中断正在进行的通信。移动 IP 技术在一定程度上能够很好地支持移动电子商务的应用。

移动 IP 技术不是移动通信技术和 Internet 技术的简单叠加,也不是无线话音和无线数据的简单叠加,它是移动通信和 IP 的深层融合,也是对现有移动通信方式的深刻变革。它将真正实现话音和数据的业务融合,其目标是将无线话音和无线数据综合到一个技术平台上传输,此平台就是 IP 协议。

2. 移动 IP 技术工作原理

1) 移动 IP 技术的组成

移动 IP 技术的网络实体主要由以下几部分组成。

(1) 移动节点:从一条链路切换到另一条链路上时仍然保持所有正在进行的通信,并且只使用它的家乡地址的那些节点。

(2) 家乡代理:即本地代理,有一个端口与移动节点家乡链路相连的路由器。

(3) 外地代理:在移动节点的外地链路上的路由器。

(4) 隧道:当一个数据包被封装在另一个数据包的净荷中进行传送时所经过的路径。家乡代理为将数据包传送给移动节点,需先把数据包通过隧道送往外地代理。

(5) 转交地址:家乡代理和移动节点的隧道出口,有两种转交地址。

外地代理转交地址:外地代理的 IP 地址,它有一个端口连接移动节点所在的外地链路。外地代理转交地址的网络前缀并不一定与外地链路的网络前缀相同。

配置转交地址:暂时分配给移动节点的某个端口 IP 地址,其网络前缀必须与移动节点当前所连的外地链路的网络前缀相同。

2) 移动 IP 技术的工作原理

(1) 家乡代理和外地代理周期性发布代理广播消息,链路上的主机通过接收此信息判断自己是处在家乡链路上还是外地链路上。同时,连在外地链路上的移动节点从代理广播消息中得到转交地址。

(2) 处于外地链路的移动节点向家乡代理注册转交地址。

(3) 家乡代理和其他路由器广播基于对移动节点家乡地址的可达性,接收发往移动节点家乡地址的数据包。

(4) 家乡代理截取发往移动节点家乡地址的数据包,并通过隧道送往它的转交地址,外地代理从隧道中取出原始数据包,并通过外地链路送往移动节点。

3) 移动 IP 的实现

移动 IP 的实现主要有以下三个步骤。

(1) 代理搜索。其主要完成以下几个功能:判断移动节点当前连在家乡链路上还是外地

链路上;检测移动节点是否切换了链路;当移动节点连在外地链路上时,得到一个转交地址。

(2)注册。其主要完成以下几个功能:同时注册多个转交地址,家乡代理将送往移动节点家乡地址的数据包,通过隧道送往每个转交地址;可以在注销一个转交地址的同时保留其他转交地址;在先前不知家乡代理的情况下,移动节点可以通过注册动态地址得到一个可能的家乡代理的地址。

(3)数据包的选路。对于数据包的选路过程,主要考虑当移动节点在外地链路上的情形。因为当移动节点位于家乡链路上时,数据包的选路与固定节点的选路原理相同。只有当移动节点位于外地链路上时,才使用移动IP机制进行选路。

4.3.3 蓝牙技术

1. 蓝牙技术概述

蓝牙技术(Bluetooth)是由爱立信公司、IBM 公司、诺基亚公司、Intel 公司和东芝公司共同推出的一项短程无线连接标准,旨在取代有线连接,实现数字设备间的无线互连,以确保大多数常见的计算机和通信设备之间可方便地进行通信。"蓝牙"作为一种低成本、低功率、小范围的无线通信技术,可以使移动电话、个人计算机、PDA、笔记本电脑、打印机及其他计算机设备在短距离内无须线缆即可进行通信。例如,使用移动电话在自动售货机处进行支付,这是实现无线电子钱包的一项关键技术。

2. 蓝牙系统组成

蓝牙系统一般由天线单元、链路控制(固件)单元、链路管理(软件)单元和蓝牙软件(协议栈)单元 4 个功能单元组成。

(1)天线单元。蓝牙的天线部分体积十分小巧、重量轻,因此蓝牙天线属于微带天线。蓝牙空中接口是建立在天线电平为 0dB 的基础上的。空中接口遵循 FCC 有关电平为 0dB 的 ISM 频段的标准。

(2)链路控制(固件)单元。在目前的蓝牙产品中,人们使用了 3 个 IC 分别作为连接控制器、基带处理器及射频传输/接收器,此外还使用了 30~50 个单独调谐元件。基带链路控制器负责处理基带协议和其他一些低层常规协议。

(3)链路管理(软件)单元。链路管理(LM)软件模块携带了链路的数据设置、鉴权、链路硬件配置和其他一些协议。LM 能够发现其他远端 LM 并通过链路管理协议(LMP)与之通信。

(4)蓝牙软件(协议栈)单元。蓝牙软件(协议栈)单元是一个独立的操作系统,不与任何操作系统捆绑。它必须符合已经制定好的蓝牙规范。蓝牙规范是为个人区域内的无线通信而制定的协议,它包括两部分:第一部分为核心(Core)部分,用以规定诸如射频、基带、连接管理、业务搜寻(Service Discovery)、传输层,以及与不同通信协议间的互用、互操作性等组件;第二部分为协议子集(Profile)部分,用以规定不同蓝牙应用(也称使用模式)所需的协议和过程。

4.3.4 通用分组无线业务（GPRS）技术

1. GPRS 概述

通用分组无线业务（General Packet Radio Service，GPRS）突破了全球手机系统（GSM）网络只能提供电路交换的思维方式，只通过增加相应的功能实体和对现有的基站系统进行部分改造来实现分组交换，这种改造的投入相对来说并不大，但得到的用户数据速率却相当可观。GPRS 是一种以 GSM 为基础的数据传输技术，可以说是 GSM 的延续。GPRS 和以往连续在频道传输的方式不同，是以封包（Packet）方式来传输的，因此使用者所负担的费用是以其传输资料单位来计算的，而并非使用其整个频道，所以理论上较为便宜。

GPRS 的传输速率可提升至 56kbps，甚至 114kbps。而且，因为不再需要现行无线应用所需要的中介转换器，所以连接及传输都更加便捷。使用者可联机上网，参加视讯会议等互动传播，而且在同一个视讯网络上（VRN）的使用者，甚至可以无须通过拨号上网，而持续与网络连接。

2. GPRS 技术优势

（1）相对低廉的连接费用。在 GSM 网络中，GPRS 首先引入了分组交换的传输模式，使原来采用电路交换模式的 GSM 传输数据方式发生了根本性的变化，这在无线资源稀缺的情况下显得尤为重要。按电路交换模式来说，在整个连接期内，用户无论是否传送数据都将独自占有无线信道。在会话期间，许多应用往往有很多空闲时段，如 Internet 浏览、收发 E-mail 等。对于分组交换模式，用户只有在发送或接收数据期间才占用资源，这意味着多个用户可高效率地共享同一无线信道，从而提高了资源的利用率。GPRS 用户的计费以通信的数据量为主要依据，体现了"得到多少，支付多少"的原则。实际上，GPRS 用户的连接时间可能长达数小时，却只需支付相对低廉的连接费用。

（2）传输速率高。GPRS 可提供高达 115kbps 的传输速率（最高值为 171.2kbps，不包括 FEC）。这意味着在数年内，通过便携式电脑，GPRS 用户能和 ISDN 用户一样快速地上网浏览，同时也使一些对传输速率敏感的移动多媒体应用成为可能。

（3）接入时间短。GPRS 主要是在移动用户和远端的数据网络（如支持 TCP/IP、X.25 等网络）之间提供一种连接，从而给移动用户提供高速无线 IP 和无线 X.25 业务。

GPRS 采用分组交换技术，可以让多个用户共享某些固定的信道资源。如果把空中接口上的 TDMA 帧中的 8 个时隙都用来传送数据，那么数据速率最高可达 164kbps。GSM 空中接口的信道资源既可以被话音占用，也可以被 GPRS 数据业务占用。在信道充足的条件下，可以把一些信道定义为 GPRS 专用信道。要实现 GPRS 网络，需要在传统的 GSM 网络中引入新的网络接口和通信协议。

4.3.5 移动定位

1. 移动定位概述

移动定位是指通过特定的定位技术来获取移动手机或终端用户的位置信息（经纬度坐标），在电子地图上标出被定位对象的位置的技术或服务。移动定位技术有两种，一种是基于 GPS 的定位，另一种是基于移动运营网的 LBS 基站定位。基于 GPS 的定位方式是利用手机上的 GPS 定位模块将自己的位置信号发送到定位后台来实现移动手机定位。基站定位则是利用基站对手机的距离的测算来确定手机位置。后者不需要手机具有 GPS 定位能力，但是精度很大程度依赖于基站的分布及覆盖范围的大小，前者定位精度较高。此外，还有利用 WiFi 在小范围内定位的方式。

2. GPS 定位原理

全球定位系统（Global Positioning System，GPS）是一种以人造地球卫星为基础的高精度无线电导航的定位系统。

完整的 GPS 包括以下 3 个部分。

（1）空间部分。GPS 空间部分由 24 颗卫星（21 颗工作卫星、3 颗备用卫星）组成，它们位于距地表 20 200 千米的上空，均匀分布在 6 个轨道面上（每个轨道面 4 颗），轨道倾角为 55°。这样的分布使得在全球任何地方、任何时间都可以观测到 4 颗以上的卫星，并能得到在卫星中预存的导航信息。GPS 卫星因为大气摩擦等原因，随着时间的推移，导航精度会逐渐降低。

（2）地面控制系统。地面控制系统由监测站（Monitor Station）、主控制站（Master Monitor Station）和地面天线（Ground Antenna）组成。主控制站位于美国科罗拉多州春田市（Colorado Spring）。地面控制系统负责收集由卫星传回的信息，并计算卫星星历、相对距离、大气校正等数据。

（3）用户设备部分。用户设备部分即 GPS 信号接收机。其主要功能是能够捕获到按一定卫星截止角所选择的待测卫星，并跟踪这些卫星的运行。当接收机捕获到跟踪的卫星信号后，就可测量出接收天线至卫星的伪距离和距离的变化率，解调出卫星轨道参数等数据。根据这些数据，接收机中的微处理计算机就可按定位解算方法进行定位计算，得出用户所在地理位置的经纬度、高度、速度、时间等信息。接收机硬件和机内软件及 GPS 数据的后处理软件包构成了完整的 GPS 用户设备。GPS 接收机的结构分为天线单元和接收单元两部分。接收机一般采用机内和机外两种直流电源。设置机内电源的目的在于更换外电源时不中断连续观测。在用机外电源时机内电池自动充电。关机后，机内电池为 RAM 存储器供电，以防止数据丢失。目前，各种类型的接收机体积越来越小，质量越来越小，便于野外观测使用。其次则为使用者接收机，现有单频与双频两种，但由于价格因素，一般使用者所购买的多为单频接收机。

我们通常所说的 GPS 往往仅指用户设备部分，它通过接收天空不同位置的 3 颗以上的卫星信号，测定手机所在的位置，简单来说是利用了数学上 3 条线确定一个点的原理。

4.4 电子交易与支付

4.4.1 电子货币概述

> 电子货币是无形的电子数据,只有通过使用某些电子化方法才能将该数据直接转移给支付对象。

1. 电子货币概念

电子货币(Electronic Money)是指以电子化机具和各类交易卡为媒介,以计算机技术和通信技术为手段,以电子数据形式存储在银行的计算机系统中,并通过计算机网络以信息的传递形式实现流通和支付功能的货币。

电子货币发行和运行流程如图4-9所示。

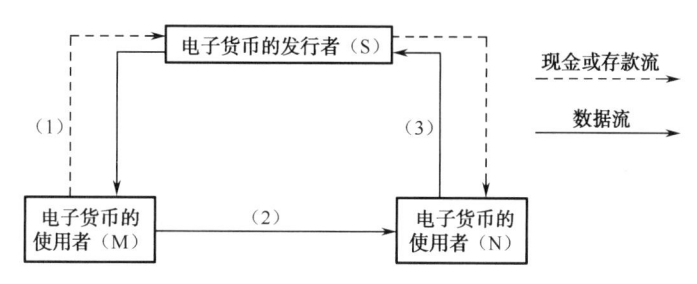

图4-9 电子货币发行和运行流程

从图4-9中可知,电子货币发行和运行流程分为以下三个步骤。

(1)发行。电子货币的使用者(M)向电子货币的发行者(S)(银行、信用卡公司等)提供一定金额的现金或存款并请求发行电子货币,S接受来自M的有关信息之后,将相当于一定金额的电子货币的数据对M授权。

(2)流通。电子货币的使用者(M)授受了来自S的电子货币,为了清偿对电子货币的另一使用者(N)的债务,将电子货币的数据对N授权。

(3)回收。S根据N的支付请求,将电子货币兑换成现金支付给N,或者存入N的存款账户。

2. 电子货币体系

电子货币体系基本上以图4-9所示的基本形态为基础。另外,还有一种较典型的体系,即在发行者与使用者之间有中介机构介入。例如,在基本形态中的S、M、N三个当事人之外,S、M之间介入了银行A,S、N之间介入了银行B,如图4-10所示。

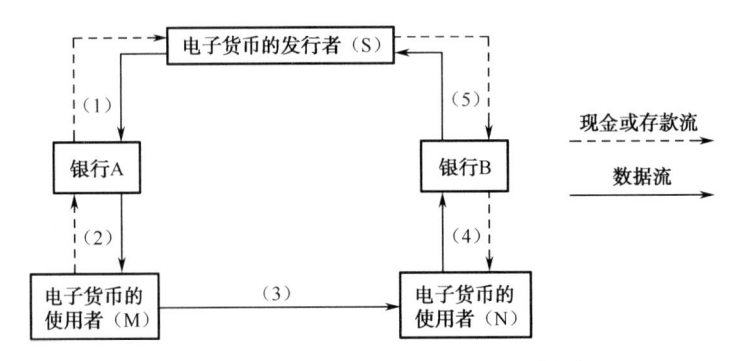

图 4-10 有中介机构介入的电子货币体系

该电子货币体系的运行分为以下几个步骤。

（1）S 根据银行 A 的请求，发行电子货币与银行 A 的现金或存款交换。

（2）M 对银行 A 提供现金或存款，请求得到电子货币，银行 A 将电子货币向 M 授权。

（3）M 将由银行 A 处接受的电子货币用于清偿债务，授权于 N。

（4）N 的开户银行 B 根据 N 的请求，将电子货币兑换成现金支付给 N，或者存入 N 的存款账户。

（5）A 根据从 N 处接受了电子货币的银行 B 的请求，与电子货币兑换将现金支付给 B（或存入 B 的存款账户）。

3．电子货币的特点

电子货币作为现代科技和现代金融业务相结合的产物，具有以下几个突出的特点。

（1）电子货币是一种虚拟货币。电子货币是在银行电子化技术高度发达的基础上出现的一种无形货币，它采用数字脉冲代替金属、纸张等载体进行传输和显示资金，通过芯片进行处理和存储，因而没有传统货币的物理形态、大小、重量和印记，持有者得不到持有的实际感觉。

（2）电子货币是一种在线货币。电子货币通常在专用网络上传输，通过 POS、ATM 进行处理，也就是说，电子货币是在现有的银行、支票和纸币之外，通过网络在线大量流通的钱。电子货币的保管需要存储设备，交换需要通信手段，保证其安全需要加密和解密用的计算机。

（3）电子货币是一种信息货币。电子货币是观念化的货币信息，实际上是由一组含有用户的身份、密码、金额、使用范围等内容的数字构成的特殊信息。人们使用电子货币交易时，实际上交换的是相关信息，这些信息传输到开设这种业务的银行后，银行就可以为双方交易结算，从而使消费者和企业能够通过比现实银行系统更省钱、更方便和更快捷的方式相互收付资金。

4.4.2 电子货币的表现形式

电子货币的表现形式是多种多样的，主要有以下几种。

1. 电子支票

1）定义

电子支票是付款人向收款人签发的、无条件的数字化支付指令。它可以通过互联网或无线接入设备来完成传统支票的所有功能。

电子支票是纸质支票的电子替代物，与纸质支票一样是用于支付的一种合法方式。它使用数字签名和自动验证技术来确定其合法性。监视器的屏幕上显示出来的电子支票样子十分像纸质支票，填写方式也相同，支票上除了必需的收款人姓名、账号、金额和日期外，还隐含了加密信息。电子支票通过电子函件直接发送给收款人，收款人从电子邮箱中取出电子支票并进行电子签名，再通过电子函件将电子支票送到银行，把款项存入自己的账户，如图4-11所示。

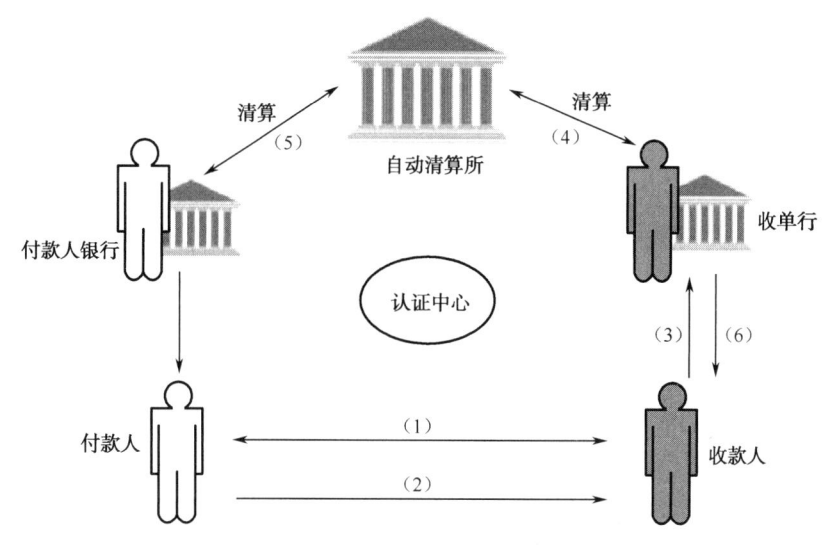

图4-11 电子支票工作流程

2）特点

电子支票的特点如下：

（1）电子支票以传统支票为雏形，用户容易接受而且容易掌握使用方法。

（2）电子支票较好地支持了B2B、B2C的电子商务市场。

（3）电子支票采用先进技术，提供了比传统支票更为可靠的安全防欺诈手段。

（4）电子支票打破了境域的限制，最大限度地缩短了支票运转周期，减少在途资金。

（5）电子支票业务流程的自动化和网络化节省了大量的人力物力，极大地降低了处理成本。

3）电子支票交易流程

电子支票交易流程如图4-12所示。

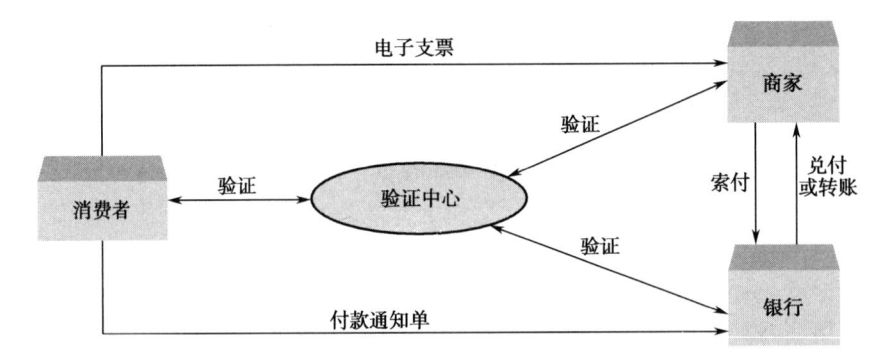

图 4-12 电子支票交易流程

电子支票交易流程可分以下几个步骤。

（1）消费者和商家达成购销协议并选择使用电子支票支付。

（2）消费者通过网络向商家发出电子支票，同时向银行发出付款通知单。

（3）商家通过验证中心对消费者提供的电子支票进行验证，验证无误后将电子支票送交银行索付。

（4）银行通过验证中心对消费者提供的电子支票进行验证，验证无误后即向商家兑付或转账。

2．信用卡

1）概述

信用卡（Credit Card）是一种非现金交易付款的方式，是简单的信贷服务。信用卡一般是长 85.60 毫米、宽 53.98 毫米、厚 1 毫米的塑料卡片（尺寸大小是由 ISO 7810、7816 系列文件定义的），由银行或信用卡公司依照用户的信用度与财力发给用户，用户持信用卡消费时无须支付现金，待结账日时再行还款。除部分与金融卡结合的信用卡外，一般的信用卡与借记卡、提款卡不同，信用卡不会由用户的账户直接扣除资金。如图 4-13 所示是中国工商银行的信用卡。

图 4-13 中国工商银行的信用卡

2）定义

信用卡是商业银行向个人和单位发行的，凭以向特约单位购物、消费和向银行存取现金，具有消费信用的特制载体卡片。其形式是一张正面印有发卡银行名称、有效期、号码、持卡人姓名等内容，背面有磁条、签名条的卡片。

通俗地说，信用卡就是银行提供给用户的一种先消费后还款的小额信贷支付工具。即当

用户的购物需求超出其支付能力或用户不希望使用现金时，可以向银行借钱，而不需要支付任何的利息和手续费。信用卡就是银行答应借钱给用户的凭证，信用卡告诉用户：可以向银行借钱的数额及还款的时间。

3）运作过程

信用卡运作过程如图 4-14 所示。

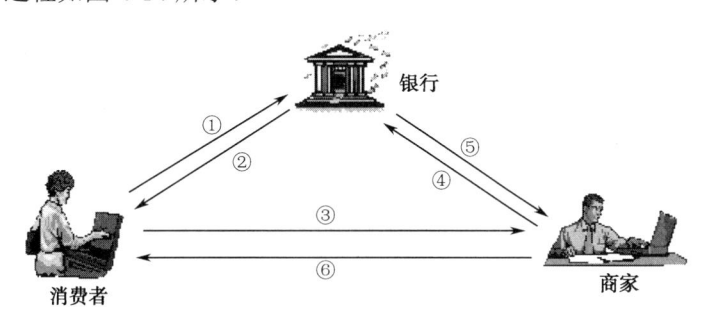

图 4-14　信用卡运作过程

（1）消费者到银行开立一个信用卡账户。
（2）消费者从开卡行得到一张信用卡。
（3）消费者在购买某种商品时把自己的信用卡号和密码提供给商家，申请购物，并在购物单上签字。
（4）商家得到购物申请后，与开卡行取得联系，请求开卡行进行支付确认。
（5）开卡行在确认消费者的身份之后，给商家返回一个确认信息批准交易。
（6）商家供货给消费者，银行则把相应的货款由消费者的账户转到商家的账户上。

4）特点

信用卡的特点如下：

（1）无须存款即可透支消费，并可享有 20～56 天的免息期，如按时还款则不收任何利息。
（2）购物时刷卡不仅安全、卫生、方便，还有积分礼品赠送。
（3）在银行的特约商户消费，可享受折扣优惠。
（4）积累个人信用，在信用档案中增添诚信记录，可以终身受益。
（5）通行全国无障碍，在有银联标志的 ATM 和 POS 机上均可取款或刷卡消费。
（6）可以进行电子购物，可以通过电话或网络进行信用卡支付。

当然，使用信用卡也存在一些问题，其中最主要的就是安全问题，盗刷信用卡的事件时有发生。如果在 SET 协议的规范下进行安全电子交易，那么在一定程度上就可以避免发生该类事情。

3．电子钱包

1）定义

电子钱包是电子商务购物活动中常用的一种支付工具，适用于小额购物。在电子钱包内存放的是电子货币，如电子现金、电子零钱、电子信用卡等。使用电子钱包购物，通常需要在电子钱包服务系统中进行。在电子商务活动中，电子钱包的软件通常都是免费提供的。世界上有 VISA Cash 和 Mondex 两大在线电子钱包服务系统。

2）作用

电子钱包的作用如下：

（1）个人资料管理。消费者成功申请钱包后，系统将在电子钱包服务器端为其开立一个属于个人的电子钱包档案，消费者可在此档案中增加、修改、删除个人资料。

（2）网上付款。消费者在网上选择商品后，登录到电子钱包，选择入网银行卡，向"金融联"支付网关发出付款指令来进行支付。

（3）交易记录查询。消费者可对通过"金融联"电子钱包完成支付的所有历史交易记录进行查询。

（4）银行卡余额查询。消费者可通过"金融联"电子钱包查询个人银行卡的余额。

（5）商户站点链接。"金融联"电子钱包内设众多商户站点链接，消费者可通过链接直接登录商户站点进行购物。

3）运作过程

电子钱包运作过程如图 4-15 所示。

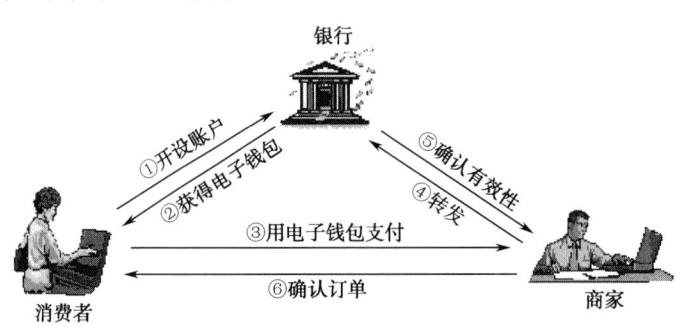

图 4-15 电子钱包运作过程

（1）消费者向银行申请，填写相关信息。
（2）银行经审核后向消费者发出获得电子钱包的信息。
（3）消费者购买商品或服务。
（4）商家将相关信息转发给银行。
（5）银行经审核后，将确认有效信息返回给商家。
（6）商家收到银行的确认信息后，确认订单开始向消费者发货。

4.4.3 电子交易概述

1. 电子交易概念

电子交易（Screen Trading）是指通过电子系统进行的交易，不同于在交易所、交易大厅面对面进行的交易。电子交易不是简单地开辟一条新的网上销售渠道。它可以降低经营成本并能帮助企业与客户、供货商及合作伙伴建立更为密切的合作关系。电子交易使企业能够在增加收入的同时建立起客户忠诚度，通过提高订单处理效率得以降低成本，在降低库存和库房开支的同时还能保持满货率，并降低销售交易的实际成本。

Internet 上的电子交易可以分为三个方面：信息服务、交易和支付。其主要内容包括：电子商情广告、电子选购和交易、电子交易凭证的交换、电子支付与结算，以及售后的网上服务等。其主要交易类型有企业与个人的交易（B2C 方式）和企业之间的交易（B2B 方式）两种。参与电子交易的实体有四类：顾客（个人消费者或企业集团）、商户（销售商、制造商、储运商）、银行（发卡行、收单行）及认证中心。

2．电子交易的特点

与传统的交易方式相比，电子交易具有以下特点。

（1）虚拟交易。电子交易是通过以 Internet 为代表的计算机网络进行的贸易，买卖双方可以在网上提供信息并搜寻对方，通过信息的推拉互动，签订电子合同，完成交易并进行电子支付。整个交易都在网络这个虚拟的环境中，无须当面进行。

（2）直接交易。电子交易大大简化了商品流通环节，提高了交易效率。电子交易利用计算机网络快捷、便利的通信手段，在更广阔的时空里实现了商品流通、信息的咨询和交换，以及直接开展网上贸易。在这里，Internet 用一条前所未有的纽带把全世界的商品供需双方联系在一起，客户在不与商家见面的情况下即可完成意向洽谈、看样订货、实际购买和支付货款的交易全过程。电子交易模式的出现，取代了商品流通中大量的中间行为，商品代理制、分销商、层层叠叠的批发，以及展览会、展销会等都有可能随着电子交易这种新型销售方式的崛起而变得不再那么重要。

（3）实时交易。电子交易是当场交易，即实时交易，服务的特征为不间断全天候型。电子交易实时交易运作的神速，可以称为"商业的魔术"。电子交易的电子商店是一个全天候永不关闭的展览厅，供访问者随时参观和接受反馈意见。

（4）便利交易。电子交易在时空上缩短了距离，可以免去交通工具和时间。在电子交易时代，电子通信完全代替了交通，这是电子交易的一大特点。很多商业活动可以在网上完成，不必到商店办理。统计数据表明，日本一家制造企业按传统的方式实现销售 100 万美元的目标，要花费一个人 100 千米的交通费和 10 小时的时间。如果利用网络完成，则可以节省这部分的费用和时间。家庭购物更是方便，有人做过一个测试，一个普通的三口之家，要购买其生活所需品，每个月花费在购物上的时间是 15～20 小时，如果再加上交通时间就更长了。而在网上购物，足不出户就可以购买到自己所需的产品，节省了大量的购物时间。

（5）透明交易。买卖双方从交易的洽谈、签约，以及货款的支付、交货通知等整个交易过程都在网上进行。通畅、快捷的信息传输可以保证各种信息之间互相核对，从而有效遏制了虚假信息。例如，在典型的许可证电子数据交换（EDI）系统中，由于加强了发证单位和验证单位的通信、核对，所以假的许可证就不易漏网。海关 EDI 系统也有助于杜绝边境的假出口、兜圈子、骗退税等行径。

（6）高效交易。由于互联网将贸易中的商业报文标准化，使商业报文能在世界各地瞬间完成传递与计算机自动处理，原料采购、产品生产、需求与销售、银行汇兑、保险、货物托运及申报等过程无须人员干预就可在最短的时间内完成。在传统贸易中，用信件、电话和传真传递信息，必须有人参与，每个环节都要花费很多时间。有时由于人员合作和工作时间的问题，会延误传输时间，失去最佳商机。电子交易克服了传统贸易费用高、易出错、处理速度慢等缺点,极大地缩短了交易时间,使整个交易非常快捷、方便。

(7)优质交易。顾客可以通过网络直接与厂家见面和交谈,与每个商品厂家都可以进行实时的联系,建立对话关系。顾客可以在网上听取厂家对商品的介绍,厂家也可以解答顾客的疑问,从而使得厂家具有良好的顾客关系和销售成果。

4.4.4 电子支付概述

1. 电子支付概念

电子支付是指电子交易的当事人,包括消费者、厂商和金融机构,使用安全电子支付手段,通过网络进行的货币支付或资金流转。电子支付是电子商务系统的重要组成部分。

电子支付是通过互联网为载体进行资金转移,利用银行所支持的某种数字金融工具,发生在购买者和销售者之间的金融交换,而实现从买者到金融机构、商家之间的在线货币支付、现金流转、资金清算、查询统计等过程,由此为电子商务服务和其他服务提供金融支持。

支付宝(Alipay)最初是淘宝网为了解决网络交易安全所设的一个功能,该功能首先使用了"第三方担保交易模式",由买家将货款打到支付宝账户,由支付宝向卖家通知发货,买家收到商品确认后让支付宝将货款放于卖家,至此完成一笔网络交易。支付宝于 2004 年 12 月独立为浙江支付宝网络技术有限公司,是阿里巴巴集团的关联公司。

2. 电子支付工作流程

电子支付工作流程如图 4-16 所示。

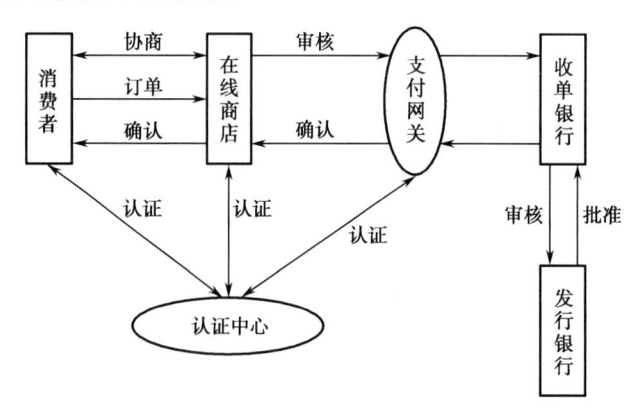

图 4-16 电子支付工作流程

从图 4-16 可知,整个电子支付工作流程分为以下七个步骤。

(1)消费者利用自己的 PC 通过互联网选定所要购买的物品,并在计算机上输入订单,订单上需包括在线商店、购买物品名称及数量、交货时间及地点等相关信息。

(2)系统通过电子商务服务器与有关在线商店联系,在线商店做出应答,告知消费者所填订单的货物单价、应付款数额、交货方式等信息是否准确,是否有变化。

(3)消费者选择付款方式,确认订单,签发付款指令,此时 SET 开始介入。

(4)在 SET 中,消费者必须对订单和付款指令进行数字签名。同时利用双重签名技术保

证商家看不到消费者的账号信息。

（5）在线商店接受订单后，向消费者所在银行请求支付认可。信息通过支付网关到收单银行，再到电子货币发行公司确认。批准交易后，返回确认信息给在线商店。

（6）在线商店发送订单确认信息给消费者。消费者端软件可记录交易日志，以备将来查询。

（7）在线商店发送货物或提供服务，并通知收单银行将钱从消费者的账号转移到商店账号，或者通知发卡银行请求支付。

在认证操作和支付操作过程中，通常会有一个时间间隔，如在每天的下班前请求银行结一天的账。

3．电子支付特征

与传统的支付方式相比，电子支付具有以下特征。

（1）电子支付是采用先进的技术通过数字流转来完成信息传输的，其各种支付方式都是通过数字化的方式进行款项支付的；而传统支付则是通过现金的流转、票据的转让及银行的汇兑等物理实体来完成款项支付的。

（2）电子支付的工作环境基于一个开放的系统平台（即互联网）；而传统支付则是在较为封闭的系统中运作。

（3）电子支付使用的是最先进的通信手段，如 Internet、Extranet；而传统支付使用的则是传统的通信媒介。电子支付对软、硬件设施的要求很高，一般要求有联网的计算机、相关的软件及其他一些配套设施；而传统支付则没有这么高的要求。

（4）电子支付具有方便、快捷、高效、经济等优势。用户只要拥有一台上网的计算机，便可足不出户，在很短的时间内完成整个支付过程。支付费用仅相当于传统支付的百分之几。

在电子商务中，支付过程是整个商贸活动中非常重要的一个环节，同时也是电子商务中准确性、安全性要求最高的业务过程。电子支付的资金流是一种业务过程，而非一种技术。但是在进行电子支付活动的过程中，会涉及很多技术问题。

4.4.5 电子交易模型

1．B2C 直销模式

B2C 直销模式实质上就是通过简化、消灭中间商，来降低产品的流通成本，从而满足消费者利益最大化的需求。在非直销模式中，有两个销售环节，即由制造商到经销商，再由经销商到消费者。而 B2C 直销模式则是买卖双方直接见面，环节少、速度快、费用低。

1）B2C 直销模式流程

B2C 直销模式流程如图 4-17 所示。

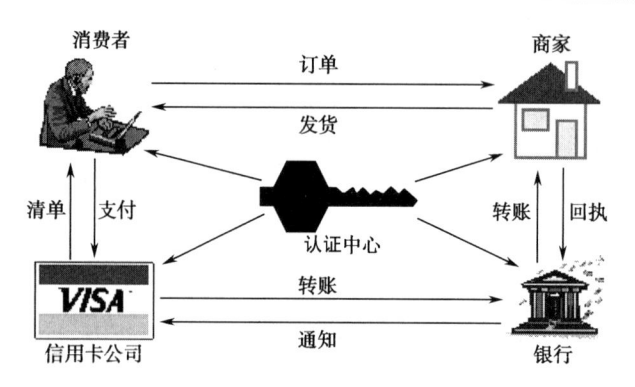

图 4-17　B2C 直销模式流程

B2C 直销模式流程可以分为以下六个步骤：

（1）消费者进入 Internet，查看企业和商家的主页。

（2）消费者通过购物对话框填写姓名、地址、商品品种、规格、数量、价格。

（3）消费者选择支付方式，如信用卡，也可选用借记卡、电子货币或电子支票等。

（4）企业或商家的客户服务器检查消费者服务器，确认汇款额是否认可。

（5）企业或商家的客户服务器确认消费者付款后，通知销售部门送货上门。

（6）消费者的开户银行将支付款项转给消费者的信用卡公司，信用卡公司负责发给消费者收费单。

在整个过程中，需要第三方证书授权（CA）以确认在 Internet 上商家的真实身份。所有过程均在 SET 协议下进行，SET 协议应用在安全电子交易的四个环节中，即从消费者、商家、支付网关到认证中心。

2）B2C 直销模式的特点

B2C 直销模式的特点如下：

（1）信息特点。B2C 直销模式通过掌握大量客户信息，甚至其购买习惯和个性需求，从而开展有针对性的网上促销和个性化服务。

（2）短渠道特点。B2C 直销模式越过了销售渠道的重要环节——传统的代理商，这使得一些厂商或超大型的 MALL 公司利用传统的商品价格及物流仓储优势，通过网络将商品销售给最终用户，其边际利润率相对较高。

（3）客户忠诚度特点。B2C 直销模式培养了客户对产品的好感，使其对产品形成了偏好，他们一方面会重复购买同样的产品，另一方面也会向亲朋好友宣传介绍产品，成为忠诚客户。

（4）资金安全特点。B2C 直销模式在支付环节上通常不会有很大的矛盾。个人通常都习惯于在完成购物流程后用现金或信用卡即时支付，这对于网络公司的资金周转是非常有利的。另外，网络公司可以通过流程来控制和预计资金的流出和流入，便于管理和控制资金流量，从而降低产生坏账的可能性。

2．B2B 直销模式

B2B 直销模式流程如图 4-18 所示。

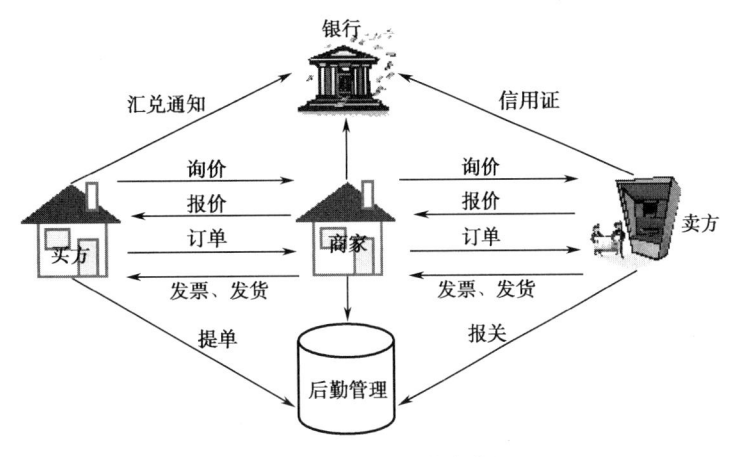

图 4-18　B2B 直销模式流程

B2B 直销模式流程可以分为以下四个阶段。

1）交易前的准备

该阶段主要是指买卖双方和参与交易的各方在签约前的准备活动。

（1）买方根据自己所要购买的商品准备购货款、制订购货计划、进行货源市场调查和市场分析，反复进行市场查询，了解各个卖方国家的贸易政策，反复修改购货计划和进货计划，确定和审批购货计划，再按计划确定购买商品的种类、数量、规格、价格、购货地点和交易方式等，尤其要利用 Internet 和各种电子交易网络寻找自己满意的商品和商家。

（2）卖方根据自己所销售的商品，召开商品新闻发布会，制作广告进行宣传，全面进行市场调查和市场分析，制定各种销售策略和销售方式，了解各个买方国家的贸易政策，利用 Internet 和各种电子交易网络发布商品广告，寻找贸易伙伴和交易机会，扩大贸易范围和商品所占市场的份额。其他参与交易的各方，如中介、银行金融机构、信用卡公司、海关系统、商检系统、保险公司、税务系统、运输公司等，也都为进行电子交易做好准备。

2）交易谈判和签订合同

该阶段主要是指买卖双方对所有交易细节进行谈判，将双方磋商的结果以文件的形式确定下来，即以书面文件形式和电子文件形式签订合同。电子交易的特点是可以签订电子交易合同，买卖双方可以利用现代电子通信设备和通信方法，经过认真谈判和磋商后，将双方在交易中的权利，所承担的义务，对所购买商品的种类、数量、价格、交货地点、交货时间、交易方式和运输方式，违约和索赔等合同条款，全部以电子交易合同的形式做出全面详细的规定，双方可以利用 EDI 方式签约，可以采用数字签名等方式签名。

3）办理交易前的手续

该阶段主要是指买卖双方自合同签订后到合同履行前办理各种手续的过程，也是双方在进行贸易前的交易准备过程。交易中要涉及有关各方（如中介、银行金融机构、信用卡公司、海关系统、商检系统、保险公司、税务系统、运输公司等），买卖双方要利用 EDI 与有关各方进行各种电子票据和电子单证的交换，直到办理完卖方可以按合同约定开始向买方发货的一切手续为止。

4）交易合同的履行和索赔

该阶段是从买卖双方办完所有手续之后开始的。卖方要备货、组货，同时进行报关、保险、取证、发信用证等工作，并将商品交付给运输公司包装、起运、发货。买卖双方可以通过电子交易服务器跟踪发出的货物。银行和金融机构也按照合同处理双方收付款、进行结算，以及出具相应的银行单据等。买方收到自己所购商品后，整个交易过程便结束。

索赔是指买卖双方在交易过程中出现违约情况时，需要进行违约处理工作，受损方要向违约方主张赔偿。

参与交易的买卖双方在做好交易前的准备之后，通常都是根据电子交易标准开展电子交易活动的，电子交易标准规定了电子交易应遵循的基本程序。

（1）买方向卖方提出商品报价请求，说明想购买的商品信息。

（2）卖方向买方回答该商品的报价，说明该商品的价格信息。

（3）买方向卖方提出商品订购单，说明初步确定购买的商品信息。

（4）卖方对买方提出的商品订购单进行应答，说明有无此商品及规格型号、品种、质量等信息。

（5）买方根据应答提出是否对订购单有变更请求，说明最后确定购买商品的信息。

（6）买方向卖方提出商品运输说明，说明运输工具、交货地点等信息。

（7）卖方向买方发出发货通知，说明运输公司、发货地点、运输设备、包装等信息。

（8）买方向卖方发回收货通知，报告收货信息。

（9）交易双方收发汇款通知，买方发出汇款通知，卖方报告收款信息。

（10）卖方向买方发送电子发票，买方收到商品，卖方收到货款并出具电子发票，完成全部交易。

4.4.6 电子支付模型

电子支付功能是网上购物的关键问题，既要使消费者感到方便快捷，又要保证交易各方的安全保密，这就需要一个比较完善的电子支付模型。目前，电子支付模型有以下几种。

1. 支付系统无安全措施模型

1）流程

用户从商家订货，并把信用卡信息告知商家。信用卡信息的传递手段有两种，一种是通过电话、传真等非网上手段，另一种是通过网络手段，这两种手段均没有安全措施。信用卡信息的合法性检查是在商家和银行之间进行的。

支付系统无安全措施模型的流程如图 4-19 所示。

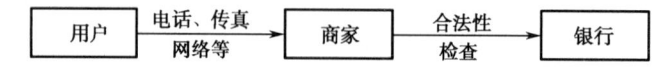

图 4-19 支付系统无安全措施模型的流程

2）特点

（1）风险由商家承担。

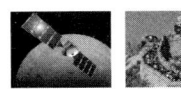

(2)商家完全掌握用户的信用卡信息。
(3)信用卡信息的传递无安全保障。

3)不足

(1)商家得到了用户的信用卡信息,就有义务妥善保护这些信息,否则用户的隐私权很容易受到侵犯。事实上,有些商家并未履行该义务,而是为了商业利益把信息泄露给第三方。

(2)信用卡信息的传递没有安全保障,这样就很容易被人截获或篡改。

由此可以看出,该模型是很不安全可靠的。

2. 通过第三方经纪人支付模型

1)流程

用户首先需要在网上经纪人处开一个账户,网上经纪人持有用户的账户和信用卡号。用户用该账户向商家订货,商家将用户账户提供给经纪人验证,经纪人验证商家身份和用户身份后,给用户发送电子邮件,要求用户确认购买和支付后,经纪人将信用卡信息传给银行,完成支付过程。

通过第三方经纪人支付模型的流程如图4-20所示。

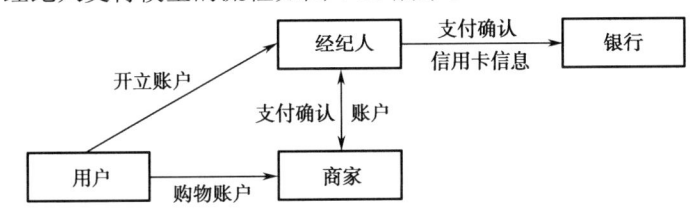

图4-20 通过第三方经纪人支付模型的流程

2)特点

(1)用户不通过网络开设账户。
(2)信用卡信息不在开放的网络上传送。
(3)通过电子邮件来确认用户身份。
(4)商家自由度大,风险小。
(5)支付是通过双方都信任的第三方(经纪人)完成的。

该模型的关键在于第三方,交易双方都对其有较高的信任,风险主要由其承担,保密等功能也由其实现。

3. 数字现金支付模型

1)流程

用户在银行开立数字现金账户,购买兑换数字现金,然后使用个人计算机数字现金终端软件从银行账户取出一定数量的数字现金存在硬盘上;用户从商家(该商家同意接收数字现金)订货,使用数字现金支付所购商品的款项;接收数字现金的商家与银行之间进行清算,银行将用户购买商品的款项支付给商家。

数字现金支付模型的流程如图 4-21 所示。

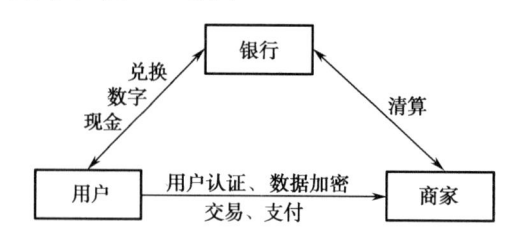

图 4-21　数字现金支付模型的流程

2）特点

（1）银行和商家之间应有协议和授权关系。

（2）用户、商家和数字现金的发行方都需要使用数字现金软件。

（3）适用于小额交易。

（4）身份验证是由数字现金本身完成的。数字现金的发行方在发行数字现金时使用数字签名。商家在每次交易中将数字现金传送给银行，由银行验证数字现金的有效性。

（5）数字现金的发行方负责用户和商家之间实际资金的转移。

（6）数字现金与普通现金一样，可以存、取和转让。

4．简单加密支付系统模型

1）流程

用户在银行开立一个信用卡账户，并获得信用卡号。用户向商家订货后，把信用卡信息加密并传给商家服务器。商家服务器对接收到的信息有效性和完整性进行验证后，将用户加密的信用卡信息传给业务服务器，商家服务器无法看到用户的信用卡信息。业务服务器验证商家身份后，将用户加密的信用卡信息转移到安全的地方解密，然后将用户信用卡信息通过安全专用网传送到商家银行。商家银行通过普通电子通道与用户信用卡发生联系，确认信用卡信息的有效性，得到证实后将结果传送给业务服务器，业务服务器通知商家服务器交易完成或被拒绝，商家再通知用户。

整个过程只需经历很短的时间。交易过程的每一步都需要交易方以数字签名来确认身份，用户和商家都必须使用支持此种业务的软件。数字签名是用户、商家在注册系统时产生的，不能修改。用户信用卡加密后的信息一般都存储在用户的家用计算机上。

简单加密支付系统模型的流程如图 4-22 所示。

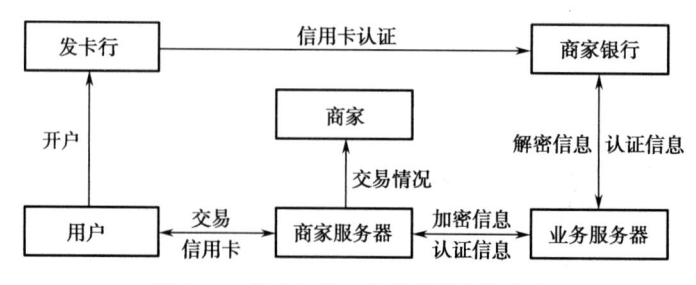

图 4-22　简单加密支付系统模型的流程

2）特点

（1）信用卡等关键信息需要加密。

（2）使用对称和非对称加密技术。

（3）可能要启用身份认证系统。

（4）以数字签名确认信息的真实性。

（5）需要业务服务器和服务软件的支持。

该模型的关键在于业务服务器，保证业务服务器和专用网络的安全就可以使整个系统处于比较安全的状态。商家不知道用户信用卡的信息，从而杜绝了其泄露用户隐私的可能性。

5．SET 模型

安全电子交易（Security Electronic Transaction，SET）是一个在开放的互联网上实现安全电子交易的国际协议和标准。SET 最初由 VisaCard 和 MasterCard 合作开发完成，其他合作开发伙伴还包括 GTE、IBM、Microsoft、Netscape、SAIC、Terisa、Verisign 等。

1）目标

SET 是以信用卡支付为基础的网上电子支付系统规范，为了满足用户、银行和软件厂商的多方需求，它必须实现以下目标：

（1）信息在互联网上安全传输，不能被窃听或篡改。

（2）用户资料要妥善保护，商家只能看到订货信息，看不到用户的账户信息。

（3）用户和商家相互认证，以确定对方身份。

（4）软件遵循相同的协议和消息格式，具有兼容性和互操作性。

2）SET 标准的内容

（1）加密算法。

（2）证书信息及格式。

（3）购买信息及格式。

（4）认可信息及格式。

（5）划账信息及格式。

（6）实体之间消息的传输协议。

3）流程

SET 模型的流程与实际购物流程非常接近，但一切操作都是通过网络完成的。用户在银行开立信用卡账户，获得信用卡号。用户在商家的网站主页上查看商品目录选择所需商品。用户填写订单并通过网络传递给商家，同时附上付款指令。订单和付款指令要有用户的数字签名并加密，使商家无法看到用户的账户信息。商家收到订单后，向发卡行请求支付确认。发卡行确认后，批准交易，并向商家返回确认信息。商家发送订单确认信息给用户，并发货给用户。然后，商家请求发卡行支付货款，发卡行将货款由用户的账户转移到商家的账户。SET 模型的流程如图 4-23 所示。

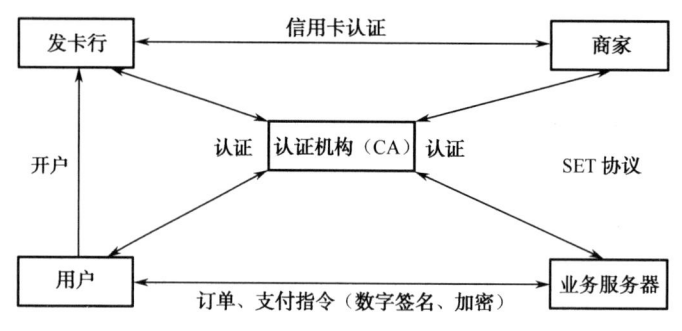

图 4-23　SET 模型的流程

4）SET 协议的安全措施

（1）加密技术。同时使用私钥与公钥加密法。

（2）电子认证。电子交易过程中，必须确认用户、商家及其他相关机构身份的合法性，这要求建立专门的电子认证机构（CA）。

（3）电子信封。为了保证信息传输的安全性，交易时使用的密钥必须经常更换，SET 使用电子信封的方式更换密钥。其方法是：由发送方自动生成专用密钥，用它加密明文，再将生成的密文同密钥一起用公钥密钥的手段加密传出去；收信人用公钥方法解密后，得到专用密钥，再次解密。

（4）自动柜员机（ATM）。用户可以在银行营业网点、大商场、宾馆等场所的自动柜员机上获得包括存款、取款、转账、查询在内的各种服务。自动柜员机不受银行工作日的限制，用户可得到一周 7 天、每天 24 小时的全天候服务。

（5）售货终端机（POS）。银行在饭店、商场等消费场所设置 POS 机，用户在消费时可凭银行卡在 POS 机上进行支付。

（6）电话和客房终端。用户通过电话、客房终端等接受银行提供的金融服务，如账户信息查询、转账、证券买卖等。

（7）电子钱包。电子钱包是电子商务购物（尤其是小额购物）活动中常用的一种支付工具。在电子钱包内存放的是电子货币，如电子现金、电子零钱、电子信用卡等。使用电子钱包购物，通常需要在电子钱包服务系统中进行。电子商务活动中电子钱包的软件通常都是免费提供的。

（8）SWIFT。SWIFT 是一种专用金融服务系统，用于处理电子票据的安全传输。SWIFT 使用专用网络进行电子支付，软件系统是专门设计的，对安全有严格要求，应用范围主要是企业与企业之间（如银行与银行之间或银行与普通企业之间）。

能力训练题 4　电子钱包申领

一、能力训练前的准备

（1）查看本地计算机是否已与 Internet 连接成功。

（2）建立自己的子目录以备用，以后可以将在 Internet 上搜索到的资料下载到该子目录中。建议最好将自己的子目录创建在除 C 盘外的硬盘中，待用完后再将相应的资料内容复制到自己的网络硬盘或 U 盘中。

二、能力训练目的要求

熟悉电子钱包的申领步骤，学会申请数字证书的方法和技巧，申请一个电子钱包。具体要求如下：

（1）了解电子钱包的作用。

（2）掌握电子钱包的申请及安装设置。

（3）掌握基于 SET 协议的网上电子支付解决方案。

三、能力训练内容

（1）进入中国银行支付帮助网页。

（2）阅读如何申请一张中国银行长城电子借记卡。

（3）阅读如何获得中国银行电子钱包。

（4）阅读如何安装中国银行电子钱包。

（5）阅读如何申请电子证书。

（6）阅读中国银行电子钱包使用功能。

（7）进行实地操作并记录数据。

【操作步骤】

（1）进入中国银行支付帮助网页，网址是 http://www.chinajob.com/purchase/zgyhdzjjk.html。

（2）阅读相关资料。

（3）申请电子钱包。下载电子钱包软件，并运行该软件，按照系统提示进行操作。

（4）申请电子证书。访问认证中心：单击"获取证书"按钮后，刚安装好的"电子钱包"会自动打开，输入用户名和口令后，进入"电子钱包"。首先电子钱包会提示您添加卡和账户信息，接下来的操作按提示进行即可。

（5）获取证书。单击"获取证书"按钮，可以看到电子钱包的左下角出现"等待初始化响应"，"正在处理证书初始化响应"的提示，最后屏幕上出现"中国银行认证中心电子证书管理规定"。阅读相关资料，单击"接受"按钮即可。

（6）进入电子商务网站，选购商品并进行交易支付。

四、能力训练报告

能力训练报告的格式如下。

1．训练过程

目的要求：
训练内容：
训练步骤：

（1）如何进行申请注册；

（2）如何使用安全的支付模型。

2．训练结果

训练结果分析：

（可以使用表格方式，也可以使用文字方式。）

3．总结

通过能力训练，总结自己掌握程度，分析出错原因，提出改进措施。

习题 4

一、填空题

1．移动互联网，就是将_____和互联网二者结合起来成为一体，具体是指将互联网的_____、_____、_____和应用与移动通信技术结合并实践的活动的总称。

2．移动电子商务是指利用手机、_____及_____等无线终端进行的 B2B、B2C、C2C 或_____的电子商务。

3．移动电子商务平台环境主要包括_____、_____、_____与浏览器、互联网接入、_____与内容等。

4．移动电子商务技术主要有_____、_____、_____、_____、移动定位技术等。

5．电子货币是指以_____和各类_____为媒介，以计算机技术和_____为手段，以_____形式存储在_____的计算机系统，并通过计算机_____以信息的_____形式实现_____和支付功能的货币。

6．电子支票是_____向_____人签发的，无条件的_____支付指令。它可以通过_____或_____设备来完成传统支票的所有功能。

7．信用卡是一种_____付款的方式，是简单的_____。信用卡一般是长_____毫米、宽_____毫米、厚_____毫米的塑料卡片，由_____或_____公司依照用户的_____与_____发给用户，用户持信用卡消费时_____现金，待_____时再行还款。

8．电子钱包是电子商务_____活动中常用的一种_____工具，适用于_____。在电子钱包内存放的是_____。

9．电子交易具有＿＿＿＿＿＿＿＿＿＿、＿＿＿＿＿＿＿＿＿＿、＿＿＿＿＿＿＿＿＿＿、＿＿＿＿＿＿＿＿＿＿、＿＿＿＿＿＿＿＿＿＿、＿＿＿＿＿＿＿＿＿＿等特点。

10．常用的电子支付模型有＿＿＿＿＿＿＿＿＿＿模型、＿＿＿＿＿＿＿＿＿＿模型、＿＿＿＿＿＿＿＿＿＿模型、＿＿＿＿＿＿＿＿＿＿模型、＿＿＿＿＿＿＿＿＿＿模型。

二、判断题

1．广义移动互联网定义是指用户通过各种移动终端，通过各种无线网络接入互联网中，如无线局域网（WLAN）、WiMax、移动通信网等。（   ）

2．移动电子商务平台就是手机网站。（   ）

3．所谓用户就是客户、消费者和顾客等。（   ）

4．无线应用协议（WAP）是一项全球性的网络通信协议。（   ）

5．移动定位是指通过特定的定位技术来获取移动手机或终端用户的位置信息，在电子地图上标出被定位对象的位置的技术或服务。（   ）

6．电子货币与传统的货币一样，只不过它是用在网络上的。（   ）

7．电子货币就是电子支票和电子钱包。（   ）

8．电子交易是指通过电子系统进行的交易。（   ）

9．信用卡是一种非现金交易付款的方式，是简单的信贷服务。（   ）

三、简答题

1．简述移动互联网的基本概念。

2．简述移动电子商务的基本概念。

3．简述移动电子商务的特点。

4．简述移动电子商务平台环境。

5．简述电子货币的基本概念。

6．简述电子货币的特点。

7．简述信用卡的概念。

8．简述电子钱包的概念。

9．简述电子交易的概念。

10．简述电子支付的概念。

阅读材料 4——智能电商时代已经来临

（https://www.ctocio.com/hotnews/21500.html）

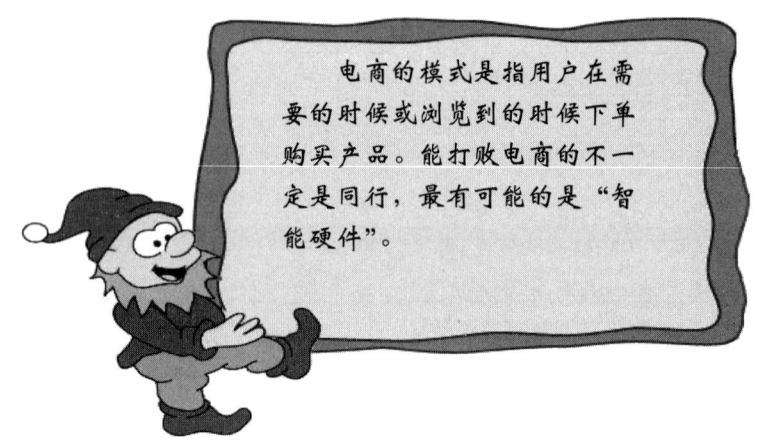

> 电商的模式是指用户在需要的时候或浏览到的时候下单购买产品。能打败电商的不一定是同行，最有可能的是"智能硬件"。

时下火热的电商概念层出不穷，从内容电商、网红电商到 Pokemon Go 引爆的 AR 电商，但是对于电商企业来说，亚马逊的智能家庭助理 Echo 也许才是电商趋势的引领者，也就是所谓的"会话电商"（Conversational Commerce）。这听上去有些矫情，自从电话发明以来，企业营销似乎从来就没有离开过与客户的直接对话，但在电商时代，这种对话已经销声匿迹多年。

直到现在，以 Echo 为代表的人工智能助理技术将"会话"的效率、渗透和成本提高到了一个全新的高度，成为下一波电子商务模式的重要驱动力，在一台联网空气净化器都被冠以"智能"的今天，我们姑且称之为"智能电商"。

Echo 所代表的"智能电商"涉及短消息、数字助理、聊天机器人 App 等多个信息渠道，用户随时随地都可以获取所需的产品或服务信息，甚至只需说出自己的需求。

如今，人们越来越依赖移动端的智能助理程序，研究表明最近一个月有 33%的手机用户使用过数字助理，而去年美国移动电商交易额更是暴增了 210%。主导电商信息流的传统的搜索和浏览模式正在发生巨变，根据 Gartner 的报告，2016 年年底，接近 20 亿美元的在线销售完全通过移动数字助理完成。

对于今天那些忙于优化网站移动端用户体验的零售企业来说，接下来的一个重大任务就是在所有的用户触点和信息渠道中提供有效的对话体验。

从技术上讲，"会话电商"或者说"智能电商"需要借助靠谱的人工智能技术，如 IBM 沃森为代表的认知计算技术，来与消费者准确而高效的对话，推荐并提供最好（有针对性）的产品服务，这意味着传统的电商入口——搜索和目录浏览将被智能电商背后的人工智能助理取代。

智能电商并非风花雪月，已经有一些企业开始试水，如知名户外用品品牌背面（The North Face）去年部署了一套基于对话技术的智能买家购物辅助系统，提供与实体店类似的导购服务，大幅提高了访客的停留时长和人均产品页面 PV 数。

人工智能会话电商虽然前景诱人，但是企业部署前需要知晓以下三点原则，避免画虎类犬，东施效颦。

1. 前端一分钟，后端十年功

人工智能技术的水平与训练水平息息相关，如果你希望此类工具能够达到企业代言人的水平，那么高水平的训练（人员）必不可少。

2. 数据驱动型企业能更好地驾驭认知技术

认知技术的功能表现与企业的信息洞察力和透明度息息相关，企业必须对自家产品与不同消费者需求的匹配度洞若观火，才能给出准确权威的推荐。换而言之，先做数据驱动型企业，再上马智能电商系统。

3. 人工智能是会跟随企业成长和进化的"灵兽"

与大多数企业信息技术产品不同，认知系统经过反复迭代和训练能变得越来越聪明，成为企业未来市场竞争的战略性武器。当然，一开始企业购买的通常只是"幼兽"，至于将来能否训练成"独角兽"，还要看企业是否能持之以恒地推动人工智能系统的应用和迭代。

第5章
文件传输与其他

知识要点
- ❖ 文件传输的基本概念
- ❖ FTP 工具的使用
- ❖ 远程登录服务
- ❖ 远程登录软件的使用
- ❖ 新闻组服务的方法

能力要点
- ❖ 学会如何上传文件到服务器
- ❖ 掌握 cuteFTP 软件的使用方法与技巧

第 5 章 文件传输与其他

引例 5——为什么要使用 FTP 传输文件

1. 我需要使用 FTP 吗

FTP（文件传输协议）的使用非常简单，它是一套公认的协议，决定了文件如何被上传到主机或从主机下载到个人计算机。当然，它真正地实现并不是这么简单。

如果要将重要的文件（如银行账号、保险箱密码等）放到异地服务器上，就需要来回地传输文件，这就需要使用 FTP。它是传输文件的一个最有效的方法，尤其是传输多个文件。同时，它也是上传文件的唯一有效的途径，可以把文件从个人计算机中上传到服务器供朋友和同事使用。实际上，你可能已经在使用 FTP，只是你没有意识到。

在一个喜爱的 Web 站点下载文件时，你所使用的协议可能就是 FTP。大多数新的浏览器都包含一个内置的 FTP 客户端，它允许 FTP 传输。这就意味着你可以使用浏览器直接访问一个 FTP 站点下载文件，这个站点是一个专门用来传输文件的 Internet 服务器。

其实，Internet 令人喜爱的一个重要原因就是有好的程序、软件、图片、音乐……可供朋友们下载，而 FTP 就是满足这一类需求的文件传输协议。通过它，我们可以在两台不同的计算机间交换各种文件。国内外有许多提供 FTP 服务的主机，只要拥有登录账号及密码便可进入该主机获取文件或软件。不过，并不是所有 FTP 服务主机都允许进行文件的传送，因此网络间有一种匿名 FTP，它可以提供给网络上任何一位用户使用。连上 FTP 服务器主机之后，你只需将 anonymous 当作登录账号，将 E-mail address 当作自己的密码，即可从该网站下载文件到自己的计算机了。

下面列出的是国内较为常见的 FTP 主机地址。

（1）金蜘蛛软件下载中心，FTP 地址为：ftp.download.com.cn。
（2）北大图书馆，FTP 地址为：ftp.lib.pku.edu.cn。
（3）计算机之家，FTP 地址为：ftp.pchome.net。
（4）海阔天空，FTP 地址为：ftp.ilike.com.cn。

一般来说，通过 FTP 传输文件要比使用其他协议（如 HTTP）更加有效，这主要有两个原因。

第一，FTP 协议是用来传输文件的，而且仅仅用来传输文件。它不像 HTTP 还有其他一些功能，FTP 的唯一工作就是确保文件正确传输，除了校验发送和接收的文件是否一致以外，它不会像 HTTP 那样停下来翻译文件。

第二，通常主机的 FTP 事务处理是 FTP 服务器的唯一工作。既然这样，计算机的处理器资源被完全投入 FTP 事务处理中，而不会被几个竞争服务器的工作所分割。

2. 使用浏览器传输文件

通过 FTP 传输文件有两种基本的方法。如果只是下载文件，最简单的方法就是使用浏览器连接到一个 FTP 服务器上。使用现有的浏览器，只需要在浏览器的地址栏中输入要下载文件的 FTP 服务器地址，而不是输入 HTTP 地址。

连接 FTP 服务器时，需要将 Internet 地址 http:// 部分改成 ftp://，并且地址开头部分通常是 ftp 而不是 www。一个典型的 FTP 服务器地址应该是 ftp://ftp.×××。

一般单击要下载的文件后会产生一个 Windows 下载文件的对话框，它会提问是将文件保存到计算机中还是在服务器上打开。大多数情况下，我们将文件保存到硬盘中，方便今后使用（安装、阅读及运行）。

现在有些 FTP 网站已修改为和 WWW 一致的超链接网页，且其地址输入的方式和一般网页的输入方式没有差别。例如，计算机之家的 FTP 网站便进行了这样的修正，所以此类 FTP 网站的操作方式和一般超链接 WWW 网页完全一致。

5.1 文件传输（FTP）概述

5.1.1 什么是 FTP

> FTP 的使用非常简单，它可以让你的文件保存到异地服务器中，既安全又保密。

1．FTP 概念

FTP（File Transfer Protocol，文件传输协议）是 TCP/IP 网络上两台计算机传送文件的协议，FTP 是在 TCP/IP 网络和 Internet 上最早使用的协议之一，它属于网络协议组的应用层。FTP 客户机可以给服务器发出命令来下载文件、上传文件、创建或改变服务器上的目录。

FTP 是一个 8 位的客户端—服务器协议，能操作任何类型的文件而不需要进行进一步处理，就像 MIME 或 Unencode 一样。但是，FTP 有着极高的延时，这意味着从开始请求到第一次接收需求数据之间的时间会非常长，并且不时地必须执行一些冗长的登录进程。

FTP 服务一般运行在 20 和 21 两个端口。端口 20 用于在客户端和服务器之间传输数据流；而端口 21 用于传输控制流，并且是命令通向 FTP 服务器的进口。当数据通过数据流传输时，控制流处于空闲状态。当控制流空闲很长时间后，客户端的防火墙会将其会话置为超时，这样当大量数据通过防火墙时会产生一些问题，此时，虽然文件可以成功地传输，但因为控制会话会被防火墙断开，所以传输会产生一些错误。

2．FTP 目标

FTP 的目标如下：
（1）促进文件的共享（计算机程序或数据）。
（2）鼓励间接或隐式地使用远程计算机。
（3）向用户屏蔽不同主机中各种文件存储系统的细节。
（4）可靠和高效地传输数据。

3．FTP 作用

FTP 的作用如下：
（1）与远程网点连接。

（2）在该远程网点执行有限的文件搜索和文件传输等相关操作。
（3）允许用户把文件从远程网点下载到本地主机。
（4）把本地计算机中的文件上传到远程的计算机。

4．文件传输方式及二进制文件

FTP 传输的文件可以是程序、图像、动画、声音等，但大多是以 ASCII 文件存储的，即采用的是纯文本方式，不同类型的文件要求使用不同的传输方式进行传输。FTP 有两种不同的传输方式，一种是 ASCII 方式，它适用于纯文本文件、BinHex 文件（Macintosh）、uu 编码文件（UNIX 传输编码）和 Postscript 文件；另一种是二进制方式，它适用于所有其他类型的文件。下面列举一些常见的文件类型，以及检索这些文件时应采用的传输方式，如表 5-1 所示。

表 5-1　常见的文件类型及传输方式

文件扩展名	文件类型含义	传输方式
.c	使用 C 语言编辑的源程序代码	文本/ASCII 方式
.com	不仅可在 DOS 下执行命令程序，而且也能在 Windows 操作系统下执行该程序	二进制方式
.exe	不仅可在 DOS 下执行计算机程序，而且也能在 Windows 操作系统下执行该程序	二进制方式
.gif	采用"图形交换格式"的文件	二进制方式
.gz	使用 UNIX GNU gzip 工具程序压缩后的 UNIX 文件，用户在使用之前需要对其进行处理	二进制方式
.h	使用 C 语言编辑的头文件	文本/ASCII 方式
.hqx	压缩后的 Macintosh 文件，此类文件需要应用 Macintosh 解压程序进行处理	二进制方式
.ps	PostScript 文件，必须使用 PostScript 浏览程序才能查看文件中的内容，或者必须使用 PostScript 打印机才能打印该文件中的内容	文本/ASCII 方式
.sit	经过 Stuffit 程序处理的 Macintosh 文件	二进制方式
.tar	采用 UNIX 磁带文档格式的 UNIX 文件，用户在使用之前需要用 UNIX.tar 工具对其进行处理	二进制方式
.tat.z	压缩后的 UNIX.tar 文件，用户应使用解压缩工具，随后再使用 tar 工具对其进行处理	二进制方式
.z	经过压缩的 UNIX 文件，用户在使用之前必须对其执行 UNIX 解压缩操作	二进制方式
.zip	采用 Windows 的 zip 工具压缩后的文件，使用前需要对其进行解压缩处理	二进制方式

5.1.2　FTP 工作原理

1．FTP 工作流程

以下载文件为例，当启动 FTP 从远程计算机复制文件时，实际上启动了两个程序：一个是本地计算机上的 FTP 客户程序，它向 FTP 服务器提出复制文件的请求；另一个是启动在远程计算机上的 FTP 服务器程序，它响应请求把指定的文件传送到计算机中。FTP 采用"客户机/服务器"方式，客户端要在自己的本地计算机上安装 FTP 客户程序。FTP 客户程序有字符界面和图形界面两种。字符界面的 FTP 命令复杂、繁多。图形界面的 FTP 客户程序在操作上要简洁方便得多，如图 5-1 所示。

具体的步骤如下：
（1）FTP 服务器运行 FTPd 守护进程，等待用户的 FTP 请求。

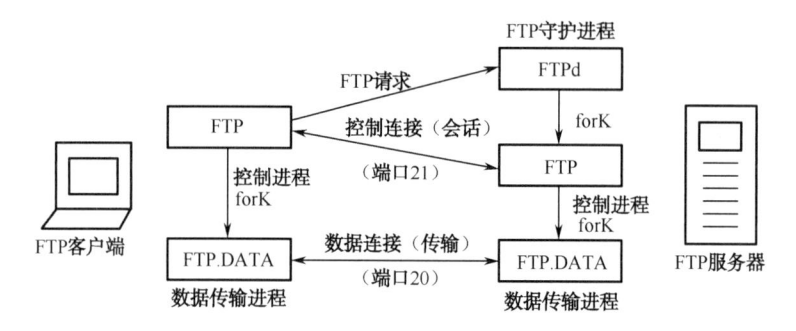

图 5-1 FTP 工作原理示意图

（2）用户运行 FTP 命令，请求 FTP 服务器为其服务。例如，用户在客户端的计算机上输入以下命令：FTP　202.119.2.197。

（3）FTPd 守护进程收到用户的 FTP 请求后，派生出子进程 FTP 与用户进程 FTP 交互，建立文件传输控制连接，使用 TCP 端口 21。

（4）用户输入 FTP 子命令，服务器接收子命令，如果命令正确，双方各派生一个数据传输进程 FTP-DATA，建立数据连接，使用 TCP 端口 20，进行数据传输。

（5）本次子命令的数据传输完，拆除数据连接，结束 FTP-DATA 进程。

（6）用户继续输入 FTP 子命令，重复步骤（4）和步骤（5）的过程，直至用户输入 quit 命令，双方拆除控制连接，结束文件传输，结束 FTP 进程。

2．FTP 命令

从上面的分析中可以知道，FTP 传输过程中所有的操作都是通过在客户端发送命令完成的，FTP 常用命令如表 5-2 所示。

表 5-2　FTP 常用命令

命　　令	描　　述
USER	为用户验证提供用户名
PASS	为用户验证提供密码
PWD	输出 FTP 服务器的当前工作目录
TYPE	设置传输的文件类型
SYST	获取 FTP 服务器的操作系统
LIST	获取 FTP 服务器上当前目录的文件列表
PORT	指定使用主动模式进行数据传输
PASV	指定使用被动模式进行数据传输
HELP	从 FTP 服务器上获取帮助文件
STOR	从客户端上传指定的文件到 FTP 服务器
RETR	从 FTP 服务器下载指定的文件到客户端
DELE	删除 FTP 服务器上指定的文件
MKD	在 FTP 服务器上新建目录
RMD	删除 FTP 服务器上的指定目录
QUIT	退出关闭 FTP 连接

3．FTP 应答代码

从上面的分析中可以知道，对客户端发出的所有命令，FTP 服务器都会对其做出应答，FTP 常用应答代码如表 5-3 所示。

表5-3　FTP 常用应答代码

应答代码	描述
125	打开数据连接，且此连接可用于数据传输
200	命令被成功执行
211	FTP 服务器忙
212	FTP 服务器返回当前的目录状态给客户端
213	FTP 服务器返回当前的文件状态给客户端
214	FTP 服务器返回用户请求的帮助信息
226	FTP 服务器返回文件传输完成的消息给客户端
331	FTP 服务器返回用户名正确，需要密码的消息给客户端
425	FTP 服务器返回不能打开数据连接的消息给客户端
452	FTP 服务器返回写文件错的消息给客户端，可能是空间不足
500	FTP 服务器返回客户端命令不能识别的消息给客户端
501	FTP 服务器返回客户端命令的参数不能识别的消息给客户端
502	FTP 服务器返回未实现的模式类型的消息给客户端

4．FTP 使用方式

FTP 有以下两种不同的使用方式：
（1）用户使用自己的账号或 ID 进行登录并传输文件到远程服务器上。
（2）用户作为来宾或匿名用户进行登录并传输文件到远程服务器上。使用匿名 FTP 时，基于安全方面的考虑，用户在主机系统上的权限将受到严重限制。

5．匿名 FTP 机制

用户可以通过匿名 FTP 机制连接到远程主机上，并从其下载文件，而无须成为其注册用户。系统管理员建立了一个特殊的用户 ID，名为 anonymous，Internet 上的任何人在任何地方都可使用该用户 ID。

通过 FTP 程序连接匿名 FTP 主机的方式同连接普通 FTP 主机的方式差不多，只是在要求提供用户标识 ID 时必须输入 anonymous，该用户 ID 的口令可以是任意的字符串。习惯上，用自己的 E-mail 地址作为口令，使系统维护程序能够记录下来谁在存取这些文件。

值得注意的是，匿名 FTP 不适用于所有 Internet 主机，它只适用于那些被提供了该服务的主机。当远程主机提供匿名 FTP 服务时，会指定某些目录向公众开放，允许匿名存取。系统中的其余目录则处于隐匿状态。作为一种安全措施，大多数匿名 FTP 主机都允许用户从其下载文件，而不允许用户向其上传文件，也就是说，用户可将匿名 FTP 主机上的所有文件全部复制到自己的计算机上，但不能将自己计算机上的任何一个文件复制至匿名 FTP 主机上。即使有些匿名 FTP 主机确实允许用户上传文件，用户也只能将文件上传至某一指定上传目录中。随后，系

统管理员会去检查这些文件,他会将这些文件移至另一个公共下载目录中,供其他用户下载,利用这种方式,远程主机的用户得到了保护,避免了有人上传有问题的文件,如带病毒的文件。例如,校园网里使用匿名 FTP 机制上传教师的备课笔记、学生的作业等。

作为一个 Internet 用户,可通过 FTP 在任何两台 Internet 主机之间复制文件。但是,实际上大多数人只有一个 Internet 账户,FTP 主要用于下载公共文件,如共享软件、各公司技术支持文件等。Internet 上有成千上万台匿名 FTP 主机,这些主机上存放着数不清的文件供用户免费复制。实际上,几乎所有类型的信息、所有类型的计算机程序都可以在 Internet 上找到,这正是 Internet 吸引我们的重要原因之一。

匿名 FTP 使用户有机会存取到世界上最大的信息库,这个信息库是日积月累形成的,并且还在不断增长,永不关闭,涉及几乎所有主题。而且,这一切是免费的。

匿名 FTP 是 Internet 上发布软件的常用方法。Internet 之所以能延续到今天,是因为人们使用通过标准协议提供标准服务的程序。这些程序有许多是通过匿名 FTP 发布的,任何人都可以存取它们。

Internet 中有数目巨大的匿名 FTP 主机及更多的文件,那么到底怎样才能知道某一特定文件位于哪个匿名 FTP 主机上的哪个目录中呢?这正是 Archie 服务器所要完成的工作。Archie 将自动在 FTP 主机中进行搜索,构造一个包含全部文件目录信息的数据库,使用户可以直接找到所需文件的位置信息。

5.1.3 FTP 工作模式

1. FTP 系统工作流程

FTP 是仅基于 TCP 的服务,不支持 UDP。与众不同的是,FTP 使用两个端口,一个数据端口和一个命令端口(也可叫作控制端口)。通常这两个端口是 21(命令端口)和 20(数据端口)。但 FTP 的工作方式不同,数据端口并不总是 20。

FTP 有两种使用模式:主动和被动。主动模式要求客户端和服务器端同时打开并且监听一个端口以建立连接。在这种情况下,客户端由于安装了防火墙会产生一些问题,所以创立了被动模式。被动模式只要求服务器端产生一个监听相应端口的进程,这样就可以绕过客户端安装的防火墙问题。FTP 系统工作流程如图 5-2 所示。

2. FTP 主动模式

1)概述

在主动模式下,客户端从一个任意的非特权端口 N(N>1024)连接到 FTP 服务器的命令端口,也就是 21 端口。然后客户端开始监听端口 N+1,并发送 FTP 命令"port N+1"到 FTP 服务器。服务器接收到命令后,会用其本地的 FTP 数据端口(通常是 20)来连接客户

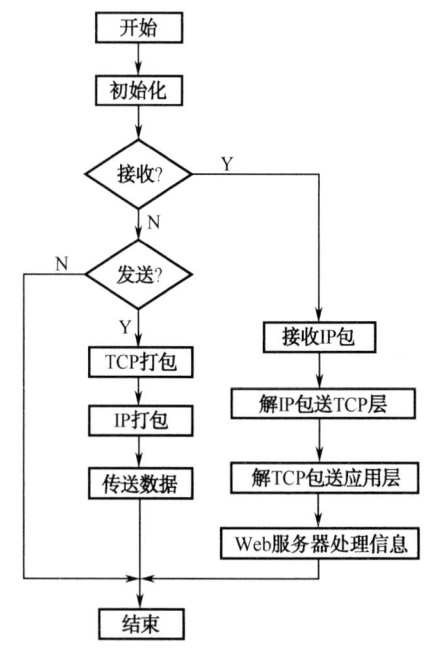

图 5-2 FTP 系统工作流程

端指定的端口 N+1，进行数据传输。对于 FTP 服务器端的防火墙来说，必须允许以下通信才能支持 FTP 主动模式。

（1）任何大于 1024 的端口到 FTP 服务器的 21 端口（客户端初始化的连接）。

（2）FTP 服务器的 21 端口到大于 1024 的端口（服务器响应客户端的控制端口）。

（3）FTP 服务器的 20 端口到大于 1024 的端口（服务器端口初始化数据连接到客户端的数据端口）。

（4）大于 1024 的端口到 FTP 服务器的 20 端口（客户端发送 ACK 响应到服务器的数据端口）。

2）FTP 主动模式连接过程

FTP 主动模式连接过程如图 5-3 所示。

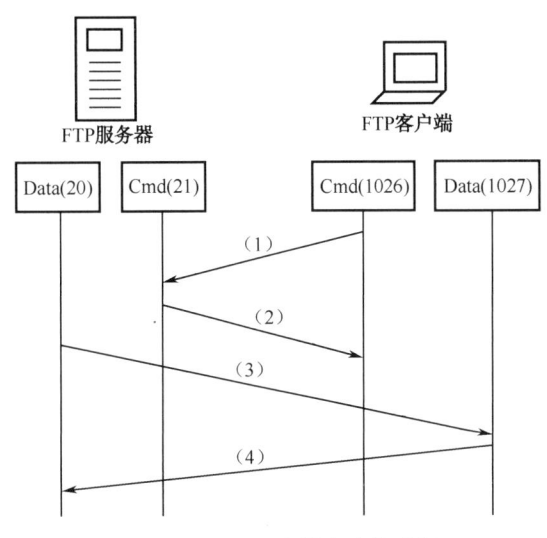

图 5-3　FTP 主动模式连接过程

由图 5-3 可知：

（1）客户端的命令端口与 FTP 服务器的命令端口建立连接，并发送命令"PORT 1027"。

（2）FTP 服务器给客户端的命令端口返回一个"ACK"命令。

（3）FTP 服务器发起一个从它自己的数据端口 20 到客户端先前指定的数据端口 1027 的连接。

（4）客户端给服务器返回一个"ACK"。

FTP 主动模式的主要问题实际上在于客户端。FTP 客户端并没有实际建立一个到服务器数据端口的连接，它只是简单地告诉服务器自己监听的端口号，服务器再回来连接客户端这个指定的端口。对于客户端的防火墙来说，这是从外部系统建立到内部客户端的连接，通常是会被阻塞的。

3．FTP 被动模式

1）概述

为了解决服务器到客户端的连接问题，人们开发了一种不同的 FTP 连接模式，这就是所

谓的被动模式,也叫 PASV,当客户端通知服务器它处于被动模式时才启用。

在 FTP 被动模式中,命令连接和数据连接都由客户端发起,这样就可以解决从服务器到客户端的数据端口的方向连接被防火墙过滤掉的问题。

在被动模式下,FTP 客户端随机开启一个大于 1024 的端口 N 向服务器的 21 端口发起连接,同时会开启 N+1 端口。然后向服务器发送 PASV 命令,通知服务器自己处于被动模式。服务器收到命令后,会开放一个大于 1024 的端口 P 进行监听,然后用端口 P 命令通知客户端自己的数据端口是 P。客户端收到命令后,会通过 N+1 端口连接服务器的端口 P,然后在两个端口之间进行数据传输。

对于 FTP 服务器端的防火墙来说,必须允许下面的通信才能支持 FTP 被动模式。

(1)从任何大于 1024 的端口到服务器的 21 端口(客户端初始化的连接)。

(2)服务器的 21 端口到任何大于 1024 的端口(服务器响应到客户端的控制端口的连接)。

(3)从任何大于 1024 的端口到服务器的大于 1024 的端口(客户端初始化数据连接到服务器指定的任意端口)。

(4)服务器的大于 1024 的端口到远程的大于 1024 的端口(服务器发送 ACK 响应和数据到客户端的数据端口)。

2)FTP 被动模式连接过程

FTP 被动模式连接过程如图 5-4 所示。

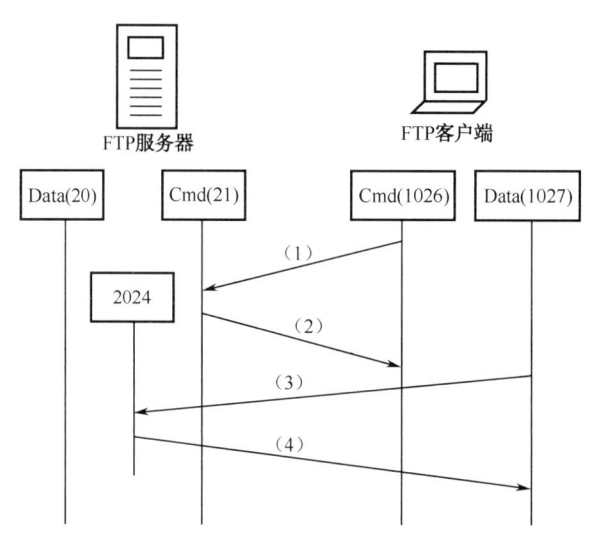

图 5-4 FTP 被动模式连接过程

由图 5-4 可知:

(1)客户端的命令端口与 FTP 服务器的命令端口建立连接,并发送命令"PASV"。

(2)FTP 服务器给客户端的命令端口返回一个"PORT 2024"命令,告诉客户端用哪个端口侦听数据连接。

(3)客户端初始化一个从自己的数据端口到服务器指定的数据端口的数据连接。

(4)服务器给客户端的数据端口返回一个"ACK"响应。

FTP 被动模式解决了客户端的许多问题,但同时给服务器带来了更多的问题。其中,第

一个问题，需要允许从任意远程终端到服务器端口的连接；第二个问题，客户端有的支持被动模式，有的不支持被动模式，必须考虑如何支持这些客户端，以及为他们提供解决的方法。随着 WWW 的广泛流行，许多人习惯用 Web 浏览器作为 FTP 客户端。大多数浏览器只在访问 FTP://这样的 URL 时支持被动模式。

5.2 cuteFTP 软件的使用

5.2.1 什么是 cuteFTP

cuteFTP 是 Windows 操作系统环境下一个最常用的 FTP 软件，使用非常方便。

1. cuteFTP 概述

目前，Windows 操作系统环境中最常用的 FTP 软件是 cuteFTP。FTP 有一个根本的限制，就是如果用户未被某一 FTP 主机授权，就不能访问该主机，实际就是用户不能远程登录（Remote Login）进入该主机。也就是说，如果用户在某个主机上没有注册获得授权，没有用户名和口令，就不能与该主机进行文件传输。而匿名 FTP 则取消了这种限制。

cuteFTP 可以使用自己的账号或 ID 进行登录并传输文件到远程服务器，cuteFTP 的版本由原来的 cuteFTP 1.0、2.0 发展至目前的 cuteFTP 8.0，使用越来越方便简单了。

cuteFTP 是一种客户端/服务器结构，既需要客户端软件，也需要服务器软件。cuteFTP 客户端程序在本地用户计算机上执行，而服务器程序在远程 cuteFTP 服务器主机上执行。用户启动 cuteFTP 客户端程序，通过输入用户名口令同远程主机上的 cuteFTP 服务器连接成功后，就可在 Internet 上为两者之间建立起一条命令链路。本节以 cuteFTP 8.0 为例，介绍其操作方法。

2. cuteFTP 8.0 界面

cuteFTP 8.0 是一个不需要安装的软件，下载该版本的软件后就可以直接启动。当启动该软件后，出现如图 5-5 所示的 cuteFTP 8.0 主界面。

（1）标题栏，位于主界面的第一行，列出该软件的名称、版本等信息。

（2）菜单栏，位于主界面的第二行，列出该软件的功能模块，有文件、编辑、查看、工具、窗口和帮助 6 个模块，每个模块下又有若干功能项。

（3）工具栏，位于主界面的第三行，列出该软件的工具箱，包括站点管理、连接向导、连接、快速连接、断开、重新连接、连接到 URL、刷新、停止、新建文件夹等。

（4）信息栏，位于主界面的第四行，列出该软件的用户信息，包括主机连接地址、用户名、密码、端口等信息。

（5）本地文件夹，位于主界面的左侧，列出了客户端计算机中的文件夹信息。

电子商务网络技术基础（第3版）

（6）远程文件夹，位于主界面右侧，是远程服务器中的文件夹信息。

（7）信息队列窗口，位于最下面，列出了操作时的一些信息，如下载、上传等，包括项目名称、地址、大小、进程、本地、远程、起始时间、完成时间、已用、剩余、速度、多线程、状态等信息。

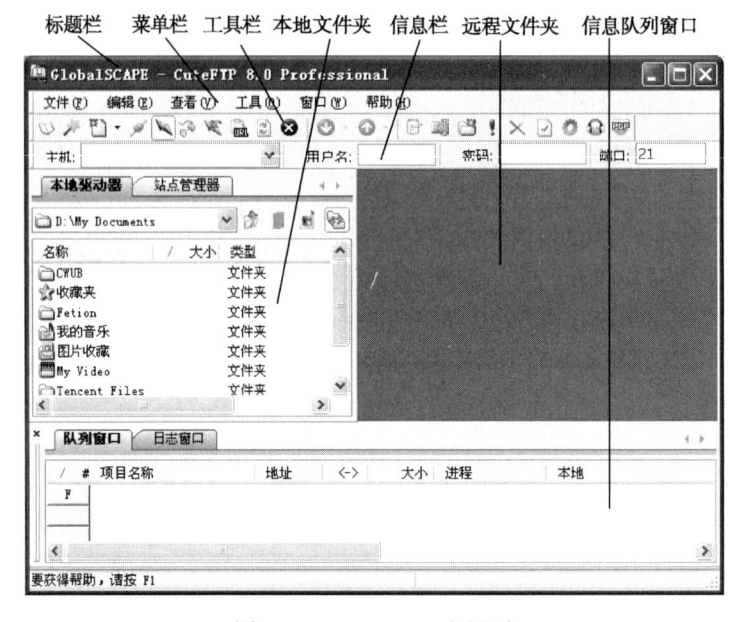

图 5-5 cuteFTP 8.0 主界面

3．cuteFTP 8.0 菜单栏

cuteFTP 8.0 菜单栏共有 6 个模块，包括文件、编辑、查看、工具、窗口和帮助。

（1）"文件"模块功能如图 5-6 所示。

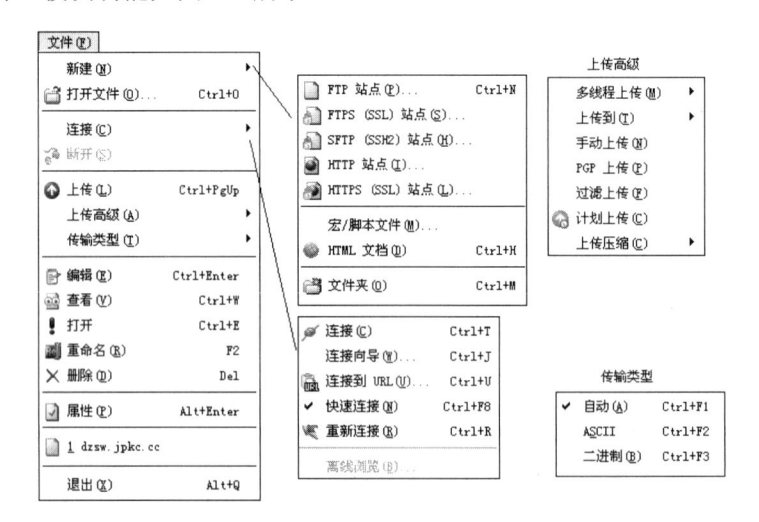

图 5-6 "文件"模块功能

第 5 章 文件传输与其他

该模块下有新建、打开文件、连接、断开、上传、上传高级、传输类型、编辑、查看、打开、重命名、删除、属性和退出 14 个功能。

（2）"编辑"模块功能如图 5-7 所示。

该模块有撤销、剪切、复制、粘贴、复制到文件夹、移动到文件夹、组选择、取消组选择、反相选择、全部选择、查找、查找下一个 12 个功能。

（3）"窗口"模块功能如图 5-8 所示。

该模块有层叠、平铺、关闭、全部关闭、日志 5 个功能，其中日志功能下面还有复制整个、复制选定的文本、清除日志、显示原始列表 4 个二级子功能。

图 5-7 "编辑"模块功能　　图 5-8 "窗口"模块功能

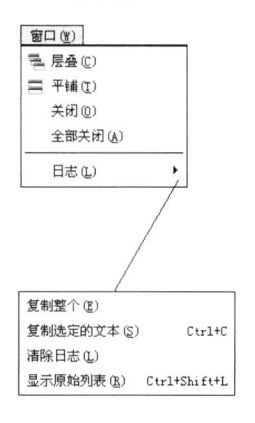

（4）"查看"模块功能如图 5-9 所示。

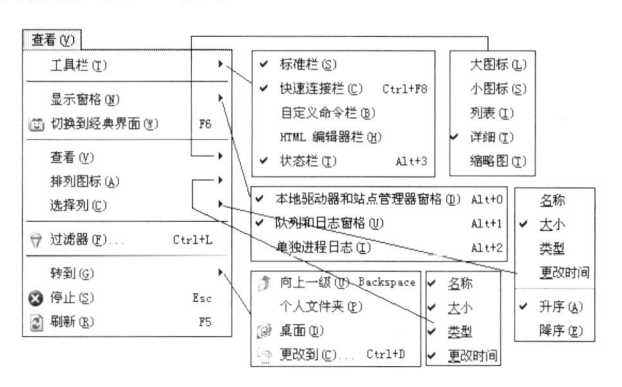

图 5-9 "查看"模块功能

该模块有工具栏、显示窗格、切换到经典界面、查看、排列图标、选择列、过滤器、转到、停止、刷新 10 个功能。查看模块下的二级子功能如下：

① 工具栏下有标准栏、快速连接栏、自定义命令栏、HTML 编辑器栏、状态栏 5 个二级子功能。

② 显示窗格下有本地驱动器和站点管理器窗格、队列和日志窗格、单独进程日志 3 个二级子功能。

③ 查看下有大图标、小图标、列表、详细和缩略图 5 个二级子功能。

④ 排列图标下有名称、大小、类型、更改时间 4 个二级子功能。
⑤ 选择列下有名称、大小、类型、更改时间、升序、降序 6 个二级子功能。
⑥ 转到下有向上一级、个人文件夹、桌面、更改到 4 个二级子功能。
（5）"工具"模块功能如图 5-10 所示。

该模块有队列、站点管理器、书签、文件夹工具、HTML 编辑器、压缩、PGP 模式、实时目录同步浏览、宏和脚本、PodCast Manager、自定义命令、全局选项 12 个功能。

（6）"帮助"模块功能如图 5-11 所示。

该模块有帮助内容、每日小秘诀、请求技术协助、访问在线知识库、访问在线支持、立即购买、定位丢失的产品序号、关于 CuteFTP 8 个功能。

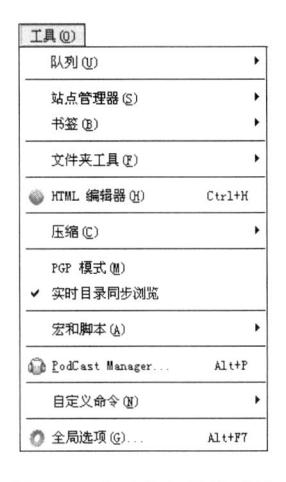

图 5-10 "工具"模块功能　　　图 5-11 "帮助"模块功能

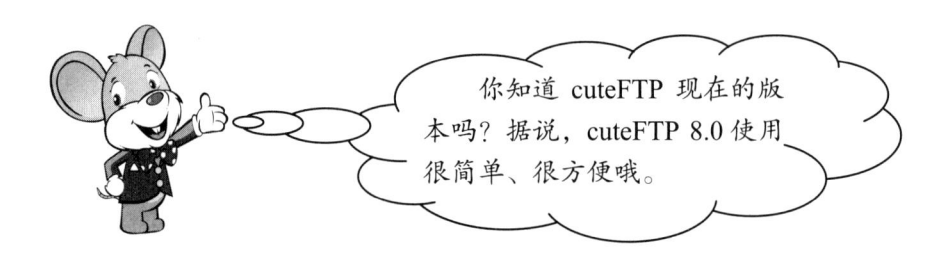

你知道 cuteFTP 现在的版本吗？据说，cuteFTP 8.0 使用很简单、很方便哦。

5.2.2 cuteFTP 8.0 操作

1. 连接服务器

（1）在 cuteFTP 8.0 主界面下，单击"连接向导"图标，或者选择"文件"→"连接"→"连接向导"命令，弹出如图 5-12 所示的对话框。

（2）在"主机地址（H）"文本框中输入主机地址，主机地址是要连接的站点管理员提供的主机地址或 FTP URL，本例输入的主机地址是"dzsw.jpkc.cc"，在"站点名（S）"文本框输入一个标签，它将帮助你在以后识别连接点，本例输入"电子商务精品课程"。

第 5 章 文件传输与其他

（3）单击"下一步"按钮，出现如图 5-13 所示的对话框。

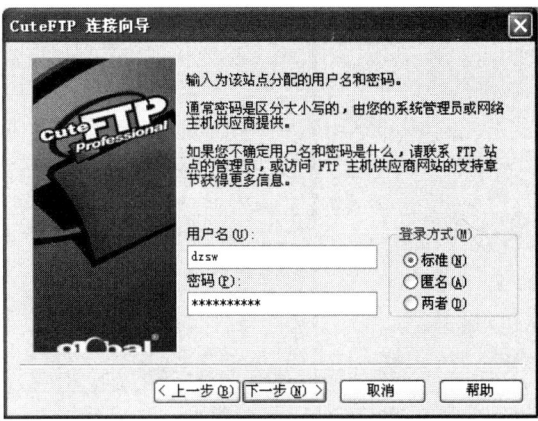

图 5-12 "CuteFTP 连接向导"对话框一

图 5-13 "CuteFTP 连接向导"对话框二

（4）在"用户名（U）"文本框中输入用户名或账号，本例输入的用户名是"dzsw"，在"密码（P）"文本框中输入密码，假设输入"1234567"。"登录方式（M）"选择"标准（N）"。

（5）单击"下一步"按钮，系统开始连接到 FTP 站点，等连接成功后出现一个对话框，要求选择默认的本地文件夹和远程文件夹，系统自动连接到该 FTP 站点时，上传或下载的文件或文件夹将出现在用户选择的文件夹中。

（6）单击"下一步"按钮，出现如图 5-14 所示的对话框。

图 5-14 "CuteFTP 连接向导"对话框三

该对话框表示已经输入所有连接到你的 FTP 站点所必要的信息，只要单击"完成"按钮就可以连接到你的 FTP 站点了。你的站点信息将自动被系统存储在"站点管理器"中，它就像一本地址簿，从那里可以编辑站点属性、离线浏览站点等操作更多的功能。

2．上传文件

当完成连接工作后，主界面如图 5-15 所示。

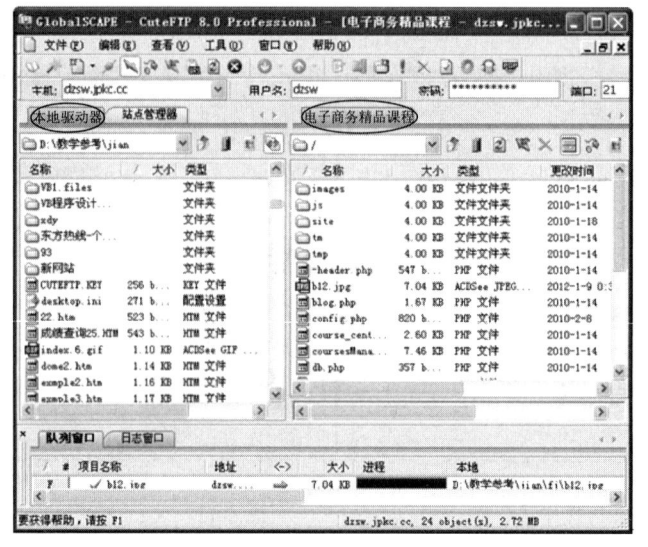

图 5-15 主界面

第四行是远程服务器的地址、用户名和用户密码，端口是 21。在左侧窗口是本地计算机 D:\教学参考\jian 上的文件夹和文件，在右侧窗口是"电子商务精品课程"远程服务器的根目录下的文件夹和文件。

假设要将本地计算机 D:\教学参考\jian 上的文件 b12.jpg 上传到远程服务器中，其操作方法如下：

（1）在本地计算机上选择要上传的文件 b12.jpg，选择"文件"→"上传"功能即可。
（2）双击要上传的文件名。
（3）单击右键，在弹出的快捷菜单中选择"上传"功能即可。

上传文件后的窗口如图 5-16 所示。

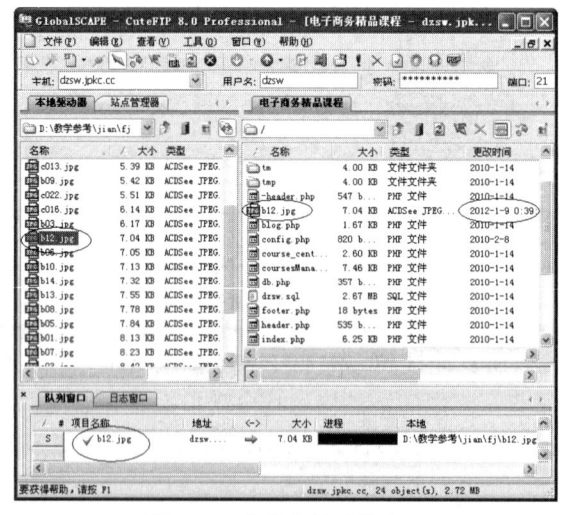

图 5-16 上传文件后的窗口

从图 5-16 中可知，本地计算机上的文件 b12.jpg 出现在右侧远程服务器窗口上，上传的

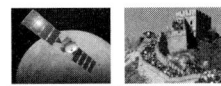

时间为 2012-1-9，在最下面"队列窗口"中也显示了上传项目的详细信息。

3．下载文件

将远程服务器中的文件或文件夹下载到本地驱动器中，具体的操作步骤如下：

（1）选中远程服务器中的文件，假设选中的是 main.php 文件，选择"文件"→"下载"功能即可。

（2）双击要下载的文件名。

（3）单击右键，在弹出的快捷菜单中选择"下载"功能即可。

下载文件后的窗口如图 5-17 所示。

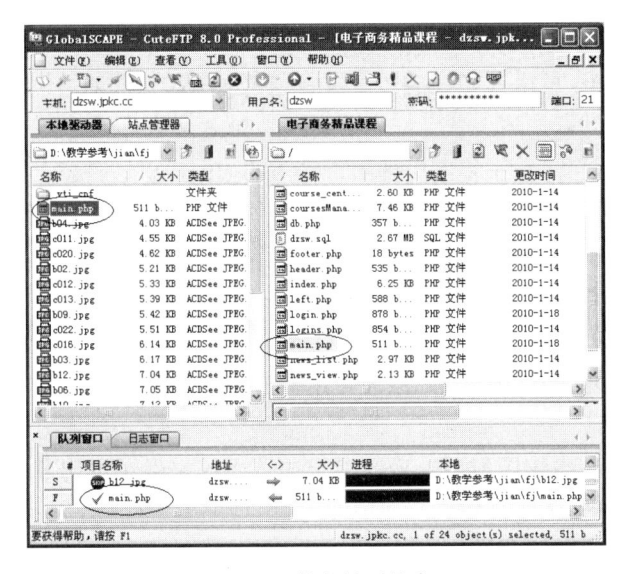

图 5-17　下载文件后的窗口

5.2.3　cuteFTP 8.0 动态菜单

1．cuteFTP 8.0 工具栏图标

在 cuteFTP 8.0 主界面中有一个工具栏，工具栏上共有 21 个图标，如图 5-18 所示。每一个图标完成一个功能或一种操作，用户可以根据需要单击工具栏中的某一个图标即可。

图 5-18　cuteFTP 工具栏图标

（1）站点管理器图标。单击该图标后，系统打开站点管理器，站点管理器中是远程网站

站点中的信息，即站点的地址簿，用户可以任意选择其中的某一个站点内容（允许用户有多个远程服务器站点）。

（2）连接向导图标。单击该图标后，系统会弹出"连接向导"对话框，用户可根据该对话框的操作提示，完成远程连接工作。

（3）新建图标。单击该图标后，用户可以新建远程服务器地址信息，创建新的远程地址。

（4）连接图标。单击该图标后，系统将连接到默认的连接地址，如果连接有错误将会弹出一个对话框，用户可根据对话框提示的信息进行操作。

（5）快速连接图标。单击该图标后，系统对默认的站点进行连接，而不按照站点管理器中的地址簿进行连接。

（6）断开图标。单击该图标后，系统将断开连接。

（7）重新连接图标。单击该图标后，系统开始重新连接远程服务器的地址。

（8）连接到 URL 图标。单击该图标后，系统将弹出一个对话框，要求用户输入 URL 地址，单击"确定"按钮后，系统将连接到用户输入的 URL 地址。

（9）刷新图标。单击该图标后，系统进行刷新，即重新连接当前窗口中的内容。

（10）停止图标。单击该图标后，系统将停止当前正在操作的工作。

（11）下载图标。单击该图标后，系统将用户选定的远程服务器中的文件下载到本地驱动器中的当前目录中。

（12）上传图标。单击该图标后，系统将用户选定的本地驱动器中的文件上传到远程服务器中的当前目录中。

（13）编辑图标。单击该图标后，系统将当前选中的文件在右侧窗口中进行编辑，此时该窗口相当于一个编辑器，编辑完成后双击即可。

（14）重命名图标。单击该图标后，系统将当前选中的文件进行重命名工作，即可以改变文件名，包括文件夹的名称也可以重命名。

（15）重建文件夹图标。单击该图标后，系统将重建一个新的文件夹，文件夹命名规则与 Windows 系统中的规则相同。

（16）打开图标。单击该图标后，系统将用户选中的文件在当前浏览器中打开，如果是图像文件，则打开当前计算机系统中的图像浏览器，显示该图像。

（17）删除图标。单击该图标后，系统将删除用户选择的文件。

（18）属性图标。单击该图标后，系统将弹出一个文件属性窗口，该窗口将显示该文件的属性数据，包括文件名、文件类型、文件大小等。

（19）全局选项图标。单击该图标后，系统将弹出"全局选项"对话框，如图 5-19 所示。在该对话框中，用户可以选择"常规"选项、"连接"选项、"安全"选项、"传输"选项、"导航"选项和"显示"选项，并按对话框提示信息进行操作。

（20）POD Cast 管理器图标。单击该图标后，系统将弹出一个对话框，用户可根据对话框中的提示进行操作。

（21）PGP 模式图标。单击该图标后，系统将弹出一个提示框，提示用户"密钥文件中

没有密钥,你是否要创建一个?",用户可根据需要进行选择。

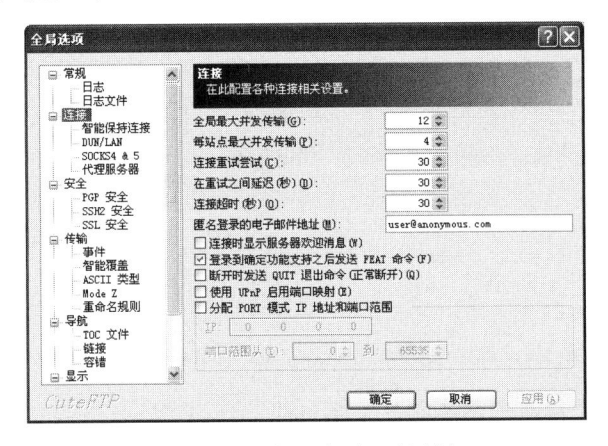

图 5-19 "全局选项"对话框

2. cuteFTP 8.0 快捷菜单

当本地客户端与远程服务器主机连接后,既可对本地客户端进行文件或文件夹的操作,又可对远程服务器主机的文件或文件夹进行操作,操作方法既可以通过工具栏中的各图标按钮,又可以通过主菜单中的各命令功能,还可以通过快捷菜单的方式进行操作。弹出快捷菜单的方法很简单,只要单击鼠标右键即可。

1) 本地客户端快捷菜单

本地客户端快捷菜单如图 5-20 (a) 所示。该菜单中有上传、上传高级、Add To Channel、剪切、复制、粘贴、复制到、移动到、全部选择、编辑、查看、打开、重命名、删除、属性 15 个功能。其中,上传高级功能下还有多线程上传、上传到、手动上传、PGP 上传、过滤上传、上传计划、上传压缩 7 个二级子功能。用户可以根据需要选择其中某一个功能。

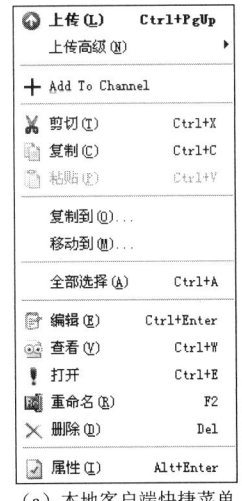

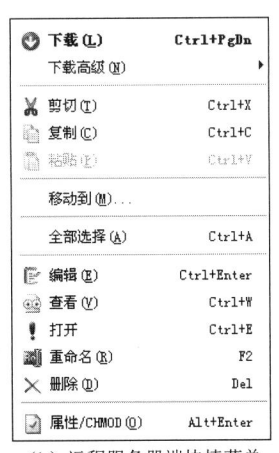

(a) 本地客户端快捷菜单   (b) 远程服务器端快捷菜单

图 5-20 快捷菜单

2）远程服务器端快捷菜单

远程服务器端快捷菜单如图5-20（b）所示。该菜单中有下载、下载高级、剪切、复制、粘贴、移动到、全部选择、编辑、查看、打开、重命名、删除、属性13个功能。其中，下载高级功能下有多线程下载、站点对传到、手动下载、PGP下载、过滤下载、下载计划6个二级子功能。用户可以根据需要选择其中某一个功能。

> 1. 你知道现在有哪几个版本的cuteFTP软件吗？
>
> 2. 你使用的是什么版本的cuteFTP？
>
> 3. 请比较你使用的cuteFTP软件与cuteFTP 8.0的区别。

5.3 远程登录与新闻组服务

5.3.1 远程登录（Telnet）服务

> 远程登录就是本地的某台计算机通过远程登录命令登录到远程某台计算机，此时本地计算机的操作相当于在远程操作一样。

1. 远程登录概述

远程登录服务是Internet上较早提供的一种服务。用户通过Telnet命令使自己的计算机暂时成为远程计算机的终端，直接调用远程计算机的资源和服务。

远程登录是一个UNIX命令，它允许授权用户进入网络中的其他UNIX机器，并且就像用户在现场操作一样。一旦进入主机，用户就可以操作主机允许的任何事情，如读文件、编辑文件或删除文件等。

2．远程登录流程

远程登录流程如图 5-21 所示。

```
客户端                                          Telnet服务器
      (1) 建立TCP连接
      ────────────────────────→
      (2) 字符以NVT格式传送
      ────────────────────────→
      (3) NVT格式传送输出结果
      ←────────────────────────
      (4) 将NVT格式的数据转化为本地显示格式
```

图 5-21 远程登录流程

（1）用户调用本地计算机上的 Telnet 客户端程序，本地客户端与远程服务器建立 TCP 连接，用户必须知道远程主机的 IP 地址或域名。

（2）客户端程序将用户输入的用户名、密码及之后输入的任何字符或命令以 NVT（Netword Virtual Terminal）格式传送到远程服务器，该过程实际上是从本地主机向远程主机发送 IP 数据报。

（3）客户端程序将远程服务器输出的 NVT 格式的数据转化为本地计算机能理解的格式并显示在屏幕上，显示的内容包括输入命令的回显和命令执行结果。

（4）本地用户发出结束连接的命令，本地客户端撤销到远程服务器的 TCP 连接。

3．实现 Telnet 和远程主机连接

在使用 Telnet 之前，首先要知道使用的主机名称、域名或主机的 IP 地址等。然后，使用以下的格式：

Telnet <远程主机名> [<端口名>]

其中：[端口名]是可选的，因为处理程序会自动使用一个默认的端口。当按回车键登录后，即在用户端建立了客户进程，它去建立起与远程计算机的 TP 连接，在这个连接上进行双向传输。它将用户输入的数据带上 Telnet 的控制信息传到另一端的服务进程，这一服务进程实际上是远程主机上的一个伪终端，它去除协议控制信息后，将用户的输入作为对远程主机的输入，与其上运行着的应用对话，得到主机上应用的输出，随后又立即把主机的输出用 Telnet 协议传送到用户所在计算机显示到屏幕上。这时，用户计算机处在输入模式，在键盘上键入的字符都将送往远程主机上。

4．常用的 Telnet 命令

一般来说，Telnet 客户程序是使用命令方式进行操作的，下面介绍几种常用的 Telnet 命令功能。Telnet 命令是在"Telnet>"提示符下进行操作的。

（1）close 或 c：该命令的功能是终止与其他远程计算机的连接或结束 Telnet 操作，退出 Telnet 客户端程序。

（2）open：该命令的功能是启动与其他远程计算机的连接或使用 close 命令后重新启动 Telnet 客户端程序。

（3）quit：该命令的功能是退出 Telnet 客户端程序，如果正在与某远程服务器连接，则首先将终止与远程计算机的连接，然后再退出 Telnet 客户端程序。

（4）enter：该命令的功能是在 Telnet 提示符下，返回到活动的远程连接，如果没有活动的连接，则退出 Telnet 客户端程序。

（5）set echo：该命令的功能是设置键入的内容是否在本地计算机屏幕上显示，输入该命令可在 on 或 off 中转换。

（6）nont：该命令的功能是选项参数指定的启用选项的请求已被拒绝。

（7）do：该命令的功能是选项参数指定的启用选项的请求已被接受。

（8）Wont：该命令的功能是通知目标计算机，选项参数指定的启用选项的请求已被拒绝。

（9）Will：该命令的功能是通知目标计算机，选项参数指定的启用选项请求已被接受。

（10）sb：该命令的功能是后面所跟的命令序列是某一选项的子协商。

（11）ga：该命令的功能是允许以半双工通信方式传输。

（12）el：该命令的功能是通知服务器删除当前行。

（13）ec：该命令的功能是通知服务器删除前一个字符。

（14）ayt：该命令的功能是客户端发给服务器用于检测服务器的进程是否还在运行。

（15）ao：该命令的功能是完成进程，但不向客户发送输出。

（16）ip：该命令的功能是中断、终止或结束某个进程。

（17）brk：该命令的功能是中断，表示数据传输的中断。

（18）nop：该命令的功能是不对客户端或服务器进行任何操作。

（19）se：该命令的功能是某一选项的子协商命令序列结束。

（20）eor：该命令的功能是文件的最后一行已传输出去。

（21）susp：该命令的功能是客户端通知服务器挂起当前正在进行的操作。

（22）eof：该命令的功能表示文件中的数据已全部传输出去。

5．开始与一个远程通信对话

1）使用公共程序

有一些服务器的主机专门为用户编制一些应用程序，使用户不需要在此系统上有个人账户而可以直接使用该程序，如在 nic.ddn.mil 主机上的 whois 程序就属于该情况。为使用 whois，用户只要在与此主机相连的远程通信中输入 whois 即可，不必再进行其他的登录手续。

允许公用访问的另一种方法是公布一些账户名字（就像 whois 是 nic.ddn.mil 的 whois 账户的一个公开名字）。例如，为使用主机 psi.com 上的白页服务（White Pages Service），远程通信到此主机并以 fred 登录，不需要口令，有许多办法可以用一些 Internet 主机为 Internet 网际用户提供可用服务。

其他的服务，如寻找数据库、访问巨型计算机等，若事先安排好访问，也可以通过远程通信实现，需要事先在远程主机上分配一个账户名和口令，或者一个具体的用户账户。

2）建立程序

假设用户从本地 UNIX 主机远程通信到另一台 UNIX 主机上，当连接后，所有的提示符、命令及响应等都是在远程主机上，用户相当于在自己本地主机上操作一样。在下面的例子中，用户输入的以黑体字表示，在计算机上将看到的以 this typeface 形式的字表示。

Paris% telnet phoebus,nisc,srj,com.

用户发出 telnet 命令，给出网络上欲访问的主机名。

Typing 192.33.33.22

Connected to phoebus.nisc.sri.com

Escape character is

Sun()s UNIX(phoebus)

Begin：用户输入登录名

Password：输入口令，屏幕上不显示

Phoebus%

… USER SESSION …

Phoebus%

logout

Connection closed by foreign host

Paris%

5.3.2 新闻组服务

1. 新闻组服务（Usenet）概述

Usenet 是 use's network 的英文缩写，它由可以接收网络新闻组（News Group）的全部机器所组成。新闻组是一个用户群体，类似于一种计算机上的论坛。网络新闻（Network News）又称为 netnews，是在网络新闻组的标题下组织的讨论，是一种从某个本地主机向在 Internet 范围内其他主机发布信息的机制。

在 netnews 中消息也被称为条款，它所采用的传送机制叫作存储转发。这就意味着每台主机在收到一则网络新闻条款后，都先在本地存储，然后再将其转发或送到其他位于 Usenet 网下的主机中。一台主机可以把条款转发给任意数量的主机，而这些主机又将它们转发给另外的主机。在这种情况下，可以确保在极短的时间内把每一则新闻条款公布给一个数量庞大的主机群。

Usenet 是世界范围内通过 ISP 的一个公共电子公告板系统（BBS）。它是讨论主题的巨大集合，或者是任何人都能发布想法、观点和建议的新闻组。这些发布的信息可以被有 Internet 连接的大多数人阅读和回答。而且，它在 Internet 内是免费的。Usenet 不是 WWW 的一部分，它是一个独立的实体。Usenet 用与 Web 相同的线路，但是有自己的通信方法，叫作 NNTP（网络新闻传输协议）。Usenet 比 Web 更基于文本，但一般没有图片。

2. Usenet 的层次结构

Usenet 的新闻组是根据主题或地理位置组织成层次结构的,新闻组的名字就反映了这种层次结构,名字的第一部分代表顶层课题,即范围最广的分类,其余部分则代表更加具体的领域。

例如,comp 是关于计算机科学的硬件或软件,comp.ai 是人工智能等。如表 5-4 所示是一些重要的新闻组中的首层课题缩写。

表 5-4 一些重要的新闻组中的首层课题缩写

新闻组名称	内 容	备 注
alt	非官方的,暂时性的课题	一般类的新闻组
bionet	关于生物学方面的课题	一般类的新闻组
bit	提供 Bitnet 信息文摘方面的课题	一般类的新闻组
biz	关于商业和商业产品的课题	一般类的新闻组
comp	关于计算机学科方面的课题	主要的大类新闻组
gnu	关于 GNU 操作系统方面的课题	一般类的新闻组
hep	关于高能物理方面的课题	一般类的新闻组
ieee	关于电气电子工程师协会 IEEE 方面的课题	一般类的新闻组
info	关于 Illinois 大学方面的课题	一般类的新闻组
k12	关于初等和中等教育方面的课题	一般类的新闻组
misc	其他方面的课题	主要的大类新闻组
news	关于网络软件及读者方面的课题	主要的大类新闻组
rec	关于娱乐活动方面的课题	主要的大类新闻组
relcom	关于俄语方面的课题	一般类的新闻组
sci	关于科学技术和科学讨论方面的课题	主要的大类新闻组
soc	关于人文科学和社会科学方面的课题	主要的大类新闻组
talk	关于某些正在争论尚没有结果的课题,如时事、热门话题	主要的大类新闻组
w3b	关于 AT-T3B 系列计算机方面的课题	一般类的新闻组
vmsnet	关于 VAX/VMS 系统方面的课题	一般类的新闻组

如表 5-5 所示是计算机新闻组下的子层课题缩写。

表 5-5 计算机新闻组下的子层课题缩写

新闻组名称	内 容
comp.ai	有关计算机人工智能方面的课题
comp.dcom.modems	有关数字通信硬件与软件方面的课题
comp.lang.lisp.mcl	有关 Apple's Macintosh Common Lisp 方面的课题
comp.org.usenix	有关 USENIX 协会的活动与声明方面的课题
comp.os.os2.apps	有关 OS/2 下的应用方面的课题
comp.sys.sun.announce	有关 Sun 公司的声明和 Senergy 的邮件系统方面的课题

如表 5-6 所示是 rec 新闻组下的二级子层课题缩写。

表 5-6　rec 新闻组下的二级子层课题缩写

新闻组名称	内　　容
rec.food.cooking	有关各种食品烹饪方面的课题
rec.food.drink	有关葡萄酒、白酒及七台河酒精饮料方面的课题
rec.food.recipes	有关食品及饮料配方等方面的课题
rec.food.restaurants	有关酒店和饭店等方面的课题
rec.food.sourdough	有关发酵和烤制食品等方面的课题
rec.food.veg	有关蔬菜食品等方面的课题

5.3.3　新闻组的工作

1. Usenet 的工作方式

Usenet 不同于 Internet 的交互式操作方式。Usenet 主机上存储着用户发送的各种信息，它们会周期性地转发给其他的 Usenet 主机，最终传遍世界各地。新闻组的成员都是面对一台主机进行讨论的，它是一个大家同时可见的布告栏。

Usenet 先向某个网络位置提供全面的信息（所有可通报新闻组），然后其他的网络位置每天通过网络获得这些信息，分布在世界各地的新闻组的全部信息通过二级网络位置将信息传播到位于自己下级的其他网络位置。许多网络位置是从新闻中心枢纽获得网络新闻的，新闻中心枢纽提供了高效的信息传播服务。每个网络位置的管理人员决定自己接收哪些新闻组，很多网络位置只接收主要的新闻组，其他的网络位置由于受到存储能力的限制，或者基于对个人计算机资源的考虑，可能只接收某些具体的新闻组。

虽然，Usenet 的基本通信手段是电子邮件，但它不是采用点对点的通信方式，而是采用多对多的方式进行通信的。所有信息并不像电子邮件一样发送到用户自己的电子信箱中，用户必须使用专门的新闻阅读程序（News Reader）来访问 Usenet 主机，阅读网络新闻，发表自己的意见，提出自己的问题，决定是否加入还是退出一个新闻组。

Usenet 的基本组织单位是具有特定讨论主题的新闻组，目前 Internet 上已有数千个新闻组。

2. 使用 Usenet 阅读器

1）Usenet 阅读器功能

Usenet 阅读器是一种专门阅读网络新闻的工具，它能完成以下功能：

（1）搜索用户指定的新闻组，列出用户未曾读过的文章。
（2）根据用户的命令显示文章的内容。
（3）保存用户阅读的文章。
（4）选择用户感兴趣的新闻组。
（5）允许用户针对某篇文章发表自己的意见。
（6）允许用户提出自己的问题。

2）Usenet 服务器

Usenet 服务器是新闻组信息和组与用户的桥梁，装载它所定义的那部分新闻组的内容。为了让世界各地的用户能看到某一台服务器上的新闻内容，Usenet 服务器的管理程序一边同用户打交道以保证用户的信息需求，一边同与它直接沟通的 Usenet 服务器不停地进行信息交流，将自己没有的新闻复制过来，将别人没有的内容复制过去。当然，这种新闻复制是经过选择的，如某 Usenet 服务器可能只要有关计算机方面的 10 天以来的新闻内容，其他内容不要。一台新闻服务器可能只有某些新闻组而不是全部，但它所拥有的新闻组中的信息却是来自世界各地的。

3）新闻组阅读客户端

新闻组阅读客户端是用来收发、阅读、回复新闻组内容的客户端软件，一般情况下是和邮件客户端集成在一起的。最容易得到的当然是 Outlook Express，就是微软操作系统自带的邮件收发软件，里面集成了 news 客户端，推荐新手使用，其功能强大且易上手。

4）常用的 Usenet 阅读器

Usenet 阅读器是访问新闻组的必要工具，Usenet 阅读器存在于一个提供 Usenet 转发的公共 Internet 的网点上，它是一个基于 NNTP 的程序。目前，Internet 上有 rn、trn、nn、tin 4 种常用的 Usenet 阅读器。

（1）rn 阅读器：是较早用于 Usenet 上的一种新闻阅读器，该新闻阅读器适用于相对少量的新闻组和文章，rn 常用于 UNIX 主机上。

（2）trn 阅读器：是在 rn 阅读器基础上新增加某些功能的一种新闻阅读器。它的特点是可以沿着组内的某个线索来阅读，所谓线索指的是某一讨论话题的逻辑顺序。

（3）nn 阅读器：是一个可以用菜单形式来显示某个指定新闻组中文章的新闻阅读器。它的特点是具有选择性，而不必像 rn 阅读器、trn 阅读器那样按顺序逐篇地阅读，但 nn 新闻阅读器一次最多可用于 10 个新闻组。

（4）tin 阅读器：是一个最新的阅读器，它的特点是既可用菜单方式显示文章，也可以通过线索来选择信息。tin 阅读器具有很好的用户界面。

3．tin 阅读器的使用方法

tin 阅读器是一个最新的、最易操作的、功能最多的新闻阅读器。启动 tin 可在命令行提示符下输入：

tin　<Enter>

屏幕上会显示一张新闻组名和新闻组描述的清单，若需要显示下一页或上一页内容时，可分别按 Page Up、Page Down 键来查看。由于 tin 是一种使用菜单形式的应用程序，所以命令不多，如表 5-7 所示。

表 5-7　tin 阅读器常用命令

命令	功能	命令	功能
+	选择线索	-	显示上一条线索

续表

命　　令	功　　能	命　　令	功　　能
c	放弃，使所有文章成为阅读过的并进入组选择菜单	C	放弃，使所有文章成为阅读过的并进入下一未读新闻组
b	返回到上一页	Enter	显示所选定的文章
Ctrl+D 或 Ctrl+F	下一页菜单	Ctrl+D 或 Ctrl+F	上一页菜单
h	显示所有命令的帮助信息	Spacebar	向一页
j 或 Down	下移一行	k 或 Up	上移一行
n	到下一新闻组	N	到下一未读文章
p	到上一新闻组	P	到上一未读文章
q	到上层菜单	Q	退出程序
T	回到新闻组选择层	Tab	到下一未读文章或新闻组
U	取消所有文章的标记	w	发送一篇文章到当前新闻组
z	将文章标记改为已读	Z	将线索标记为已读

能力训练题 5　cuteFTP 的使用

一、能力训练前的准备

（1）查看本地计算机是否已与 Internet 连接成功。

（2）查看本地计算机的 Internet Explorer 是否是最新版本的，建议最好使用 Internet Explorer 8.0 或以上版本。

（3）建立自己的子目录以备用，以后可以将 Internet 上搜索到的资料下载到该子目录中。建议最好将自己的子目录创建在 C 盘以外的硬盘中，待用完后再将其相应的资料内容复制到自己的网络硬盘中或 U 盘中。

二、能力训练目的要求

通过 cuteFTP 的使用，了解 FTP 的工作流程，掌握 FTP 的基本概念，学会 cuteFTP 的基本操作方法和应用。

三、能力训练内容

【操作一】 申请一个免费的主页空间或利用学校提供的远程服务器地址

（1）进入 Internet 后，直接在 IE 浏览器中的 URL 地址栏中输入 "http://www.baidu.com" 进入百度搜索网站，输入 "免费的主页空间" 关键字。

（2）寻找并进入网站进行免费注册，进入 "注册" 模块，按该模块上的要求填写相关信息。

（3）注册成功后便可得到远程服务器地址、用户名（账号）和密码。

（4）如果学校有现成的，就利用学校的远程服务器地址、用户名（账号）和密码。

【操作二】 在 Internet 上寻找免费的 cuteFTP 软件

（1）进入百度搜索引擎。

（2）寻找 cuteFTP 并下载，要求是最新的版本，即 cuteFTP 8.0 或以上版本。

（3）找到后下载该软件，放到自己的文件夹或自己的 U 盘里。

【操作三】 运行并操作

（1）启用 cuteFTP 软件。

（2）在 cuteFTP 主界面上，选择"文件"→"连接"功能，或利用"连接向导"图标进行连接。

（3）连接时需要输入远程服务器地址、账号、密码等相关信息。

（4）打开本地客户端文件夹，选择以前几次实训中用过的文件夹为本地客户端目录。

（5）打开站点管理器，选择远程服务器根目录。

（6）在远程服务器的根目录下新建一个"FTP 实训"文件夹并打开。

（7）上传三个文本文件和两个图像文件到远程服务器的"FTP 实训"文件夹中。

（8）下载一个图像文件到本地计算机的桌面上。

（9）撰写总结和体会，要求 1000～1500 字。

四、能力训练报告

能力训练报告的格式如下：

1．训练过程

目的要求：

训练内容：

训练步骤：

从什么网站上获得免费主页空间？

从什么网站上获得免费 cuteFTP 软件？

如何进行上传文件和下载文件的操作？

2．训练结果

训练结果分析：

（可以使用表格方式，也可以使用文字方式。）

3．总结

通过能力训练，总结自己的掌握程度，分析出错原因，提出改进措施。

习题 5

一、填空题

1. FTP（File Transfer Protocol）是＿＿＿＿＿＿＿＿＿＿＿＿网络上两台计算机＿＿＿＿＿＿＿＿＿＿的协议，FTP 是在 TCP/IP 网络和＿＿＿＿＿＿＿＿＿＿上最早使用的协议之一，它属于＿＿＿＿＿＿＿的＿＿＿＿＿＿＿。

2. 端口 20 用于在＿＿＿＿＿＿＿和＿＿＿＿＿＿＿之间传输＿＿＿＿＿＿＿，而端口 21 用于传输＿＿＿＿＿＿＿＿＿＿，并且是命令通向＿＿＿＿＿＿＿的进口。

3. FTP 具有的目标有＿＿＿＿＿＿＿＿＿＿＿＿目标、＿＿＿＿＿＿＿＿＿＿＿＿目标、＿＿＿＿＿＿＿＿＿＿＿＿目标、＿＿＿＿＿＿＿＿＿＿＿＿＿＿＿＿目标等。

4. FTP 传输的文件可以是＿＿＿＿＿＿＿、＿＿＿＿＿＿＿、＿＿＿＿＿＿＿、声音等文件，但大多是以＿＿＿＿＿＿＿＿＿文件存储的，即采用的是＿＿＿＿＿＿＿方式，不同类型的文件要求使用不同的＿＿＿＿＿＿＿＿＿进行传输。

5. FTP 的使用方式有＿＿＿＿＿＿＿＿＿＿＿＿＿＿＿＿＿＿＿＿＿＿＿＿＿＿＿＿＿＿＿方式和＿＿＿＿＿＿＿＿＿＿＿＿＿＿＿＿＿＿＿＿＿＿＿＿＿＿＿＿＿＿＿＿＿＿＿＿＿方式。

6. cuteFTP 8.0 是一个不需要＿＿＿＿＿＿＿＿＿＿的软件，下载该版本的软件后就可以＿＿＿＿＿＿＿。该主界面有＿＿＿＿＿＿＿＿＿模块、＿＿＿＿＿＿＿＿＿模块、＿＿＿＿＿＿＿＿＿模块、＿＿＿＿＿＿＿＿＿模块、＿＿＿＿＿＿＿＿＿模块、＿＿＿＿＿＿＿＿＿模块等。

7. 当本地客户端与远程服务器主机＿＿＿＿＿＿＿后，既可对＿＿＿＿＿＿＿进行文件或＿＿＿＿＿＿＿的操作，又可对＿＿＿＿＿＿＿主机的文件或＿＿＿＿＿＿＿进行操作，操作的方法既可以通过＿＿＿＿＿＿＿的各图标按钮又可以通过＿＿＿＿＿＿＿中各命令功能，还可以通过＿＿＿＿＿＿＿的方式进行操作。

8. 远程登录服务是 Internet 上＿＿＿＿＿＿＿＿＿的一种服务。用户通过＿＿＿＿＿＿＿使自己的计算机＿＿＿＿＿＿＿＿＿＿＿的终端，直接调用＿＿＿＿＿＿＿的资源和服务。

9. 新闻组由可以接收＿＿＿＿＿＿＿＿＿的全部＿＿＿＿＿＿＿＿＿所组成。新闻组是一个＿＿＿＿＿＿＿＿＿群体，类似于一种在＿＿＿＿＿＿＿的讨论论坛。而网络新闻是在网络新闻组的＿＿＿＿＿＿＿＿＿组织的讨论，是一种从＿＿＿＿＿＿＿向在＿＿＿＿＿＿＿其他主机发布＿＿＿＿＿＿＿＿＿的机制。

10. Usenet 的新闻组是根据＿＿＿＿＿＿＿或＿＿＿＿＿＿＿组织成＿＿＿＿＿＿＿的，新闻组的名字就＿＿＿＿＿＿＿结构，名字的第一部分代表＿＿＿＿＿＿＿，即范围最广的＿＿＿＿＿＿＿，其余部分则代表＿＿＿＿＿＿＿的领域。

二、判断题

1. FTP 是在 TCP/IP 网络和 Internet 上最晚使用的协议之一。（　　）
2. FTP 传输的文件只能是文本、图像和声音文件。（　　）

3．来宾或匿名用户可以登录 FTP 并传输文件到远程服务器上。（　　）

4．FTP 的工作模式都是主动模式。（　　）

5．cuteFTP 8.0 软件不需要进行安装，直接启动即可使用。（　　）

6．cuteFTP 上传文件时，只需要双击该文件即可。（　　）

7．通过 Telnet 命令可以使自己的计算机暂时成为远程计算机的终端，但不能直接调用远程计算机的资源和服务。（　　）

8．远程登录允许授权用户进入网络中的其他 UNIX 机器并且就像用户在现场操作一样。（　　）

9．新闻组是由可以接收网络新闻组（News Group）的全部机器所组成的一个群体。（　　）

10．Usenet 的新闻组是根据主题或地理位置组织成层次结构的。（　　）

三、简答题

1．请写出 FTP 和 FTP 的目标。

2．请写出 FTP 的作用。

3．请写出 FTP 传输的文件类型。

4．请写出 FTP 的工作原理。

5．请写出 FTP 的两种使用方式。

6．请写出 FTP 系统的两种模式。

7．请写出 cuteFTP 的工作流程。

8．请写出 cuteFTP 8.0 的工具箱图标的作用。

9．请写出远程登录服务的概念。

10．请写出新闻组服务的概念。

阅读材料 5——计算机的服务器地址和服务端口指的是什么

（http://zhidao.baidu.com/question/2115947706562408667.html）

> 在众多的文件传输选择中，成熟的 FTP 服务器持续发展，并且发展得比以往任何时候都要强大。

1. 服务器地址

服务器地址是指互联网协议地址（Internet Protocol Address，又称为网际协议地址），是 IP Address 的缩写。IP 地址是 IP 协议提供的一种统一的地址格式，它为互联网上的每一个网络和每一台主机分配一个逻辑地址，以此来屏蔽物理地址的差异。目前还有一些 IP 代理软件，但大部分都收费。

2. 服务器端口

随着计算机网络技术的发展，原来物理上的接口（如键盘、鼠标、网卡、显示卡等输入/输出接口）已不能满足网络通信的要求，TCP/IP 协议作为网络通信的标准协议解决了这个通信难题。TCP/IP 协议集成到操作系统的内核中，就相当于在操作系统中引入了一种新的输入/输出接口技术，因为在 TCP/IP 协议中引入了一种称之为"Socket（套接字）"的应用程序接口。有了这样一种接口技术，一台计算机可以通过软件的方式与任何一台具有 Socket 接口的计算机进行通信。端口在计算机编程上也就是"Socket 接口"。

一台服务器为什么可以同时是 Web 服务器，也可以是 FTP 服务器，还可以是邮件服务器等，其中一个很重要的原因是各种服务采用不同的端口分别提供不同的服务。例如，通常 TCP/IP 协议规定 Web 采用 80 号端口，FTP 采用 21 号端口等，而邮件服务器采用 25 号端口。这样，通过不同端口，计算机就可以与外界进行互不干扰的通信了。

据专家们分析，服务器端口数最大可以有 65 535 个，但是实际上常用的端口才几十个，由此可以看出未定义的端口相当多。这时黑客程序可以采用某种方法，定义出一个特殊的端口来达到入侵的目的。为了定义出这个端口，就要依靠某种程序在计算机启动之前自动加载到内存，强行控制计算机打开那个特殊的端口。这个程序就是"后门"程序，这些后门程序就是常说的木马程序。简单地说，这些木马程序在入侵前是先通过某种手段在一台个人计算机中植入一个程序，打开某个（些）特定的端口，俗称"后门"（Back Door），使这台计算机变成一台开放性极高（用户拥有极高权限）的 FTP 服务器，然后从"后门"就可以达到入侵的目的。

第6章 其他 Internet 服务

知识要点
- ❖ 电子公告板的基本概念
- ❖ IP 电话的使用
- ❖ 微信的基本操作方法和技巧
- ❖ 微商的基本概念和方法

能力要点
- ❖ 学会微信各种技能
- ❖ 学会微商各种技能

第 6 章 其他 Internet 服务

引例 6——微信和网络的故事

案例 1：有一个富家子弟，每次出门都担心家中被盗，想买只狼狗拴在门前护院，但又不想雇人喂狗浪费银两，苦思良久后终得一法：每次出门前将自家的 Wi-Fi 设置为无密码，然后放心出门。每次回来都能看到十几个人捧着手机蹲在自家门口，从此无忧。

启示：护院，不一定买狗，互联网时代，处处都要打破传统思维。

案例 2：在微信上淘宝做排名兼职。随着高校毕业生就业形势日益严峻。大学生活压力逐渐增大。大学生越来越多，能够真正找到一份满意的工作的人只有百分之四十。现在各行各业都逐渐形成了饱和状态。目前有许多大学生通过微信或网络兼职来缓解就业压力和收入压力。如今高质量微信或网络兼职对大学生网络兼职产生的影响至关重要，现代社会有很多大学生会利用空闲时间和休息时间为自己找份满意的微信或网络兼职工作。调查显示，全国 32 个省级城市的 25 000 名青年中，有 13%的人有兼职工作，而做微信或网络兼职的就占 6%。

启示：如今的网络处处有商机。互联网不仅仅是一个行业，因为互联网明显已经颠覆了太多的行业，如传统的报纸行业、媒体行业、服装行业、餐饮行业，甚至出租车行业。也就是说，我们每一个人都是一个自媒体，只要我们每天释放有价值的内容，我们就可以赚到钱，我们通过内容的输出来吸引相关客户，从而卖我们的产品。

6.1 电子公告板（BBS）

6.1.1 BBS 概述

> 电子公告板是 Internet 提供的一种信息服务，为用户提供一个公用环境，以寄存函件、读取通告、参与讨论和交流信息。

1. BBS 的含义

电子公告板（Bulletin Board Service，BBS）是 Internet 上一种电子信息服务系统，它提供一块电子白板，每个用户都可以在上面书写，发布自己的信息或看法。在 BBS 上，大家可以对一个共同感兴趣的问题进行讨论，自由地发表自己的意见与见解，并且能直接与其他人进行沟通。

电子公告板可以根据用户的需要限制于几台计算机、一个组织或一个小地理位置范围内，也可以是世界上所有的 Internet 用户，它可以方便、快捷地使各地用户了解公告板上的信息，是一种有力的信息交流工具。

目前，通过 BBS 可随时获得国际最新的软件及信息，也可以通过 BBS 和别人讨论计算机软件、硬件、Internet、多媒体、程序设计及医学等各种有趣的话题，更可以利用 BBS 刊登一些"征友""廉价转让""公司产品"等启事，而且这个园地就在你我的身边。只要你拥

有一台计算机、一个调制解调器和一条电话线，就能够进入这个"超时代"的领域，进而去享用它无比的威力。

2．BBS 的发展

最早的 BBS 系统是由美国芝加哥计算机爱好者学会的两名会员于 1978 年编写的 CBBS，该系统是在 CP/M 计算机系统上以 8088 汇编语言编写的小型布告系统。同期一位名叫 Bill Abney 的先生也为 Radio Shak TRS-80 计算机编写了名为 Forum-80 的 BBS 程序。1982 年，由 Russ Lane 用 BASIC 写的一个原型程序，在 1983 年由 PC 用户协会 Thomas Mack 改写成 RBBS-PC，此系统被公认为 BBS 系统的鼻祖。上面的 BBS 都为拨号方式，到现在为止较为著名的 BBS 软件有 PC Board、SUPERBBS、RemoteACCESS、WILDCAT 等，使用最广泛的是 RemoteACCESS。

1992 年年底，Internet 开始流行，同时 Internet BBS 也飞速发展起来，使用 Internet BBS 使得以前只能本地域访问的 BBS 可以被全世界访问，世界上任何一个用户，只要访问 Internet 就可以使用 Telnet 协议通过远程登录访问连接在 Internet 上的任何一个 BBS，对于使用 Modem 连入 Internet 的用户只需要付本地电话费用及 ISP 的费用就可以随意访问连接在 Internet 上的 BBS，这对于大多数人是非常具有吸引力的，正是由于该原因，Internet BBS 的发展也越来越快，影响力也在不断地扩大。

1991 年开始，国内开始了第一个 BBS。经过长时间的发展，直到 1995 年，随着计算机及其外设的大幅降价，BBS 才逐渐被人们所认识，1996 年更是以惊人的速度发展起来。国内的 BBS 按其性质划分，可以分为两种：一种是商业 BBS，如新华龙讯网；另一种是业余 BBS，如天堂资讯站。由于使用商业 BBS 要交纳一笔费用，而商业站所能提供的服务与业余站相比，并没有什么优势，所以其用户数量不多。多数业余 BBS 的站长，基于个人关系，每天都互相交换电子邮件，渐渐地形成了一个全国性的电子邮件网络——中国惠多网（China FidoNet）。于是，各地的用户都可以通过本地的业余 BBS 与远在异地的网友互通信息。这种跨地域电子邮件交流正是商业 BBS 无法与业余 BBS 相抗衡的根本因素。由于业余 BBS 拥有这种优势，所以使用者都愿意主动加入。这里"业余"二字并不是代表这种类型的 BBS 服务和技术水平是业余的，而是指这类 BBS 的性质。一般 BBS 都是由志愿者开发的，他们付出的不仅是金钱，更多的是精力，其目的是为了推动中国计算机网络的健康发展，提高广大计算机用户的应用水平。

6.1.2 **BBS 的类型**

BBS 可以分为以下几种类型。

1．原始的 BBS

从第一个 BBS 开始算起，它已经有了近 30 年的历史，它随着网络的出现而出现，又随着网络的发展而发展。最初的 BBS 是利用一台调制解调器通过电话线拨到某个电话号码上，然后通过一个软件来阅读其他人放在公告牌上的信息，发表自己的意见。现在这种形式的 BBS 已经不多见了，但是唯一的 FidoNet 目前在全世界仍然有近百万名忠实的用户。我国第一个 BBS 北京长城站仍然在对外服务。

进入原始的 BBS 只需要一台 RS-232C 串口的微机、一根电话线和一个调制解调器，使用的软件包括一个汉字操作系统、一个通信软件（Terminate、Qmoden、Telix、ProComm Plus 2.1 for Windows）和一个离线读信器（BlueWave，蓝波快信）。

2．校园 BBS

作为 BBS 的一个主要集中地，校园 BBS 在 BBS 领域有着举足轻重的地位，几乎每一个大学都有属于自己学校的 BBS。BBS 成为大学校园内沟通与交流的常用工具，在大学生的校园生活中起着非常重要的作用。在这里大家可以发表自己对时事、学校管理、人生及生活中琐碎小事的各种各样的看法与观点。同时，校园 BBS 也成为大家解决生活中的各种问题的一个重要途径。各个大学之间也可以很方便地使用 BBS 进行交流，想要了解一个学校的情况只要到该学校的 BBS 上就可以对其有一个初步的印象。校园 BBS 的发展得益于众多在校师生的参与。校园 BBS 的繁荣，也吸引了很多社会人士的参与，这对在校大学生了解校外世界及社会信息都起到了非常重要的作用。

3．基于 Internet 的 BBS

这种方式以 Internet 为基础，用户必须首先进入 Internet，然后利用 Telnet 的软件登录到一个 BBS 站点上，可以使上网的用户同时在 BBS 上发表自己的意见，同时参加一个话题的讨论。目前，我国许多大学的 BBS 都采用该方式，其中最著名的 BBS 站点有清华大学的"水木清华"（网址为：http://12345.yeah.net 或 http://person.zj.cninfo.net/~hup/ dnjs.htm，IP 地址为：202.112.58.200）、北京邮电大学的"鸿雁传情"（网址为：nkl.ubpt.edu.cn，IP 地址为：202.112.101.44）、北京大学的"北大未名"（网址为：bbs.pku.edu.cn，IP 地址为：162.105.176.202）、复旦大学的"日月光华"（网址为：bbs.fudan.sh.cn，IP 地址为：202.120.224.9）等。这些站点都通过专线连接到 Internet 上，用户只要连接到 Internet，通过 Telnet 就可以进入这些 BBS 了，每一个站点同时可以有 200 人上线，这是业余 BBS 无法实现的。如图 6-1 所示是西南科技大学校园 BBS 主页。

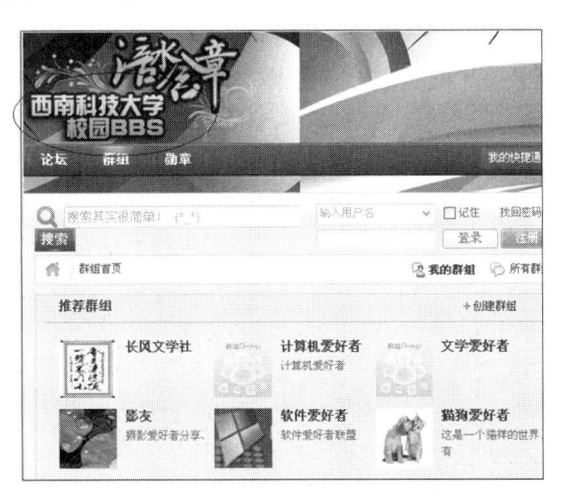

图 6-1　西南科技大学校园 BBS 主页

4．基于 Web 的 BBS

目前，最为流行的一种 BBS 是基于 Web 上的 BBS，用户只要连接到 Internet 上，直接利用 Web 浏览器就可以使用 BBS 了，可以直接阅读其他用户的留言、发表自己的意见、开展网上讨论等。这种 BBS 大多为商业 BBS，以技术服务或专业讨论为主。

例如，MATLAB 中文论坛（网址为：www.ilovematlab.cn/）会员人数已超过 50 万，如图 6-2 所示。

图 6-2　MATLAB 中文论坛主页

这种方式简单、速度快，几乎没有用户的限制，是今后 BBS 的主要发展方向，国内的许多大学 BBS 也正在向这个方向努力，其中清华大学的"水木清华"已经可以直接从浏览器中进入了。

5．业余 BBS

业余 BBS 一般由 BBS 爱好者个人建立，其目的主要是为广大网络上的朋友提供一个在某些专业方面交流的场所。此类 BBS 在网上使用者中地位是很重要的，因为在这样的站点上，用户可以得到热情的帮助。此类 BBS 一般均为 WWW 的形式。

6.1.3　BBS 的功能

BBS 与 Internet 上的其他服务相比较，具有相对明显的地域性特点，其服务内容相对要单调一点，并具有一定的局限性。但是，由于具有数据传输量小、反应灵敏、信息量大等一系列优点，它吸引了众多的爱好者在 BBS 上发表各种各样的言论和观点，并可以将各自的观点与其他人进行交流。BBS 具体有以下几个功能。

（1）实时交流。实时交流是指 BBS 上的用户可以在同一时刻与任何一个 BBS 用户进行讨论、交谈、发表自己的意见，不必有任何顾虑。

（2）通信功能。通信功能是指在 BBS 上的用户可以与使用 BBS 的任何一个用户进行信件交流，甚至可以代替 E-mail 的某些功能。

（3）设置个人信息。设置个人信息是指在 BBS 上的用户可以在 BBS 上创建一个具有个性化特点的角色，利用该功能，用户可以设定自己的昵称和密码，还可以编辑自己的档案供大家参考。

（4）发表与阅读文章。发表与阅读文章是指在 BBS 上的用户可以表达自己的观点和意见，同样也可以了解他人的观点和意见，由于 BBS 较为灵敏、快速，用户可以以最快的速度了解各方面的信息。在 BBS 上信息的交互是同时间的，没有任何耽搁，这对适应信息化高速发展是非常重要的。

6.1.4　Web 形式访问 BBS

Web 形式访问 BBS 是指 BBS 上的用户可以通过万维网的浏览器直接进入有关的 BBS 网站，以 Web 形式访问 BBS 是非常简单、灵活、方便的。

1．进入水木清华站点

利用各种方法连入 Internet 并打开 Web 浏览器，在 URL 上输入水木清华 BBS 网址（http://bbs.tsinghua.edu.cn/），出现如图 6-3 所示的窗口。

图 6-3　水木清华 BBS 网站引导页

从图 6-3 中可知，要进入水木清华 BBS 网站有三种方法。

（1）登录：该方法是对老用户的，要求老用户输入用户账号和用户密码进入。

（2）匿名：该方法是对游客的，使用该方法的用户只是临时进入该网站，主要是为了了解该网站的内容。

（3）申请：该方法是想长期使用该网站，成为该网站中的一员，单击"申请"按钮后出现申请表，如图 6-4 所示。用户只要填入该申请表中的各项信息即可成为 BBS 会员。

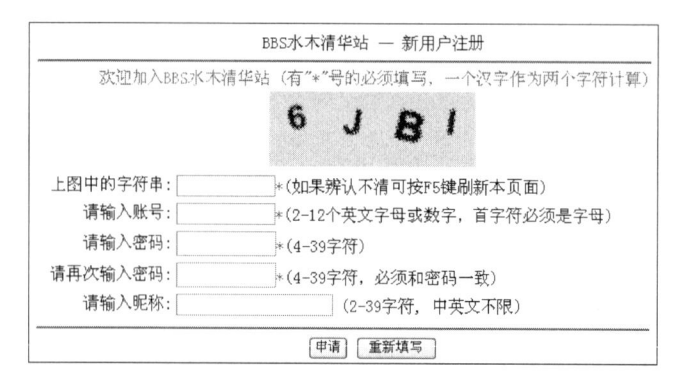

图 6-4 水木清华新用户注册

2. 在 BBS 站点上阅读文章

当使用匿名方式进入后出现水木清华 BBS 主页，如图 6-5 所示。

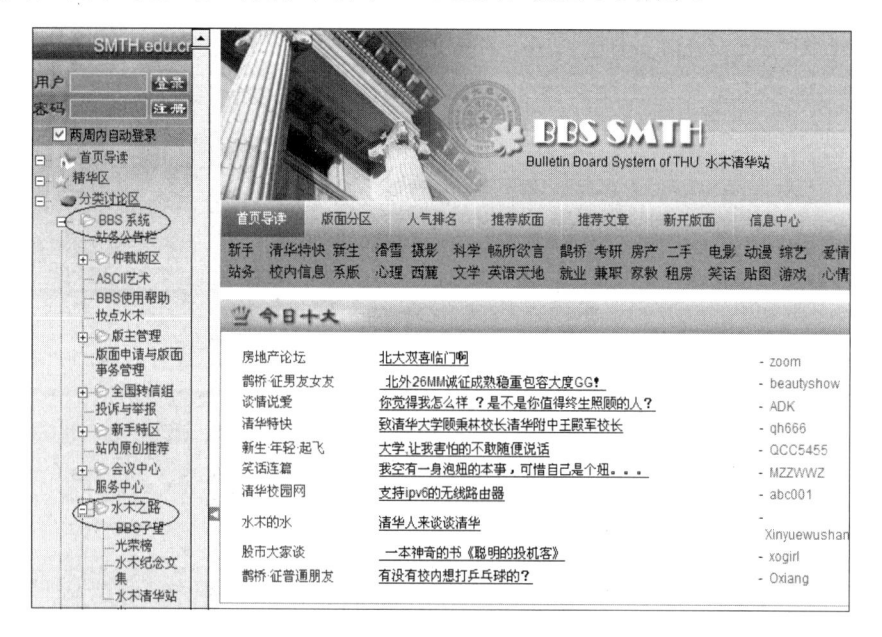

图 6-5 水木清华 BBS 主页

具体操作如下：
（1）在主页左边选项里选择"BBS 系统"。
（2）在"BBS 系统"选项里选择"水木之路"选项。
（3）在"水木之路"选项里选择"水木纪念文集"选项。
（4）在"水木纪念文集"选项里找到文章"说说我们第一次见面——给水母 9 周年！"，如图 6-6 所示。

阅读该文章后，你若感兴趣可以直接在该文章后面的回复文本框中填入你的想法和建议，也可以查看其他网友阅读此文章的感受，如图 6-7 所示。

第 6 章　其他 Internet 服务

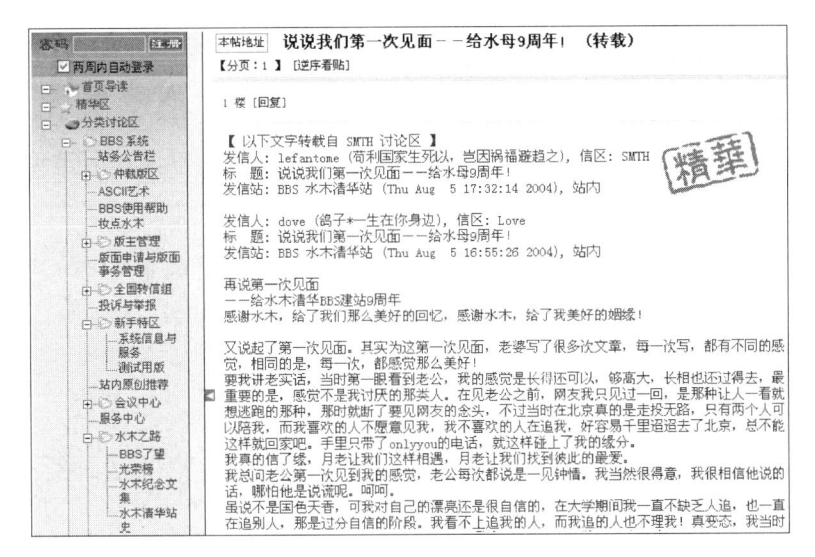

图 6-6　阅读 BBS 系统中的文章

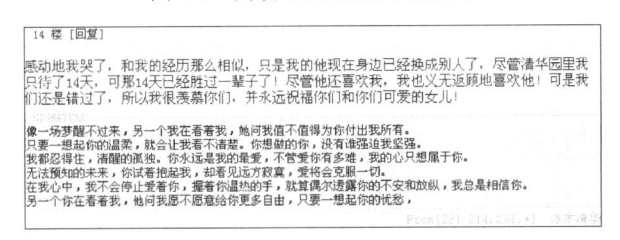

图 6-7　其他网友阅读文章后的感受

3．在 BBS 上下载信息

以上看到的文章如果需要下载，可以采取"复制""粘贴"的方法，即用鼠标选中所需要的文章内容后，单击鼠标右键打开快捷菜单，选择"复制"，然后进行粘贴即可。

如果希望下载其他软件，其操作步骤如下：
（1）选择"水木清华 BBS"系统主页左侧的"文件下载及其他"选项。
（2）在"文件下载及其他"选项下选择你感兴趣的文件。
（3）单击该文件名称即可下载。
（4）下载后安装就可以使用了。

4．首页导读

在主页的右侧有一个"首页导读"，如图 6-8 所示。

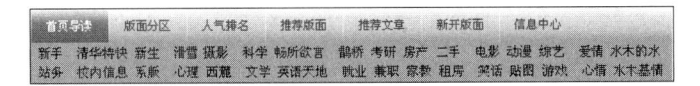

图 6-8　首页导读

从图 6-8 中可知，"首页导读"的内容有新手、清华特快、新生、滑雪、摄影、科学、畅所欲言、鹊桥、考研、房产、二手、电影、动漫、综艺、爱情、水木的水、站务、校内信息、系版、心理、西麓、文学、英语天地、就业、兼职、家教、租房、笑话、贴图、游戏、心情、水木基情32个项目的信息。

"水木清华"是清华大学目前的官方 BBS，也是中国教育网的第一个 BBS，正式成立于1995年8月8日。"水木清华"曾经是中国内地最有人气的 BBS 之一，代表着中国高校的网络社群文化。

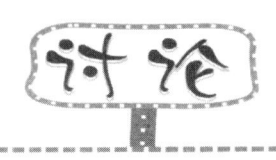

讨论

1. 你知道现在有哪些校园BBS吗？

2. 你认为哪个校园BBS最好？为什么？

6.2 IP 电话

6.2.1 IP 电话概述

IP 电话是基于网络通信协议（TCP/IP 协议），在 IP 网上提供的一种电话业务。它既方便又便宜，有的还可以免费。

1. IP 电话的含义

IP 电话是一种通过 Internet 或其他使用 IP 技术的网络来实现的新型的电话通信。随着 Internet 日渐普及，以及跨境通信数量大幅飙升，IP 电话也被应用在长途电话业务上。由于世界各主要大城市的通信公司竞争加剧，以及各国电信相关法令松绑，IP 电话也开始应用于固网通信，由于其具备低通话成本、低建设成本、易扩充性及日渐优良化的通话质量等优点，被国际电信企业看成是传统电信业务的有力竞争者。

2．IP 电话的发展

IP 电话始于 1995 年，所谓 IP 电话，是指在 IP 网上通过 TCP/IP 协议实时传送语音信息。最初的 IP 电话技术，只是计算机对计算机的语音传输技术。双方用户都必须与 Internet 联网，还要具备一套 IP 电话软件、音频卡、麦克风和扬声器等设备，因此虽然能通话，但范围很有限，还算不上是真正的 IP 电话。

真正意义的 IP 电话出现在 1996 年 3 月，当时一家美国公司推出了用 Internet 传送国际长途电话的业务，实现了从普通电话机到普通电话机的 IP 电话应用。目前，IP 电话已经通过网关把 Internet 与传统电话网联系起来，用户可以和普通电话用户一样，只要有电话机就能打 Internet 的国际长途电话，而通话费用则远远低于国际长途电话的费用。

3．IP 电话的特点

IP 电话的特点如下：

（1）成本低廉。IP 电话是通过 Internet 进行传输的，所以占用资源小，成本较普通的长途电话更低，尤其在打国际长途电话时更为显著。中国电信 IP 电话的费用标准为：国内长途 0.30 元/分钟；国际长途 4.8 元/分钟；港澳台 2.5 元/分钟。另外，还要加收由于使用 IP 电话所产生的本地接入费用，如图 6-9 所示是中国电信 2012 年最新 IP 电话费用标准。

图 6-9　中国电信 IP 电话费用标准

（2）能够更加高效地利用网络资源。由于 IP 电话采用的是分组交换技术，可以实现信道的统计复用，并且采用了高效的语音压缩技术，使网络资源的利用率更高，大大降低了运营商的成本。

（3）使用方便。IP 电话的使用方法与目前的 200、300 电话卡相似，即用户购买了 IP 电话卡后，就可得到一个私人账号和密码，使用时，在任何一部双音频电话上拨打该公司的 IP 接入号码，然后根据语音提示输入私人账号及密码，再拨入被叫号码即可。

6.2.2　IP 电话工作原理

IP 电话是 IP 网上可通过特定的 TCP/IP 协议实现的一种电话应用，从 IP 电话的发展历程来看，这种应用有 PC—PC、PC—电话、电话—PC、电话—电话 4 种形式，通常说的是电话—电话形式，其他三种形式从原理上讲减少了 IP 网关（将传统电话网语音或传真信号转换为 Internet 传输的数据或反之的关键设备，它在公用电话交换网 PSTN 和 Internet 间起着桥梁作用）和 PSTN 网络部分。

我们以电话—电话的应用形式为例，说明 IP 电话的工作原理，如图 6-10 所示。

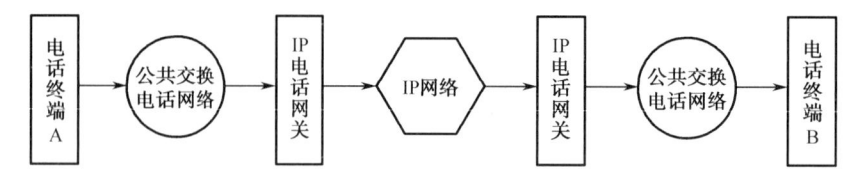

图 6-10 IP 电话工作原理示意图

1. IP 电话工作流程

IP 电话工作流程如下：

（1）当用户 A 通过互联网拨打用户 B 时，首先拨打 IP 电话的接入服务号码（如中国联通的接入服务号码为 17910）到发话端的 IP 电话网关。

（2）待连通后，再拨被叫用户 B 的电话号码。

（3）用户 A 的 IP 电话网关根据该号码查到用户 B 的 IP 电话网关的 IP 地址，通过 Internet 与用户 B 的 IP 电话网关建立连接，然后告诉用户 B 的 IP 电话网关用户 B 的电话号码。

（4）用户 B 的 IP 电话网关则根据该号码呼叫用户 B。

（5）如果用户 B 摘机，则电话接通。

2. IP 电话工作过程

在通话过程中，从技术的角度来看，IP 电话的工作过程包括以下几个步骤。

（1）语音的数字化。发话端的模拟信号经过公共交换电话网络送到发话端的 IP 网关上，然后利用数字处理（如 PCM）设备对语音进行数字化。

（2）数据压缩。数据压缩系统分析数字化后的信号，判断信号里包含的是语音、噪声还是语音空隙，然后丢掉噪声和语音空隙后对信号进行压缩。

（3）数据打包。由于收集语音数据及压缩过程需要一些时间（时间延迟），为了能保障数据分块传输，必须进行打包，且打包时加进一些协议信息，如每个数据包中应包含一个目的地址、顺序号，以及数据校验信息等。

（4）解包及解压缩。当每个包到达目的地主机（网关、服务器或用户）时，检查该包的顺序号并将其放到正确位置，然后利用一种解压缩算法来尽量恢复原始信号数据。

（5）语音恢复。由于 Internet 的原因，在传输过程中，有相当一部分包会丢失或延迟传送，它们是导致通话质量下降的根本原因。Internet 的传统纠错机制是，当接收端收到错误数据包就会丢弃并请求重传，由于 IP 电话业务是一种时间敏感业务，不能使用重传机制，需要用专用的检错和纠错机制来再造声音和填补空隙，即要求接收端存储收到一定数量的语音数据，然后使用一种复杂算法来"猜测"丢失内容，产生新的语音信息，从而提高通信质量。因此，接收端听到的语音有一部分信息是 IP 电话系统"再造"出来的，与发送端讲的语音不完全一样。

6.2.3 IP 电话的实现方式

IP 电话的实现方式有以下几种类型。

1．PC to PC（计算机—计算机）型

这是初期采用的一种方式，它以多媒体技术为基础，建立在网对网的架构上，在技术上较容易实现，但对用户的要求比较高。这种方式适合那些拥有多媒体计算机（声卡须为全双工的，配有麦克风）并且可以连上 Internet 的用户，通话的前提是双方计算机中必须安装同一套网络电话软件。

这种网上点对点方式的通话，是 IP 电话应用的雏形，它的优点是相当方便与经济，但缺点也是显而易见的，即通话双方必须事先约定时间同时上网，而这在普通的商务领域中就显得相当麻烦，因此这种方式不能商用化或进入公众通信领域。

2．PC to Phone（计算机—电话）型

随着 IP 电话的优点逐步被人们所认识，许多电信公司在此基础上进行了开发，从而实现了通过计算机拨打普通电话的应用。作为主叫方的计算机必须上网，并且要安装 IP 电话的软件，被叫方可以使用普通的电话。

通话时，主叫方登录到与对方电话网相连的 IP 电话网关服务器。主叫方的呼叫信号通过 Internet 到达服务器后自动转接到被叫方的电话上，建立起链路后，双方即可和普通电话一样交谈。运行软件时，要预先登记用户名、口令及对方的电话号码。而且，它在使用时通常需预付一定的费用或提供信用卡号码。Net2Phone 便是此类产品的代表。

拨打从计算机到市话类型的电话的好处是显而易见的，被叫方拥有一台普通电话即可，但这种方式除了付上网费和市话费外，还必须向 IP 电话软件公司付费。目前，这种方式主要用于拨打国际长途，不过这种方式仍旧十分不方便，无法满足公众随时通话的需要。

3．Phone to Phone（电话—电话）型

这种方式即"电话拨电话"，需要 IP 电话系统的支持。IP 电话系统一般由三部分构成：电话、网关和网络管理者。电话是指可以通过本地电话网连到本地网关的电话终端；网关是 Internet 与电话网之间的接口,同时它还负责进行语音压缩；网络管理者负责用户注册与管理，具体包括对接入用户的身份认证，管理呼叫记录及详细数据（用于计费）等。

现在各电信营运商纷纷建立自己的 IP 网络来争夺国内市场，它们均以电话记账卡的方式实现从普通电话到普通电话的通话。这种方式在充分利用现有电话线路的基础上，满足了用户随时通信的需要，是一种比较理想的 IP 电话方式。

这种形式出现得比较晚，但是使用最简便、最容易被人们接受的方式，也是技术背景最复杂的一种。如今，这种产品种类很多，实际性能差别也很大，大致可分为三种类型。

第一种类型双方电话各配置一个类似于 Modem 的设备，通话双方通过它登录到 Internet 上，首次通话前进行一次启用注册后，每次通话只需简单的操作便能像普通电话一样交谈。它的优点是用户不必直接操作计算机。

第二种类型两端都没有计算机与电话连接，而是通过称为"桥接器"的设备进行通话。它可以把普通模拟电话的音频信号流转换成分组数据送入 Internet 传输。"桥接器"可直接插入 Internet/Intranet。有些"桥接器"本身还具有小型交换机的功能，成为一种小型智能 IP 电话系统。

第三种类型利用 IP 电话网关服务器进行通话。网关服务器一端与 Internet 相连，另一端与当地的公用电话网相连。用户不需要申请 Internet 账户，打电话时拨一个特殊电话号码（接入号）即可连到服务器，使用起来就像国内的 200 卡一样，经过身份验证后，直接输入对方的电话号码。服务器收到被叫号码后，通过 Internet 与被叫方当地的相关服务器建立连接，对方服务器收到呼叫后立刻连通本地被叫电话号码。

不管如何分类，所有的 IP 电话其目的只有一个，即利用 Internet 传送话音（VOIP）。从目前 IP 电话的现状和发展趋势来看，基于 IP 电话网关服务器的 IP 电话技术对于用户来说是最便捷的方式，是 IP 电话发展的最佳途径。在 IP 电话的技术实现过程中，其主要采用了新的设备——电话网关服务器，使长途电话通信由传统的电路交换发展到通过 Internet 的包交换方式，只要通过普通的电话就可以使用 Internet 上提供的电话服务，用户端操作和传统电话一样，非常简单和方便。

6.2.4 典型 IP 电话软件

目前，IP 电话软件有上百款之多，我们从中挑选以下十几款，如表 6-1 所示。

表 6-1 典型 IP 电话软件一览表

软件名称	授权	录音支持	赠送话费	实际获取	评级
UUCall 网络电话	免费	支持	3～300 分钟	5 分钟	★★★★
19talk	免费	不支持	10～60 分钟	1.5 元	★★★★
Skype	免费	支持	无	无	★★★☆
阿里通	免费	支持	6～100 分钟	6 分钟	★★★☆
66Call	免费	支持	5～60 分钟	0.45 元	★★★
酷宝网络电话	免费	不支持		2 分钟	★★★
Yiqicall	免费	不支持	0.88～88.8 元	0.88 元	★★★
Vivicall 会友通	免费	不支持	最高 1000 分钟	1 元	★★★
和悦网络电话	免费	支持	无	无	★★☆
TTcall	免费	支持	无	无	★★☆
亿邻网络电话	免费	支持	无	无	★★☆
户户通	免费	不支持	3 分钟	0.3 元	★★
中华通	免费	支持	5～100 分钟	5 分钟	★★
任我拨网络电话	免费	支持	无	无	★★

1. UUCall 网络电话

UUCall 网络电话短小简练，不到 1.2MB，无须安装，直接运行，使用简单方便，并且语音清晰，无论你所在的网络是电信还是网通，UUCall 都将连接到离你最近的服务器，通话效果一样优质，打座机和手机一样清晰。UUCall 网络电话界面如图 6-11 所示。

2．19talk 网络电话

19talk 网络电话专注于通话和短信等主要功能的研究，致力于为用户提供一个语音清晰、资费便宜的网络电话。它具有多项好友分组，人性化的设计，点击联系人就可以直接发送短信和拨打电话，轻松方便。只要有计算机和网络的地方，就可以使用 19talk 计算机版拨打国内长途，出差在外也不用担心高额的漫游话费。19talk 网络电话界面如图 6-12 所示。

图 6-11　UUCall 网络电话界面　　图 6-12　19talk 网络电话界面

该软件无须安装，解压后可直接运行。另外，用户必须首先使用手机号码注册，免费获取话费，之后还会收到一条含有账号和密码的短信。其界面漂亮、简洁、大方，操作也非常简单便捷；通话效果清晰；话单及余额查询也非常方便。

3．酷宝网络电话

酷宝语音通信软件是一款多媒体网络即时通信软件，采用先进的 P2P 技术，超清晰、超低资费；会员间永久性免费通话。除此之外，它还拥有强大的文字聊大功能，支持酷宝表情、传情动漫、语音播客等。

该网络电话在注册时比较复杂，需要填写的内容较多，并且随后还需要进行邮件激活。其特色是支持多人电话会议及聊天功能；用户注册即可获得免费 2 分钟通话时长；接通速度快，通话效果清晰；但不支持短信及录音功能。酷宝网络电话界面如图 6-13 所示。

4．66Call 网络电话

66Call 推出的"综合通信服务"，即融合语音、短信、在线聊天、多方会议、网络传真等多种通信方式，覆盖各种不同形态的客户通信需求，实现 Internet 和移动网及固话网间的无缝通信服务。66Call 不但可以从个人计算机给手机打电话、发短信，而且不受任何限制，

> IP 电话通话质量受到网络好坏的影响，清晰度与传统的固定电话有差距。

能够随时随地与好友开始语聊，并享受超低语聊资费。66Call 网络电话界面如图 6-14 所示。

图 6-13　酷宝网络电话界面　　　　图 6-14　66Call 网络电话界面

6.3　微信与微商

6.3.1　微信概述

> 微信，是一个超过 10 亿人使用的手机应用，支持发送语音短信、视频、图片和文字，可以群聊，仅耗少量流量，适合大部分智能手机。

1．微信的含义

微信（WeChat）是腾讯公司于 2011 年 1 月 21 日推出的一个为智能终端提供即时通信服务的免费应用程序，微信支持跨通信运营商、跨操作系统平台通过网络快速发送免费（需消耗少量网络流量）语音短信、视频、图片和文字，同时也可以使用通过共享流媒体内容的资料和基于位置的社交插件"摇一摇""漂流瓶""朋友圈""公众平台""语音记事本"等服务插件，如图 6-15 所示。

微信提供公众平台、朋友圈、消息推送等功能，用户可以通过"摇一摇""搜索号码""附近的人"及扫二维码方式添加好友和关注公众平台，同时通过微信可以将内容分享给好友及将精彩内容分享到微信朋友圈。

截至 2019 年第一季度，注册用户量已经突破 11 亿人，是亚洲地区最大用户群体的移动即时通信软件。微信官方发布的 2018 年春节期间微信数据报告称，"今年春节，共有 7.68 亿人选择使用微信红包传递新年祝福，收发红包总人数同比去年增加约 10%。其中一位来自南昌的人士一共收到了 3429 个红包,成为这个新年最幸福的人。"

图 6-15 微信标志

2. 微信成长数据

(1) 2012 年 3 月 29 日,微信用户破 1 亿人,耗时 433 天。

(2) 2012 年 9 月 17 日,微信用户破 2 亿人,耗时缩短至不到 6 个月。

(3) 2013 年 1 月 15 日,微信用户达 3 亿人。

(4) 2013 年 7 月 25 日,微信的国内用户超过 4 亿人;8 月 15 日,微信的海外用户超过了 1 亿人。

(5) 2013 年 8 月 5 日,微信 5.0 上线,"游戏中心""微信支付"等商业化功能推出;2013 年第四季度,微信月活跃用户数达到 3.55 亿人(活跃定义:发送消息、登录游戏中心、更新朋友圈)。

(6) 2014 年 1 月 28 日,微信 5.2 发布,界面风格全新改版,顺应了扁平化的潮流。

(7) 2014 年 12 月 24 日,微信团队正式宣布面向商户开放微信现金红包申请。只要商户(公众号、App 或线下店皆可)开通了微信支付,就可以申请接入现金红包。

(8) 2015 年 3 月 9 日,微信开放连 WiFi 入口,用户无须账号、密码即可上网。

(9) 2016 年 3 月 1 日起,微信支付对转账功能停止收取手续费。

(10) 2017 年 1 月 9 日 0 点,万众瞩目的微信第一批小程序正式低调上线,用户可以体验到各种各样小程序提供的服务。

(11) 2018 年 1 月 31 日,微信发布 iOS 端新版本 6.6.2,支持两个账号一键切换登录,以及发现页管理功能。

(12) 2019 年 1 月 7 日,腾讯云副总裁陈平在 IPv6(Internet Protocol Version 6,互联网协议第六版)智联升级发布会上称,腾讯云将在 2019 年实现 IPv6 in all,既全生态推进 IPv6 战略。

6.3.2 微信的基本功能

1. 基本功能

(1) 聊天功能。微信支持发送语音短信、视频、图片(包括表情)和文字,是一种聊天软件，支持多人群聊。

（2）添加好友功能。微信支持查找微信号（具体步骤：点击微信界面上方的⊕按钮→添加朋友，输入想搜索的微信号码，然后点击查找即可）、查看QQ好友添加好友、查看手机通讯录和分享微信号添加好友、摇一摇添加好友、二维码查找添加好友和漂流瓶接受好友等 7 种方式。

（3）实时对讲机功能。用户可以通过语音聊天室和一群人语音对讲，但与在群里发语音不同的是，这个聊天室的消息几乎是实时的，并且不会留下任何记录，在手机屏幕关闭的情况下也仍可进行实时聊天。

2．支付功能

微信支付是集成在微信客户端的支付功能，用户可以通过手机完成快速的支付流程。微信支付向用户提供安全、快捷、高效的支付服务，以绑定银行卡的快捷支付为基础。微信支付实现线下到线上的闭环。

3．支付环境

用户只需在微信中关联一张银行卡并完成身份认证，即可将装有微信App的智能手机变成一个全能钱包。用户在支付时只需在自己的智能手机上输入密码，无须任何刷卡步骤即可完成支付，整个过程简便、流畅。

微信公众平台支付、App（第三方应用商城）支付、二维码扫码支付、刷卡支付，用户展示条码，商户扫描后完成支付。

4．支付规则

（1）绑定银行卡时，需要验证持卡人本人的实名信息，即姓名、身份证号的信息。

（2）一个微信号只能绑定一个实名信息，绑定后实名信息不能更改，解卡不删除实名绑定关系。

（3）同一身份证号只能注册最多10个（包含10个）微信支付。

（4）一张银行卡（含信用卡）最多可绑定3个微信号。

（5）一个微信号最多可绑定10张银行卡（含信用卡）。

（6）一个微信号中的支付密码只能设置一个。

（7）银行卡无须开通网银（中国银行、工商银行除外），只要在银行中有预留手机号码即可绑定微信支付。

6.3.3 微商概述

1．含义

微商是利用微信所做的一种营销，最初很多人都是频繁在朋友圈发布一些硬性广告，也有一部分人领略到了微信的真正用途，利用它的社交属性进行营销，如图6-16所示。

第 6 章 其他 Internet 服务

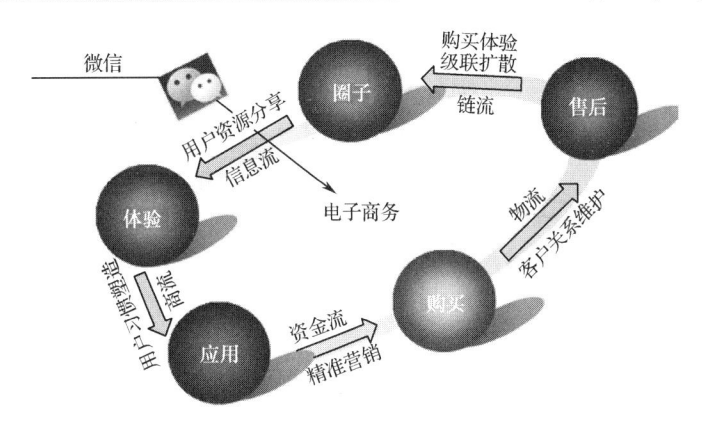

图 6-16 微商概念

微信营销一直存在，而且已经逐步走上正轨，就是利用微信的这种社交属性，先交友，后卖东西，很自然，先打造个人品牌，树立信任，树立圈子影响力，东西自然卖得出去。包括现在微信上线的微店都是为了规整这方面。

这其中是有技巧需要掌握的，如塑造自己的文案功底，用文字图片巧妙地展现自己跟产品，将广告做得有趣，将发布的数量控制得当，将群聊做得合理，将准客户能挖掘到手。了解自己，了解产品，了解客户，了解平台属性。

2．微商平台

2014 年，微信已经带来了 1007 万的就业人数，而微信面对第三方平台开放专门的针对性的接口，以便获得商户信息的管理权。不得不说，2015 年是微商元年，微商的发展更加迅猛。微商走向了行业规范化，产品走向阳光化，微商操作平台化。那么微商怎么做？微商有哪些好的平台呢？

从广泛意思上讲，微商平台可以指所有的社交软件，只要可以发表产品图片、分享及跟好友互动。QQ 空间、微博、微信朋友圈等一切社交软件，都可以成为微商很好的平台。不过随着微商代理的不断发展，作为微商平台的微店崛起，如图 6-17 所示。

图 6-17 微店

微店作为一个微商平台，一头牵着供货商，一头牵着网民。微店就类似于移动端的淘宝店，主要是利用社交分享、熟人经济进行营销。微店是提供让微商玩家入驻的平台。有点类似 PC 端建站的工具，其不同于移动电商的 App，主要利用 HTML5 技术生成店铺页面，更加轻便，商家可以直接装修店铺，上传商品信息，还可通过自主分发链接的方式与社交结合进行引流，完成交易。

3. 微商平台特征

（1）精准性。由于微信公众平台需要用户主动关注，是用户主动选择的结果，因此微信公众平台店铺的粉丝是其具有巨大潜力的消费群体，无论是进行活动推广，或者向其推荐商品，都能够实现更高的购买转化。

（2）社交性。微信是一个天然的高黏性的社交平台，因此微商不仅局限于传统的售卖，而是集营销与电商于一身，通过微信的社交性进行品牌维护、口碑营销及产品推广。因此该平台对于商家来说是一个机遇，也需要商家转变思维，能够更好地利用该平台。

（3）打通线上线下。微信支付接口有两种，一种是线上商家帮助用户在微信内打开网页购买商品时调用，另一种是线下商家为商品生成二维码，让用户使用微信扫码支付。因此微商一方面针对线上商家，一方面也可以打通线下商家，还可以实现线上与线下的互动，实现 O2O 的闭环。

微商想要得到更好的发展，还需要克服一些问题。微信不同于淘宝，淘宝有搜索入口及各种广告渠道，而微信相对来说是一个较为封闭的系统，微信公众平台缺乏自有的公开推广渠道，未来微信如果能为自己平台商家提供更多的渠道和机会，将进一步促进微商的发展。此外，微信公众平台的后台如果能提供一些电商所需的标准化模块供商家选择，将可能进一步降低进入门槛。

6.3.4 微商运营模式

1. 微商街运营模式

微商街是由移动互联网企业应用联盟为主导，联合微应用的研发单位、知名投资机构共同打造的微信商街平台。平台由 PC 端和移动端呈现，是联通线上与线下、企业与客户的平台。简单地说，微信商家或微信电商，类似于淘宝，只不过平台换成了微信端。

毫无疑问，微信已然是当今移动互联网的最大流量入口。微信的巨大用户规模已成为众多企业觊觎的营销市场。随着微商的不断发展，微信营销的生态发展已初见端倪，而微商街提供了连接能力，就是让商家和消费者连接起来。微商街就是一个服务和对接的平台，如图 6-18 所示。

2. 微商街为商户创造价值

微商街从以下几个方面为商户创造价值。
（1）提供移动电商整体解决方案。
（2）为商户提供源源不断的潜在用户流。
（3）持续的业绩转化。

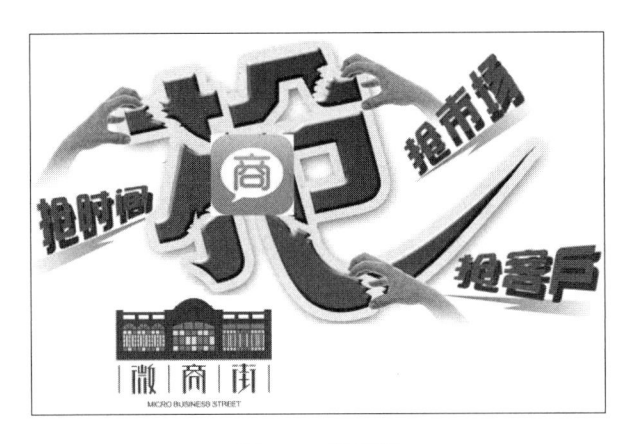

图 6-18 微商街

3．微商联盟运营模式

微商联盟是在移动互联网时代微信营销的大背景下，提出的新商业运作模式，这种模式以微网站为其展现形式，把营销活动作为交互方式，让微信朋友圈成为传播桥梁，为合作商家搭建起企业自媒体营销系统，同时又能将所有合作商家资源聚集起来进行资源整合，形成一个异业营销的平台，达到不同行业的商家之间粉丝共享、资源共享的目的。

将所有商家的粉丝集合于平台，基于微信传播的社交特征，将粉丝的作用最大化，提高粉丝的利用率，降低商家成本、提高效率、增强商家的市场竞争力，同时利用平台效应吸引更多的商家加入，为参与的商家产生更多更大的效益，如图6-19所示。

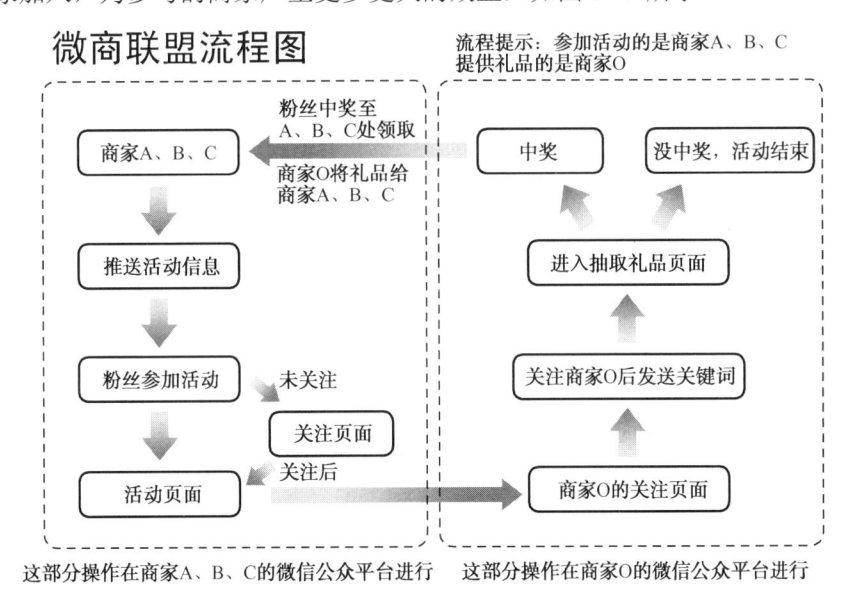

图 6-19 微商联盟

4．三大阵营

（1）平台类型的，如微信小店、京东拍拍微店、淘宝微店、口袋购物微店。

（2）主打服务的，如微商联盟、京拍档、各大电商平台自己推出的微店（主要服务于开放平台，一方面立足自身的购物 App 主打中心化移动电商，另一方面借助微店形成去中心化移动电商的布局）。

（3）一些个人推出的，提供一种建微商城的工具。

6.3.5 O2O 概述

1．含义

O2O（Online to Offline，在线离线/线上到线下）是指将线下的商务机会与互联网结合，让互联网成为线下交易的前台，这个概念最早来源于美国。

O2O 的概念非常广泛，既涉及线上，又涉及线下，可以通称为 O2O。主流商业管理课程均对 O2O 商业模式有所介绍及关注。

2．O2O 价值

目前，O2O 有三个价值：信息、预约、优惠。

（1）信息。O2O 传达的信息包括商家的具体信息，可以让消费者快速便捷地获取周围生活服务的信息；同时，O2O 网站的建设，可以让商家将自身推销出去，是一个效果很好的广告平台。

（2）预约。由于 O2O 的消费模式是线上预约、线下消费，现在消费者的享受方式越来越多样化，追求方便却又高档次。通过预约，消费者可以避免人满为患的排队等候，提高消费满意度。

另外，预约对商家来说意味着收入和利润，预约越多，商家收入越多，也可以根据预约情况安排消费者消费秩序。

（3）优惠。对于大家都很熟悉的团购来说，无疑就意味着"折扣"，C2B 的订单越多，商家的影响力就越大，随之而来的也是更多的消费者；对于会对比各类消费水平和档次的消费者来说，通过 O2O 模式，可以获取更多的信息，选择性更大。

目前，团购有 300 亿元的市场，电商有 7000 亿元的市场，O2O 的市场将更大，超过万亿元。不可否认，互联网是个服务型的工具，我们应该利用好线上商品服务的集中性与线下的便捷性，将二者结合起来，创造更多的财富。

6.3.6 O2O 的商业模式

1．含义

O2O 将线下商务的机会与互联网结合在了一起，让互联网成为线下交易的前台。这样线下服务可以通过线上来揽客，消费者可以通过线上来筛选服务，成交后可以在线结算，如图 6-20 所示。

首次的 O2O 模式是在 2006 年沃尔玛公司提出的 Site to Store 的 B2C 战略，即通过 B2C 完成订单的汇总及在线支付，顾客可以到 4000 多家连锁店取货。

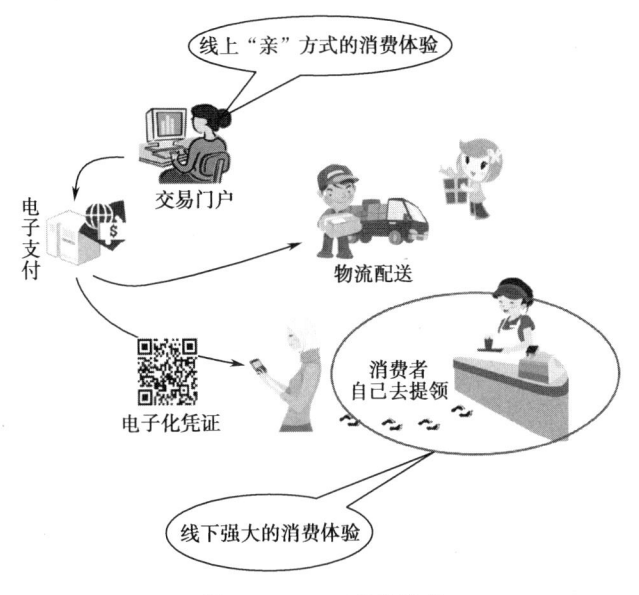

图 6-20 O2O 商业模式

中国 O2O 模式的发展现状是：携程、大众点评网为最早的 O2O 模式，但它们仅注重信息流的传递，资金流和服务流一般线下实现。团购模式可以线上同时实现信息流与资金流，线下实现商业流与服务流，是中国 O2O 市场的极小缩影。

2．O2O 模式特点

O2O 模式特点是推广效果可查，每笔交易可跟踪，目前国内很多电子商务网站都有 O2O 模式的影子。目前，国内完全采用 O2O 模式运营的网站非常少，像美团、拉手、窝窝团这类传统团购网站，它们的模式既包含了 O2O 的成分，也包含 O2O 以外的东西。而街库网是唯一一家完全采用 O2O 模式运营的网站，因为街库网上的所有商家都是线下拥有实体店的，用户需要先在网上支付，支付成功收到二维码短信后便可直接到商家取货。

3．O2O 服务平台的重要元素

（1）共同参与。由线上与线下服务方共同参与构成服务链，划分各自的服务范围，但是之间的节点不能过多，步骤不宜过于复杂。

（2）两端支付、凭证核销。由线上到线下的服务凭证核销，这一点能有效建立起消费者与商户之间的信任关系，必须建立起一套两端支付，信息互通，且服务凭证核销环节保证可信、可监控的高安全性。

（3）可货币化。可按服务价值清晰地确定各渠道、各个方面的利益分配。

6.3.7 O2O 与电子商务

有了微信的推波助澜，一夜之间，大家无不都在谈论着 O2O，特别是在电子商务领域，大家都觉得这是一个颠覆传统电商的一个机会。如图 6-21 所示是 O2O 与电子商务。

图 6-21　O2O 与电子商务

1. O2O 与 B2B 的区别

（1）O2O 是"网络+实体"，O2O 营销模式又称离线商务模式，是指线上营销和线上购买带动线下经营和线下消费。

（2）B2B（Business to Business）是指商家与商家建立的商业关系，是企业对企业之间的营销关系，是纯线上的。

B2B 是指进行电子商务交易的供需双方都是商家（或企业、公司），他们使用互联网技术或各种商务网络平台完成商务交易的过程。电子商务是现代 B2Bmarketing 的一种主要的表现形式，含有三个要素。

① 买卖：B2B 网站平台为消费者提供质优价廉的商品，吸引消费者购买的同时促使更多商家的入驻。

② 合作：与物流公司建立合作关系，为消费者的购买行为提供最终保障，这是 B2B 平台硬性条件之一。

③ 服务：主要是为消费者提供购买服务，从而实现再一次交易。

2. O2O 与 B2C 的相同点

O2O 与 B2C 都是一种服务形式。

具体来说，O2O 与 B2C 的相同点如下：

（1）消费者与服务者第一交互面在网上（特别包括手机）。

（2）主流程是闭合的，且都是网上，如网上支付、客服等。

（3）需求预测管理在后台，供需链管理是 O2O 和 B2C 成功的核心。

3. O2O 与 B2C 的不同点

O2O 与 B2C 的不同点如下：

（1）O2O 更侧重服务性消费（包括餐饮、电影、美容、SPA、旅游、健身、租车、租房等）；B2C 更侧重购物（实物商品，如电器、服饰等）。

（2）O2O 的消费者到现场获得服务，涉及客流；B2C 的消费者待在办公室或家里，等货

上门，涉及物流。

（3）O2O 中库存是服务；B2C 中库存是商品。

4．O2O 与 C2C 的不同点

O2O 指的是一种线上支付，线下消费。简单来说就好比本地商城门户系统就是一个 O2O 模式平台，在平台上选择商家订单，然后我们下线（可以简单地理解为离开了网络），拿着订单的二维码到实体店去消费，这个就是 O2O。

C2C 是用户到用户，一个简单的比喻就是：假如你现在换了一部新手机，你原先的手机就淘汰了，但毕竟还能用，就会有点价值，你就会想到放到二手市场上去卖，就会在网站上发布有一部二手手机出售，路人甲正好需要一部这样的手机，就会联系你，然后你们商议好价格，你拿到了钱，路人甲拿到了手机，这就是顾客到顾客的交易（即 C2C）。

通俗来讲，O2O 就是我成立个公司卖东西你来买，但要你自己来拿；B2B 就是你也成立了公司，买我公司的东西；B2C 就是我成立个公司卖东西，你来买；C2C 就是我卖东西，你来买。

电商模式知识口诀如下：

（1）O2O 有三宝：线上、线下、一起搞。

（2）B2B 有三宝：企业、中介、沟通好。

（3）B2C 有三宝：品牌、渠道、销售好。

（4）C2C 有三宝：你开、我买、支付宝。

（5）LBS 有三宝：签到、优惠、位置找。

（6）NFC 有三宝：近场、支付、安全好。

（7）SEO 有三宝：内容、外链、权重牢。

（8）EDM 有三宝：内容、受众、分析好。

（9）CPA 有三宝：行动、转化、站长恼。

（10）CPS 有三宝：佣金、销量、效果好。

（11）CPC 有三宝：点击、引导、作弊少。

（12）CPM 有三宝：展示、千人、不可靠。

（13）PHP 有三宝：开放、高效、成本少。

能力训练题 6　BBS 的使用

一、能力训练前的准备

（1）查看本地计算机是否已与 Internet 连接成功。

（2）查看本地计算机的 Internet Explorer 是否是最新版本的，建议最好使用 Internet Explorer 8.0 或以上版本。

（3）建立自己的子目录以备用，以后可以将从 Internet 上搜索到的资料下载到该子目录中。建议最好将自己的子目录创建在 C 盘以外的硬盘中，待用完后再将其相应的资料内容复制到自己的网络硬盘或 U 盘中。

二、能力训练目的要求

通过 BBS 的使用，了解 BBS 的工作流程，掌握 BBS 的使用方法，学会使用 Web 形式访问 BBS 的方法和技巧。

三、能力训练内容

【操作一】 进入水木清华 BBS 网站

（1）进入 Internet 后，直接在 IE 浏览器中的 URL 地址栏输入：http://bbs.tsinghua.edu.cn/，进入水木清华网站。

（2）注册一个用户，填写相关的资料。

（3）用注册后的账号和密码进入水木清华 BBS 网站。

（4）熟悉 BBS 系统环境和功能模块。

【操作二】 在水木清华 BBS 网站阅读文章

（1）在水木清华 BBS 网站主页选择 BBS 系统。

（2）选择"自然科学"项中的"天文"。

（3）阅读 3 篇文章：《爱因斯坦的相对论的批判》《黑洞的真相》《有关垃圾焚烧的独到见解》。

（4）在该 BBS 论坛上发表自己的观点、意见、建议（每篇文章至少发表 3 条帖子）。

（5）查看有无反馈意见。

【操作三】 下载相关资料

（1）在水木清华 BBS 网站主页选择"文件下载及其他"项。

（2）下载科学计算器和万年历。

（3）下载 Flash Player 9 软件。

（4）撰写总结和体会，要求 1000～1500 字。

四、能力训练报告

能力训练报告的格式如下。

1．训练过程

目的要求：
训练内容：
训练步骤：
从水木清华主页阅读资料，并获得免费软件。

2．训练结果

训练结果分析：
（可以使用表格方式，也可以使用文字方式。）

3．总结

通过能力训练，总结自己的掌握程度，分析出错原因，提出改进措施。

习题6

一、填空题

1．BBS 是 Internet 上一种_____系统，它提供一块_____，每个用户都可以在_____，并发布自己的_____或_____。在 BBS 上，大家可以对一个_____的问题_____，自由地_____的意见与见解，并且能直接与_____进行沟通。

2．BBS 的类型可以分为_____、_____、_____、_____、_____等。

3．BBS 的功能有_____、_____、_____、_____等。

4．IP 电话是一种通过_____或其他使用_____网络来实现_____通信。随着 Internet 日渐普及，以及_____数量大幅飙升，IP 电话也被应用在_____业务上。

5．IP 电话的特点有_____、_____、_____、_____等。

6．IP 电话的实现方式有_____型、_____型、_____型。

7．目前，IP 电话软件有_____网络电话、_____网络电话、_____网络电话、_____网络电话、_____网络电话、_____网络电话等。

8．微信（WeChat）是腾讯公司于_____推出的一个为_____提供即时_____的免费应用程序。

二、判断题

1．通过 BBS 系统可随时获得国际最新的软件及信息。（   ）

2．每一个大学生都有属于自己学校的 BBS。（   ）

3．业余 BBS 一般由对 BBS 不太爱好的个人建立，其目的主要是为广大的网络上的朋友提供一个在某些专业方面交流的场所。（   ）

4．水木清华 BBS 网站是北京大学的官方网站。（   ）

5．在 BBS 上只能阅读文章而不能下载文章，若要下载需要交费。（   ）

6．所谓 IP 电话，是在 IP 网上通过 TCP/IP 协议实时传送语音信息的应用。（   ）

7．IP 电话只能是计算机—计算机型。（   ）

三、简答题

1. 请写出 BBS 的概念。
2. 请写出 BBS 的类型。
3. 请写出基于 Web 上 BBS 的特点。
4. 请写出 BBS 的功能。
5. 请写出如何在 BBS 上阅读文章，并举例说明。
6. 请写出 IP 电话的概念和特点。
7. 请写出 IP 电话的工作原理。
8. 请写出 IP 电话的实现方式。

阅读材料6——微信的力量——智能化朋友圈

（http://baijiahao.baidu.com/s?id=1601993290192097761&wfr=spider&for=pc）

> 微信是一款非常具有时效性的跨平台的手机交友软件。用户可以通过微信与好友进行形式上更加丰富的类似于短信、彩信等方式的联系。

微信也许被已有思维困住了，怎么去应对现有的多方对手？头条、抖音以超级快的增长围剿，于是外界对微信公众号是一片唱衰声音，看着这个，我有些着急，所以说说部分自己的想法。

我们都知道，如果跟进信息流，可能毁坏原有的公众号格局；如果不跟进信息流，公众号打开率将降低。

也许微信需要一些外部思维来小变动一下。首先我们需要确认一点，微信确实不能大动，因为订阅号、服务号的格局牵扯到很大的利益和流程习惯，小程序的大格局建立也不能让微信有超级大的变动，将现有的订阅号直接改成信息流模式显然并不现实，因为这样涉及公众号主体的推送利益及推送模式变更，从商业信誉和格局发展都是不适用的。

所以在确定不能大变动的前提下，我们分析有以下三个需求（当然还有更大的格局需求，当前只谈微信信息优化传递）

（1）消费者看到更高质量的内容。

（2）公众号内容更便捷的传递到用户手中。

（3）增加用户使用黏度和使用时长。

基于这些，我们分析，微信需要一个切口，能够让大家继续方便地看更多优质内容的切口，既能提升微信品质，又能增加用户的使用习惯。这个切口不能改变太多的行为习惯，而且教育成本要低，让用户感觉到变了。我们知道很多人还是很喜欢看朋友圈的，但是朋友圈微商泛滥，导致很多人逃离朋友圈，但大家依然需要朋友圈，所以基于这些习惯，微信拥有这个增长切口——智能化朋友圈。

朋友圈的 1.0 阶段，就像早期的门户网站，网站发什么、用户看什么，目前的朋友圈也是一样，微信好友发什么，用户看什么。1.0 阶段的朋友圈，完全不匹配微信高科技属性。我们认为可以形成以智能推送为主的智能朋友圈，让用户看到朋友信息和喜欢的信息，基本模型路径为：

朋友圈 1.0：好友发——好友看：按照时间发布推送。

朋友圈 2.0：好友发——有智能的看：按照好友发布、智能的推送。

朋友圈 3.0：好友发——智能的看。

公众号发——智能的看（将关注的公众号当成好友发布内容看）。

朋友圈 4.0：全网发——智能的看。

朋友圈 5.0：全网发——智能的看——智能的评论（在朋友圈上栏形成多模块内容）。

说明：公众号发是将公众号内容直接发到朋友圈内，是新增公众号内容的一种浏览方式。全网发是汇集全网信息智能在朋友圈推送。

当然如果这个方案被认可，能够直接实现将会更好，直达 5.0 版本，我们认为智能化朋友圈将会实现更高频的链接，他没有毁坏原有订阅号和服务号的基础属性，反而给公众号一个更大的出口。

第7章 网上休闲购物与大数据

知识要点
- ❖ 网上购物的概念
- ❖ 网上购物的特点
- ❖ 网上购物的方法和技巧

能力要点
- ❖ 学会在淘宝网上购物
- ❖ 学会支付宝的使用方法

第7章 网上休闲购物与大数据

引例7——我的网购故事

网上购物是我百无聊赖中接触的。当时打开的是易趣，发现原来网上的东西比我们平时在商场看到的东西都便宜好多，而且要什么有什么，只需要输入几个字搜索一下就都出来了，价格、性能、外观……一目了然。比我们为了买一样东西在商场逛一大圈而又买不到轻松得多。

那时我的计算机买了快一年了，缺一个摄像头。我进了易趣，输入"摄像头"几个字后，发现还真是应有尽有，多少像素的、多少价格的、可爱的动物形象的，都不知道要买哪个了。最后，锁定一个目标，而且好评率很高。我直接申请了一个账号，点击购买，虽说我接触网络好多年了，但网上买东西还是头一回。给卖家打了一个电话，马上就到银行汇款了。当时没想过要是卖家不发货怎么办？要是卖家发次货怎么办？只是期待着……过了十天（我用的是平邮），邮局通知我去拿货。刚拿回家，马上就装到计算机上了，效果真是太好了，有图像、有声音，而且还可以录像，这下我可以跟朋友炫耀一下了，看看，多实惠。

接下来又认识了淘宝，拍拍。不过，接下来的两次购物就不那么顺利了，一次是买衣服，另一次是买鞋子。

先说鞋子吧，首先我得感谢这个好卖家。我一下买了两双鞋，收到鞋子试穿后，发现有一双鞋穿着特别不舒服，我本来打算自认倒霉。不过在和卖家用 QQ 聊天时，我随意地说了一句，"有一双鞋没法穿，穿着脚疼"。没想到卖家说："那您需要换吗？"既然这样，那我就打算换一双，我把运费付了，原来的鞋子也邮寄给他了，可快一个月了我也没收到货，我问他，他说货已经发了，可能有点慢，等他查一下再回复。结果是这个糊涂的卖家发货时用了我的网名，他最后把钱退给了我，还向我道歉。我想能碰到这样的好卖家真是我的幸运。

另一家，我可真说不出是什么感受了，不过我还得说说具体的过程。也许是我头脑发热，和我妹一下要了四件衣服。汇完钱后一个月了货也没到，我打电话问，电话全是"不能为您服务"，QQ要么不在线，要么不回。怎么办呢？走投无路下，我又问了前面那个卖鞋子的卖家。他说投诉吧，此时我心里又燃起了一点点希望。把汇款的回单拍下来后，在拍拍客服投诉了她，接着又是等待，不过这次等待没有太久，投诉成功了，真的是欣喜若狂。几经周折，货是到了，不过有一条裙子的布料非常差。接下来跟卖家谈判，我说裙子的质量太差了，她说我又不是给你一个人发货，给别人也是一样的货，别人也没说有什么质量问题！我无话可说，给了个中评（毕竟其他三件还说得过去）。

通过我的网上购物经历也给各位卖家、买家提个醒：诚信为本。特别是广大的买家，购物时要多长个心眼，最好是通过财付通付款，若是汇款的话，一定得把汇款的回单保留好。还有一点就是不要浪费了给卖家的评价，做到公平公正。

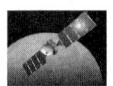

7.1 网上购物

7.1.1 网上购物概述

> 依托于 Internet 而得以实现的网上购物，虚拟性是它的显著特征。随着 Internet 的发展，网上购物越来越受到人们的青睐。

1. 网上购物的含义

网上购物就是通过 Internet 检索商品信息，并通过电子订购单发出购物请求，然后填上私人支票账号或信用卡号码，厂商通过邮寄的方式发货。国内的网上购物的付款方式有款到发货（直接银行转账、在线汇款）、担保交易（淘宝支付宝、百度百付宝、腾讯财付通等）、货到付款等。

随着 Internet 在中国的进一步普及应用，网上购物逐渐成为人们的网上行为之一。据悉，CNNIC 采用电话调查方式对 19 个经济发达城市进行了调查，包括 4 个直辖市（北京、上海、重庆和天津），15 个副省级城市（如广州、深圳、沈阳、哈尔滨、长春等）。访问对象是半年内上过网且在网上买过东西的网民。报告显示，在被调查的 19 个城市中，上半年网络购物金额达到了 162 亿元。从性别比例来看，男性网购总金额为 84 亿元，女性网购金额略低于男性，达到 78 亿元。其中，学生半年网购总金额已达 31 亿元，是非学生半年网购总金额的近 1/4。有报告称 2011 年中国网购市场规模达到 8000 亿元，网上销售额占到社会商品零售总额的 4%以上。

2. 网上购物的特点

网上购物的特点可以从以下三个方面来说明。

（1）对于消费者来说。

① 消费者可以在家"逛商店"，想看多久就多久，想什么时候买都可以，订货不受时间、地点的限制。

② 获得较大量的商品信息，可以买到当地没有的商品。

③ 从订货、买货到货物上门无须亲临现场，既省时又省力。

④ 由于网上商品省去租店面、招雇员及储存保管等一系列费用，总的来说，其价格较一般商场的同类商品便宜很多。

⑤ 网上支付较传统现金支付更加安全，可避免现金丢失或遭到抢劫等意外损失。另外，只要注意网银安全，办理好 U 盾，不要随意打开陌生人给的链接，网上购物基本就安全了。

（2）对于商家来说。由于网上销售没有库存压力、经营成本低、经营规模不受场地限制等，会有更多的企业选择网上销售，通过 Internet 对市场信息的及时反馈适时调整经营战略，以此提高企业的经济效益和参与国际竞争的能力。

（3）对整个市场经济来说。这种新型的购物模式可在更大的范围内、更广的层面上以更高的效率实现资源配置。

综上所述，网上购物突破了传统商务的障碍，无论是对消费者、企业，还是市场都有着巨大的吸引力和影响力，在新经济时期无疑是达到"多赢"效果的理想模式。

7.1.2 在淘宝网上购物

1. 淘宝注册

（1）在 IE 浏览器的 URL 地址栏上输入"www.taobao.com"，进入淘宝主页，如图 7-1 所示。

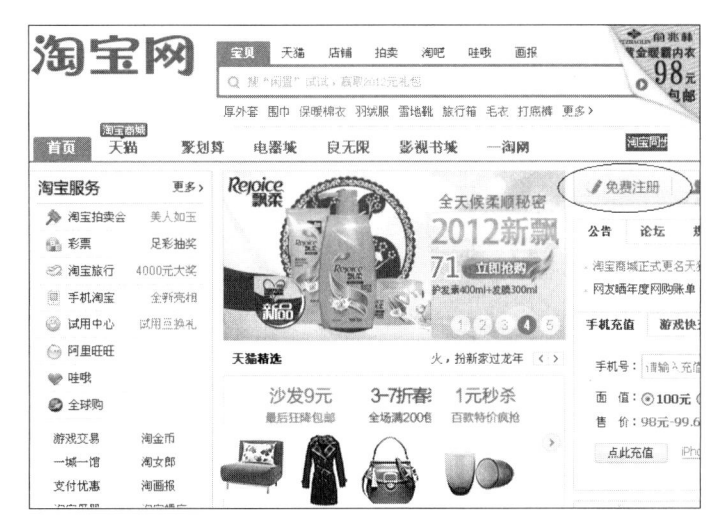

图 7-1 淘宝网主页

（2）单击该主页面上方的"免费注册"按钮，弹出新会员注册窗口，如图 7-2 所示。在该窗口中填入：

① 会员名，使用 5～20 个字符，或是字母、数字、汉字，或混合体，一个汉字为两个字符，推荐使用中文会员名，一旦注册成功会员名不能修改。

② 登录密码，使用 6～16 个字符，可以使用字母加数字或符号的组合密码，不能单独使用字母、数字或符号。

③ 确认密码，即将刚才的密码再次确认，以防用户输入有误。

④ 输入系统提供的验证码后，单击"同意以下协议并注册"按钮，弹出验证账户信息窗口，如图 7-3 所示。

（3）在国家/地区选项框中，选择"中国内地"。

（4）在"您的手机号码"文本框中输入手机号码，如"1358881××××"。

（5）单击窗口最下面的"使用邮箱验证"按钮后，输入正确的电子邮箱地址，并单击"提交"按钮即可。

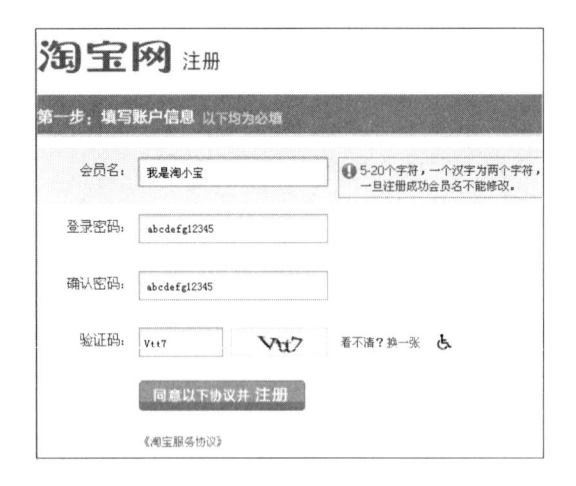

图 7-2　淘宝网会员注册　　　　　　　图 7-3　验证账户信息窗口

2．支付宝设置

支付宝（Alipay）是最初作为淘宝网公司为了解决网络交易安全问题所设的一个功能，该功能为首先使用的"第三方担保交易模式"，由买家将货款打到支付宝账户，由支付宝向卖家通知发货，买家收到商品确认后支付宝将货款打给卖家，至此完成一笔网络交易。支付宝公司于 2015 年 12 月宣布支付宝钱包活跃用户超过 5 亿人。

下面介绍支付宝的设置。

（1）在淘宝网主页上方，单击"登录"按钮，弹出支付宝会员登录窗口，如图 7-4 所示。

图 7-4　支付宝会员登录窗口

（2）在"账户名"文本框中输入注册淘宝会员时的电子邮箱地址，注意不是淘宝会员名。

（3）在"登录密码"文本框中输入注册淘宝会员时的密码。

（4）单击"登录"按钮即可。

7.1.3　阿里旺旺的使用

1．阿里旺旺概述

阿里旺旺是将原先的淘宝旺旺与阿里巴巴贸易通整合在一起的新品牌。它是淘宝和阿里巴巴为商人量身定做的免费网上商务沟通软件。它能帮助商家轻松寻找客户，发布、管理商业信息，及时把握商机，随时洽谈生意。阿里旺旺实际上就是一个聊天工具，只不过该聊天工具主要用于买家与卖家之间的商业谈判、讨价还价等。

2．阿里旺旺功能

阿里旺旺的功能如下：

（1）能随时联系客户，每一条信息都显示了双方是否在线的状态，让买卖双方随时都能联系商务事宜。

（2）海量商机搜索功能。不需要登录网站，就能快速搜索到阿里巴巴大市场600万种商机信息，让买卖双方都能适时地把握时机。

（3）巧发商机的功能。对于商业信息，卖家能一次性批量发布、重发，分类管理各个种类的商业信息。

（4）丰富的系统功能。其具有语音、视频、超大容量文件传输、文本聊天等多功能，每种功能都能方便使用。

（5）多方商务洽谈功能。该系统可以实现一对一、一对多、多对一的交流方式，最多同时可以与在线的30个人进行商务洽谈，可以轻松地做生意。

（6）免费商务服务功能。它可以订阅商机快递、行业资讯；随时把握天气、证券，还具备在线翻译、商旅助理等功能，帮助你更好地交易。

3．阿里旺旺软件安装

（1）进入淘宝网主页，单击主页面左下方的"阿里旺旺"按钮后，出现如图7-5所示的窗口。

图7-5 阿里旺旺软件安装界面

（2）单击"买家用户"按钮，如果你是商家，则单击"卖家用户"按钮后，出现"立即下载"按钮，单击该按钮即可。

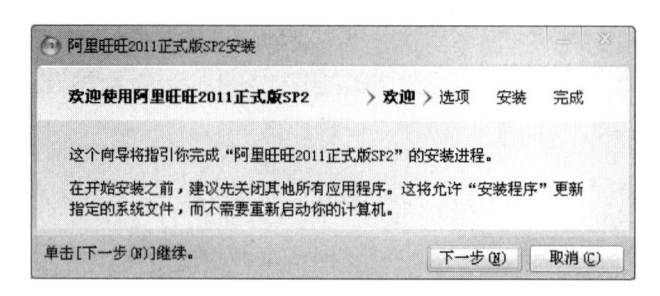

图 7-6 安装向导

（3）选择你所下载的目标文件夹即可将软件下载到你所指定的文件夹里。

（4）双击该文件，即开始安装并出现如图 7-6 所示的阿里旺旺 2011 正式版 SP2 安装对话框。

（5）单击"下一步"按钮后，出现如图 7-7 所示的选择安装位置对话框，在目标文件夹文本框内，用户可以选择安装的位置，系统默认安装在 C:\program files\AliWangwang 子目录下。

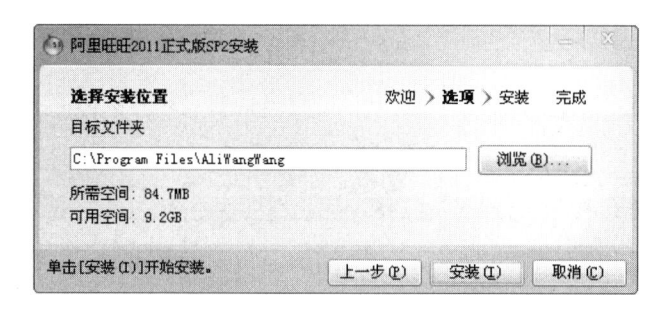

图 7-7 选择安装位置对话框

（6）单击"安装"按钮后，系统开始进行安装，安装成功后弹出如图 7-8 所示的对话框。

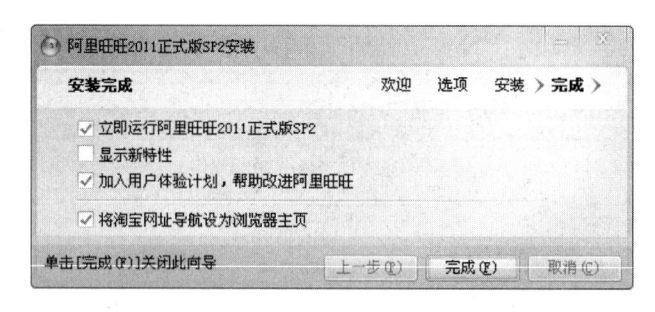

图 7-8 安装完成对话框

4．阿里旺旺软件使用

（1）双击阿里旺旺图标后，即可出现如图 7-9（a）所示的对话框。

（2）输入会员名和密码，单击"登录"按钮后，出现如图 7-9（b）所示的对话框。

第 7 章　网上休闲购物与大数据

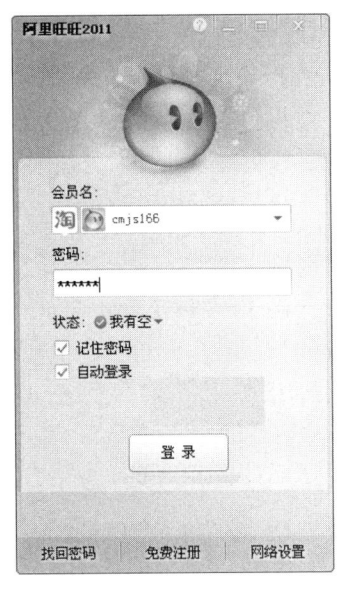

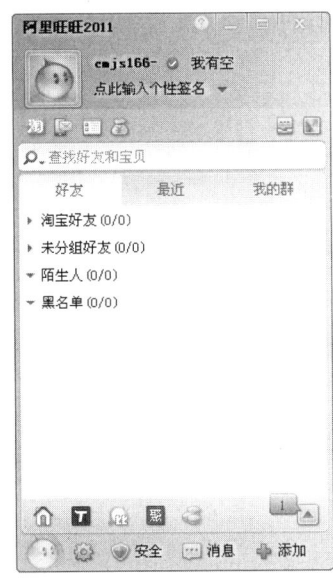

(a)　　　　　　　　　(b)

图 7-9　阿里旺旺使用

(3) 单击"添加"按钮后，即可添加好友，与好友聊天。

(4) 双击你的好友，即可展开一个聊天的窗口，如图 7-10 所示。在该窗口中就是 cmjs166 买家与商家进行聊天的记录。

> 阿里旺旺的聊天方式与 QQ 很相似哦，也很方便的。

图 7-10　阿里旺旺聊天记录

5．网上购物的技巧

网上购物有以下几个技巧供大家参考。

（1）技巧一。

① 要选择信誉好的网上商店，以免被骗。

② 购买商品时，付款人与收款人的资料都要填写准确，以免收发货出现错误。

③ 用银行卡付款时，最好卡里不要有太大的金额，防止被不诚信的卖家拨走过多的款项。

④ 遇上欺诈或其他受侵犯的事情，可在网上找网络警察处理。

（2）技巧二。

① 看。仔细看商品图片，分辨是商业照片还是店主自己拍的实物，而且还要注意图片上的水印和店铺名，因为很多店家都在盗用其他人制作的图片。

② 问。通过旺旺询问产品相关问题，一是试探卖家对产品的了解，二是看卖家的态度，人品不好的话买了他的东西也是麻烦。

③ 查。查店主的信用记录，看其他买家对此款或相关产品的评价。如果有中差评，要仔细看店主对该评价的解释。

另外，也可以用旺旺来咨询已买过该商品的人，还可以要求店主视频看货。原则是不要迷信钻石皇冠，规模很大有很多客服的要格外小心，坚决使用支付宝交易，不要买态度恶劣的卖家的东西。

（3）技巧三。

通过搜索引擎查找商品，购物搜索网站收录的卖家产品一般都是企业或工厂开的网上店铺，具有产品质量保证，通过购物搜索引擎可以比较卖家支付方式、送货方式、卖家对商家信誉服务态度评论，也可查看卖家所在地到线下自行提货。

> 阿里旺旺是淘宝网和阿里巴巴为商人量身定做的免费网上商务沟通软件。它能帮助您轻松寻找客户，发布、管理商业信息；及时把握商机，随时洽谈生意。

7.2 人脸识别技术

7.2.1 人脸识别技术概述

> 刷脸支付是一种以人脸识别技术为核心的新型支付方式，具有更安全、更快捷、更保密的特点。

1. 什么是刷脸

刷脸是指用人脸识别技术对人的面部进行扫描、识别，提取个人面部的唯一的、区别性的特征，进而形成对个人面部特征的总体印象并进行存储。当个人再次面对人脸识别系统时，系统会根据个人面部的特征与系统中存储的面部进行特征匹配，从而完成刷脸过程。

目前，刷脸已经应用于员工考勤、微支付及各种证件的办理、申领。刷脸是刷卡、刷指纹的进一步发展，这里的"刷"即"刷读"之义，即读取人脸的唯一区别性特征，与其相关的表达还有由"打卡"类推而来的"打脸"，由"扫二维码"类推而来的"扫脸"等。

2. 人脸识别技术背景

人脸识别技术是一种基于人的相貌特征信息进行身份认证的生物特征识别技术，技术的最大特征是能避免个人信息泄露，并采用非接触的方式进行识别。人脸识别与指纹识别、掌纹识别、视网膜识别、骨骼识别、心跳识别等都属于人体生物特征识别技术，都是随着光电技术、微计算机技术、图像处理技术与模式识别技术等的快速发展应运而生的，可以快捷、精准地进行身份认定；具有不可复制性，即使做了整容手术，该技术也能从几百项脸部特征中找出"原来的你"。人脸识别系统在世界上的应用已经相当广泛，在中国就已广泛地应用于公安、安全、海关、金融、军队、机场、边防口岸、安防等多个重要行业及领域，以及智能门禁、门锁、考勤、手机、数码相机、智能玩具等民用市场。

3. 人脸识别技术特点

人脸识别技术的特点如下：

（1）人脸识别技术的优点是采集比较直观。商家可以通过采集用户的照片归档到数据库，再通过算法的改善把用户的脸部特征跟照片进行比对即可。

（2）成本较低，便利性较高。按照识别的精度排序，虹膜、指纹、人脸的识别精度依次降低。但人脸识别可以根据摄像头的提升而提升，双目摄像头、结构光摄像头、TOF等，上升空间很大。从应用性来看，现在让所有的用户都提取虹膜信息、指纹信息很难实现；而每个人都有身份证照片，从对比库的角度来看，人脸识别是有一定优势的。此外，虹膜识别、指纹识别需要额外装置，而人脸识别只要有一部手机就可以进行识别或收集。

（3）体验度较好，用户较易接受。由于人脸识别根据摄像头的提高而提高，而且算法的改进会让人脸识别核验在极短时间内完成，让用户觉得这项技术很高效、很便捷。而指纹、虹膜由于更多地依靠智能硬件模块的识别，如上班考勤可能需要员工在指纹机上按几次才能识别，这样就会使用户下意识地把指纹识别归为体验差的技术。

（4）侵犯性低，用户从心理上更容易接受。其他的识别方法都需要用户进行一定程度的配合，如虹膜识别需要人们用眼睛非常靠近识别机以便提取虹膜信息，指纹识别需要用户把手指放置到指纹识别机上，这会让人产生被强制的感觉。而人脸识别由于需要获取的是面部图像，识别过程并不需要与设备做近距离接触，更有尊严感。

（5）人脸识别具有易扩展性。其他识别方法往往需要专业的设备，而一般的人脸识别功

能只需使用摄像头和普通计算机，依靠相关识别软件就可以实现。在目前监控摄像头高覆盖和各行各业计算机已经得到广泛使用的情况下，易于扩展使用。另外，人脸识别技术捕捉人的面部特征来进行识别的行为，符合实际情况下人类自身对他人身份识别的认知规律。由此，脸作为每个人独有的生物特征，已开始逐渐代替身份证、驾照等官方文件，以及指纹、虹膜等生物信息，成为最直观的新的身份象征。

7.2.2 人脸识别技术在图书馆中的应用

随着计算机技术、模式识别技术、图像处理技术等快速发展，近些年来人脸识别技术得到了长足的进步。"刷脸"已在生活的多个领域开始应用。目前，越来越多的图书馆引入了人脸识别技术，并用于刷脸入馆和刷脸借书等业务，以提升管理和服务的人性化和智能化。

1. 刷脸入馆

目前，图书馆门禁系统由门禁卡技术（如读者一卡通）、二维码识别技术（如读者信息二维码或微信校园卡二维码等）及生物识别技术（如指纹、人脸识别）三种技术组成。刷脸入馆是一种较新的门禁识别方式。调查发现，目前许多高校图书馆已将人脸识别技术应用于门禁系统。

图书馆刷脸入馆的信息注册和录脸方式如下：
（1）安装人脸识别设施的通道，刷一卡通并录脸。
（2）无须录脸，自动识别匹配用户一卡通系统的照片，照片导入人脸识别系统；
（3）上传符合要求的读者手机自拍照到人脸识别系统，读者将按规定格式拍摄的照片发送到指定邮箱，再由工作人员导入人脸识别系统。

2. 刷脸借书

人脸识别技术不仅应用于入馆门禁的身份识别，还应用到了借书服务。调查发现，目前多所图书馆将人脸识别技术应用于刷脸借书，如绍兴市柯桥区图书馆、绍兴市越城区图书馆、厦门市图书馆、苏州工业园区 24 小时自助图书馆等公共图书馆和浙江理工大学、哈尔滨工业大学、浙江金融学院、华中科技大学和海南大学图书馆等高校图书馆。

刷脸借书的流程如下：
（1）需要到自助借还机前，启动"人脸绑定"界面拍照（即自助借还机系统进行了升级，增加了人脸识别的摄像头硬件和人脸绑定/识别的软件程序，并与人脸识别系统对接），把个人信息保存到人脸识别系统资料库中。绑定程序完成后，就可以体验刷脸进馆和刷脸借书了。
（2）进馆和借书时，读者只要将脸对着摄像头，门禁系统和自助借还机就会自动识别身份，从而完成无卡进馆和无卡借阅。

7.2.3 人脸识别技术在生活中的应用

说到人脸识别技术的应用，大多数会想到刷脸考勤和刷脸支付。但随着人脸识别技术的发展成熟，刷脸越来越广泛应用在不同的场景了。下面介绍几种日常生活中的人脸识别技术。

第 7 章　网上休闲购物与大数据

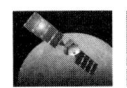

1．刷脸门禁

作为身份识别的辅助，办公楼、居民社区、校园采用刷脸门禁智能终端，可以识别员工、居民和学生身份，杜绝身份不明人士进入社区和校园。刷脸门禁智能终端还能根据需求，可以读取身份证或打印访客凭条，落地智慧安防。

2．刷脸住酒店

办理酒店入住需进行身份核验，包括身份证读取甚至人脸识别。阿里在 2019 年就开了一家名为 Fly Zoo Hotel 的未来酒店。住客只要在大堂的人脸识别终端上刷一下脸，就能自动连接公安系统后台确认住客身份信息。住客同样可以通过人脸识别设备打开房门，无须房卡。

3．刷脸坐电梯

作为社区智慧安防的一个分支，刷脸乘电梯可以识别搭乘人员的身份。这样做有什么好处呢？在社区采用刷脸乘电梯，住客只要刷一下电梯内的人脸识别终端，就能自动识别住客身份，并自动选取你常去的楼层，还能利用大数据自动分配楼层客流，减少高峰时期的排队时间。另外，相信很多人在住酒店时，乘坐电梯时需要刷一下房卡，确定你是酒店住客才能使用电梯，而刷脸乘电梯则免除了刷卡这一步骤，房客只要在酒店入住时进行人脸识别身份核验，就能通过刷脸自动乘电梯。

4．刷脸取快递

针对取快递的自动存放货柜已经在很多地方铺开。许多智能取货柜采用扫码或输入取货码开门。刷脸开门取货可以免除用户扫码、输入密码的麻烦。

5．刷脸吃饭

这应该是最常见的刷脸场景之一。顾客只要在餐厅的刷脸点餐收银机前刷一下脸，就能自动完成支付。现在除了外面的餐厅，也有企业单位会使用人脸识别消费机作为公司食堂内部的收银机，员工不用带饭卡或手机，刷脸收银机即可秒识别是否公司内部员工，当天是否有订餐，并自动完成餐费扣减支付。

6．刷脸购物

许多知名连锁便利店和超市现在也引入刷脸支付收银机，开通了刷脸支付的顾客在收银机前扫描一下脸就能自动完成支付。现在一些无人收银机更是结合了自助扫码和刷脸支付两种功能，顾客可以自己在自助收银机前扫描商品条形码，再通过刷脸完成支付，全程无须店员，免去排队时间，加快收银速度。

7．刷脸乘地铁

搭乘公交地铁，我们经常会使用乘车卡或扫码乘车。如果乘车卡忘了充值或手机没信号，会造成无法支付的窘况。使用刷脸支付能通过人脸识别技术，在绑定的账号上自动扣除车费。

8．刷脸玩游戏

越来越多的孩子沉迷于网络游戏的世界。鉴于未成年的孩子不具备太强的自制力，某知名网络游戏首先在北京和深圳展开小范围的人脸识别身份核验测试，一旦识别用户为未成年，会启动"时长限制"和"充值限制"，防止孩子在游戏中投入过多时间与金钱。

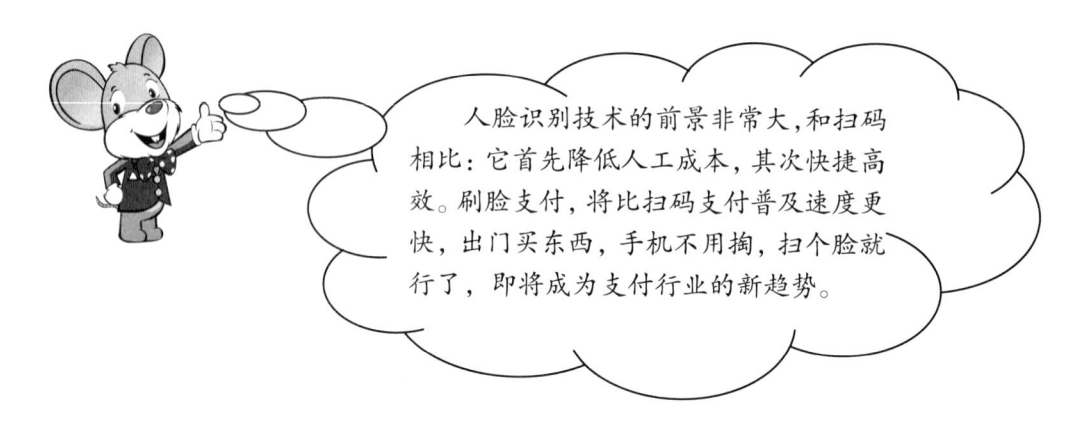

> 人脸识别技术的前景非常大，和扫码相比：它首先降低人工成本，其次快捷高效。刷脸支付，将比扫码支付普及速度更快，出门买东西，手机不用掏，扫个脸就行了，即将成为支付行业的新趋势。

7.3 大数据技术

7.3.1 大数据概述

1．大数据的概念

20世纪90年代末，美国航空航天局的研究人员创造了"大数据"一词，自诞生以来，它一直是一个模糊而诱人的概念，直到近几年才跃升为一个主流词汇。简单地说，大数据又称巨量资料，是指所涉及的数据资料量规模巨大到无法通过人脑甚至主流软件工具，在合理时间内达到撷取、管理、处理并整理成为帮助企业经营决策的资讯，通过分析和挖掘全量的非抽样的数据进行辅助决策。

2．大数据的特点

大数据具有以下几个特点。

1）数据量大

互联网技术的发展，降低了网络使用成本，使用者在网络上的任何一个行为都可能产生庞大的数据信息，为了满足不同层次的使用者的需求，网络上出现了很多多媒体信息，包括图片、视频、音频等，很多数据都发展成为以吉字节进行计算的大型数据。一方面，用户在网络上的活动将产生大量数据；另一方面，各种传感器数据越来越多，现实世界中的数据被快速导入虚拟网络中。除此之外，网络中对于同一事物的描述性数据产生重复，造成大量的数据重叠现象。

2）数据种类多

数据类型多样化也是大数据的重要特征，大数据背景下的信息资源形式越来越多，已经不再局限于单一的文本信息，尤其是智能手机与平板电脑的使用，增加了人们的网络接触概率，很多信息可能是半结构化或非结构化的。结构化的数据可以方便用户与计算机管理和处理数据，但随着传感器技术的快速发展，网络中涌现出大量的非结构化数据，大大增加了数据存储与处理的难度。

3）数据处理速度快

面对庞大的信息量，传统的数据处理模式已经难以满足用户的使用需求，很多数据具备较强的时效性，因此，针对不同的数据信息，数据处理模式也会存在较大的差别，这也是大数据与传统数据模式的主要区别。数据处理的速度必须跟上数据增长的速度，这样才能保证数据的时效性，否则会对网络造成巨大的负担。另外，网络中的很多应用信息必须进行实时处理。以火车订票为例，该类型的数据流具有很强的时效性，如果用户响应时间超过3秒。就会造成用户体验下降。

4）数据价值密度低

数据价值密度低也是大数据的重要属性，传统的结构化数据一般具备特定的用途，因此每条数据的信息十分完整，但数据的完整性给数据处理与存储造成了巨大的负担。非结构化数据有效克服了结构化数据的缺陷，提高了数据价值密度。从大数据整体角度出发，为了保证数据信息的完整性，计算机会存储数据的关联内容，导致很多价值不高的信息被纳入处理范围，直接降低了数据的整体价值，造成数据信息的价值密度降低。

7.3.2 大数据技术概述

大数据技术与传统数据处理技术具有一定相似性，数据处理流程也包括数据挖掘与检索、数据存储、数据分析、数据显示等。大数据技术需要根据用户的需求获取相关的应用信息，之后对数据进行聚合处理，以便于存储数据、分析数据、查询数据，最后通过数据显示将客户需要的信息展现出来，大数据的核心问题与数据处理流程具有一定关联性。

1. 数据挖掘

数据挖掘技术的主要目的是从海量网络数据中挖掘潜在的高价值数据。数据挖掘技术是伴随计算机技术发展而来的，需要通过统计学、人工智能、识别模式等多种方式来实现。互联网上的数据十分驳杂，数据质量直接影响数据分析的结果，数据挖掘技术可以有效控制错误数据的比例，同时可以尽量排除无关数据。数据挖掘技术流程如图7-11所示。

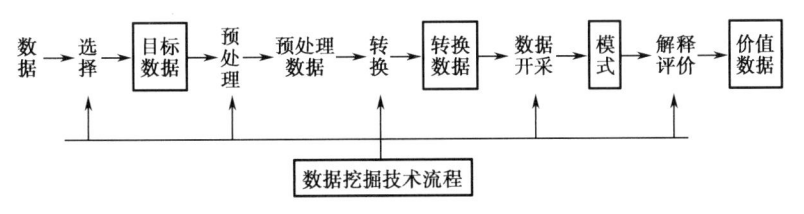

图7-11 数据挖掘技术流程

2. 数据分析

大数据技术的关键就是数据分析，互联网上的数据资源十分丰富，但很多信息不具备实际意义，数据分析可以根据用户要求提取有用信息。非结构化数据具有较高的使用价值，其数据价值密度比传统结构化数据的价值密度高，但现有的数据分析技术还不能快速处理非结构化数据，一方面是非结构化数据增长、更新速度快；另一方面是现有的分析技术具有局限性，难以对非结构化语言进行有效处理。

3. 数据显示

数据显示技术可以将分析处理后的有用数据传输给用户。传统结构化数据可以通过图表显示，用户可以直接理解数据的含义，但非结构化数据的类型十分复杂，且数据之间具有较强的关联性，用户难以通过图表理解非结构化数据。针对非结构化数据的显示问题，可以通过计算机图形学与图像处理技术实现数据可视化，利用三维模型表示复杂的数据，让数据更加直观，便于用户理解。

4. 实时处理

大数据技术的实时处理能力直接关系到数据的价值，数据价值会随着时间不断降低。应用大数据技术能够存储和管理海量的数据信息，并在需要时快速调出。在储存和管理的过程中，需要解决的技术问题是如何进行优化存储、如何降低高成本，而且还需要在存储和管理技术的创新中，实现大数据的索引技术、移动技术及备份复制等。在未来，大数据的存储和管理可以逐渐发展成为可视化管理，这种方式能够有效保护文件数据隐私，还能够有效合理地识别数据真伪，确保储存和管理的安全性。

7.3.3 大数据的应用

大数据技术的应用范围十分广泛，包括科学计算、社交网络、网络金融、互联网、政府宏观调控、移动数据等。大数据技术的典型应用领域与特征如表 7-1 所示。下面将选取互联网应用、电信应用、金融应用及政府应用 4 个方面进行阐述。

表 7-1 大数据技术的典型应用领域与特征

应用领域	应用实例	用户数量	反应时间	数据规模	可靠性	准确性
科学计算	生物信息	小	慢	TB	适中	很高
金融	电子商务	大	非常快	GB	很高	很高
社交网络	Facebook	很大	快	PB	高	高
移动数据	移动电话	很大	快	TB	高	高
物联网	传感网	大	快	TB	高	高
Web 数据	新闻网站	很大	快	PB	高	高
多媒体	视频网站	很大	快	PB	高	适中

1. 互联网应用

互联网信息技术是大数据与大数据技术发展的基础，同时也是大数据技术应用的主要领域之一。一方面，互联网企业具有丰富的数据资源与强大的技术背景，可以支撑大数据技术的发展；另一方面，大数据技术也是互联网的主要发展趋势，可以促进互联网技术的发展。除此之外，互联网可以为大数据技术提供应用测试平台，以淘宝、百度、Facebook 为例，这些公司可以为用户提供大数据技术的应用平台，有效促进了大数据技术的发展。

2. 电信应用

数据分析技术一直是电信运营商的核心竞争力，电信运营商不可能放弃大数据的发展趋势。目前，很多电信运营商已经开始应用大数据技术，包括客户分析与营销、业务分级控制等，都是基于大数据技术开发出来的。除此之外，电信运营商具备广泛的客户基础，庞大的数据量需要大数据技术作为支撑，很多电信运营商为了弥补自身的技术缺陷，已经开始与互联网企业合作，如 Orange 与 Facebook 的合作等。

3. 金融应用

相比于传统行业，大数据技术在网络金融行业已经得到广泛应用。很多网络金融企业已经利用大数据技术对客户交易行为进行分析，目前已经开发出了基于大数据技术的金融分析设备，包括用户交易行为录制设备等。大数据技术在网络金融行业中的应用正在逐步扩散，已经有网络金融公司开始利用大数据技术分析客户关注热点，从而推测金融发展趋势。

4. 政府应用

美国等西方发达国家的政府部门已经具备比较成熟的大数据技术。美国国防部已经利用大数据技术监测搜集情报，卫生管理部门利用大数据技术分析流行疾病。除此之外，联合国早在 2009 年已经开始应用大数据技术监控全球各地的社会经济数据，以便对地区危机做出及时反应。目前，我国政府正在增加大数据技术的研究投入，以便利用大数据技术掌控社会发展动态，调控国家经济，保证社会繁荣稳定。

7.3.4 大数据应用的顾客价值定位

顾客价值是指顾客从消费供方的提供物（offers）中所获得的满意感。根据解决问题的性质不同，其又可进一步划分为满足型价值和利益型价值。顾客价值定位要阐明的是供方针对谁的什么困难，创造了何种顾客价值。基于大数据能够获得关于消费者个体自然情况、购买记录、使用习惯等一系列全面的信息，在客观上帮助企业最大限度地接近消费者真实状况，为企业确立精准的价值主张提供了可能。

1. 挖掘顾客的客观需求

传统上，面向顾客的公司一直以来都在用传统的营销学思维，利用性别、收入、地理、

价格等维度细分来定位它们的顾客，但是单一的、静态的、过去时的变量根本无法客观、全面地反映消费者的真实需求，实际上，这种"行为"类的现象往往极其隐蔽、模糊，甚至具备一定的路径依赖性，而这恰恰是"大数据"最擅长攻破的，它的应用将使企业最大限度地掌握消费者的真实需求。人类任何行为都是其脑海中想法的客观反映，当这些行为得以长期记录、比较和挖掘，便会得知其内心的真实想法。因此，当消费者在网络中点击、浏览或评论时，其购买意愿和偏好将逐渐显现；当消费者携带可穿戴设备或其他物联产品时，其使用情况将转化成传感器数据，其"不便利"就将成为产品或服务下一步改进的方向。例如，许多搜索引擎巨擘根据顾客在网络中的搜索热词进行汇编整理，有偿反馈至相关企业为其提供决策依据，让数据进入市场，形成新的价值。

2. 实现以消费者个体为对象的精准细分

传统上，企业经典的营销学理论，以性别、地理、年龄等维度进行消费者细分，这样细分的结果是以"群"为单位，而实际上，"群"内单独个体间的差异性是显而易见的，因此该分类的科学性难免令人产生怀疑。现在，依托强大的计算能力，"大数据"将实现以消费者"个体"为单位的细分。首先，这依赖于过去抽象的细分标准得以数据化，如消费者的爱好、价值观、购买习惯、健康状况、沟通方式等都得以记录并储存，那么，依托这些特征，精准细分就具备了现实可行性。其次，细分对象具体化，严格来讲，顾客需求的差异不在于群体之间，而是个体和个体之间，但如果企业以单个顾客的需求和偏好为目标市场的话，成本的负担、实施的难度和管理的挑战可想而知，但是，"大数据"的诞生可以使企业向"微市场"化靠近。例如，精准医疗以个人遗传基因信息及分子组成为基础，为病人量身打造整体治疗方案，提供高质量的医疗服务，这一模式已经在医疗行业掀起创新与变革的浪潮。

3. 实时精准反映需求的动态变化

大数据技术的第四个特征，通常被概括为实时个性化，其指向的是在可接受的时间内，完成对多元、复杂数据的集聚、处理、挖掘、反馈和响应，依托该特征，消费者的客观需求得以完整、鲜明、精准地显现出来，甚至比消费者自身更早地预测出其动态变化状况。几千万大数据技术及其应用分析，许多零售电商已经实现数据驱动定制化。具体来说，根据消费者在互联网的足迹，结合其点击、浏览、对比、评论等行为，依托计算模型判断出其个人购买偏好、消费习惯、购买行为模式等，并进行科学的预测，将精准的商品在消费者购买过程中直接进行推送，提升交易的便捷性、有效性和成功率。实际上，关于消费者购买行为的信息挖掘，零售商早已着手。以 Sears Holdings 为例，凭借广泛的销售渠道和良好的销售业绩，该公司积累了大量关于消费者、产品、营销的一线数据，其出发点当然是挖掘出客户需求的实时、精准的变化，但数据储存、处理、挖掘和分析技术的欠缺，使得该项计划不得不搁浅，大数据的价值无法释放，即便是以高昂的成本实现分析，其时效性早已荡然无存。后来，通过与 Cloudera 公司共同合作搭建 Hadoop Cluster（分布式计算集群），依托大数据技术，使得公司在可接受的时间内就完成了数据的提取、集聚、存储与分析的所有环节，大大缩减了数据储存、处理、挖掘、分析并进行决策设计的时间与成本，让其精准、实时并动态地锁定消

费者需求并以此达到"量身定做"的价值主张得以实现。再如，Google 通过特定词条的检索频率，与流感在传播期时的数据进行比较，比美国疾控中心提早一两周就预测到甲型 H1N1 流感的暴发。根据上述讨论，大数据技术在顾客价值主张模块的应用类型如表 7-2 所示。

表 7-2 大数据技术在顾客价值主张模块的应用类型

顾客价值主张应用类型	应 用 举 例
洞悉消费者的真实需求	搜索引擎整理搜索热词，并反映给相关企业以供决策
实现以消费者个体为对象的精准细分	精准医疗，实现基于消费者个体的医疗方案
实时、精准反映需求的动态变化	零售行业分析关于顾客、产品、促销的数据，实现量身定做的推广

7.4 云计算技术

7.4.1 云计算概念

1. 云计算历史

云计算的概念是曾任 Google 首席执行官的施密特于 2006 年首次提出的，在那之后云计算变得炙手可热。全球各大互联网公司竞相宣布对外提供云计算服务，如 Google 在 2007 年向全球宣布其将与 IBM 合作研究云计算，并声称要把全球多所大学纳入它的"云计算"中；IBM 于 2007 年高调推出"蓝云"计划，并声称云计算将是 IBM 接下来的一个重点业务；亚马逊于 2007 年向开发者开放了名为"弹性计算机云"的服务，让小软件公司可以按需购买亚马逊数据中心的处理能力；同年 11 月，雅虎也将一个小规模的云计算服务，提供给卡内基·梅隆大学的研究人员使用；另外一家以虚拟化起家的公司 VMware，从 2008 年开始也扛起了云计算的大旗。

在国外云计算产业如火如荼进行的同时，云计算的提出者斯密特于 2008 在北京访问期间，将云计算的"东风"引入中国。自此，中国的互联网也开始"拥抱"云计算。国内知名的云服务商阿里云就是那时创立并发展起来的。随着云计算的价值被不断挖掘，国内越来越多的公司开始加入研究和部署云计算技术的阵营，比较知名的互联网公司有华为、腾讯等。我国在 2010 年 10 月 18 日发布的《国务院关于加快培育和发展战略性新兴产业的决定》中，正式将云计算定位于"十二五"战略性新兴产业之一。同一天，中华人民共和国工业和信息化部、中华人民共和国国家发展和改革委员会联合印发《关于做好云计算服务创新发展试点示范工作的通知》，确定在北京、上海、深圳、杭州、无锡 5 个城市先行开展云计算服务创新发展试点示范工作。国家对云计算产业的支持使国内的云计算产业飞速发展。

2. 云计算概念

云计算（Cloud Computing）是分布式计算的一种，是指通过网络"云"将巨大的数据计算处理程序分解成无数个小程序，然后通过多部服务器组成的系统进行处理和分析这些小程序得到结果并返回给用户。云计算早期，简单地说，就是简单的分布式计算，解决任务分发，并进行计算结果的合并。因而,云计算又称为网格计算。通过该项技术可以在很短的时间内(几秒钟)完成对数以万计的数据的处理,从而达到强大的网络服务。

云计算是一种资源利用模式,它能以方便、友好、按需访问的方式通过网络访问可配置的计算机资源池(如网络、服务器、存储、应用程序和服务),可以快速和最少的管理工作为用户提供服务。Sun 公司认为,云的类型有很多种,而且有很多不同的应用程序可以使用云来构建。由于云计算有助于提高应用程序部署速度,有助于加快创新步伐,因而云计算可能还会出现我们现在无法想象到的形式。

云计算是并行计算、分布式计算和网格计算等技术的发展。云计算是虚拟化、效用计算的商业计算模型。

7.4.2 云计算交付模式

云计算的服务层次可以分为将基础设施作为服务层、将平台作为服务层及将软件作为服务层,市场进入条件也从高到低。目前,越来越多的厂商可以提供不同层次的云计算服务,部分厂商还可以同时提供设备、平台、软件等多层次的云计算服务,如图 7-12 所示。

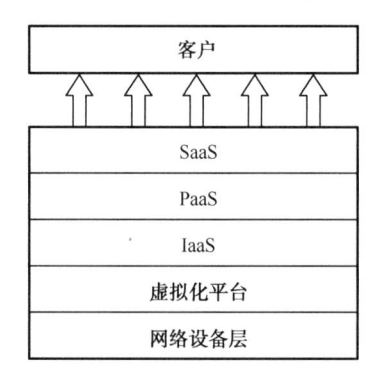

图 7-12 云计算服务类型

1. 基础设施即服务

基础设施即服务(Infrastructure as a Service,IaaS)是指消费者使用处理、存储、网络及各种基础运算资源,部署与执行操作系统或应用程序等各种软件。客户端无须购买服务器、软件等网络设备,即可任意部署和运行处理、存储、网络和其他基本的计算资源,不能控管或控制底层的基础设施,但是可以控制操作系统、存储装置、已部署的应用程序,有时也可以有限度地控制特定的网络元件,如主机端防火墙。其典型代表有亚马逊云计算 AWS(Amazon Web Services)的弹性计算云 EC2 和简单存储服务 S3、IBM 蓝云等。

2. 平台即服务

平台即服务(Platform as a Service,PaaS)是指将一个完整的软件研发和部署平台,包括应用设计、应用开发、应用测试和应用托管,都作为一种服务提供给客户。在这种服务模式中,客户不需要购买硬件和软件,只需要利用 PaaS 平台就能够创建、测试和部署应用和服务。与基于数据中心的平台进行软件开发和部署相比,采用 PaaS 的成本和费用要低得多。

典型代表如，Google App Engine（GAE）只允许使用 Python 和 Java 语言，基于称为 Django 的 Web 应用框架调用 GAE 来开发在线应用服务。

3．软件即服务

软件即服务（Software as a Service，SaaS）是指 SaaS 平台供应商将应用软件统一部署在自己的服务器上，客户可以根据实际工作需求，通过互联网向厂商定购所需的应用软件服务，按定购的服务多少和时间长短向厂商支付费用，并通过互联网获得 Saas 平台供应商提供的服务。SaaS 应用软件有免费、付费和增值三种模式。付费通常为"全包"费用，囊括了通常的应用软件许可证费、软件维护费及技术支持费，将其统一为每个用户的月度租用费。SaaS 不仅适用于中小型企业，所有规模企业都可以从 SaaS 中获利。典型代表如 Salesforce 公司提供的在线客户关系管理 CRM（Client Relationship Management）服务、Zoho Office、Webex，常见的还有 E-mail 等。

7.4.3 云计算部署模式

云计算部署模式有以下几种。

1．私有云

私有云是为一个客户单独使用而构建的，因而提供对数据、安全性和服务质量的最有效控制。该公司拥有基础设施，并可以控制在此基础设施上部署应用程序的方式。私有云可部署在企业数据中心的防火墙内，也可以将它们部署在一个安全的主机托管场所。私有云极大地保障了安全问题，目前有些企业已经开始构建自己的私有云。

优点：私有云提供了更高的安全性，因为单个公司是唯一可以访问它的指定实体，同时也使组织更容易定制其资源以满足特定的 IT 要求。

缺点：其安装成本很高。此外，企业仅限于合同中规定的云计算基础设施资源。私有云的高度安全性可能会使远程访问也变得很困难。

2．社区云

"社区云"是大的"公有云"范畴内的一个组成部分，是指在一定的地域范围内，由云计算服务提供商统一提供计算资源、网络资源、软件和服务能力所形成的云计算形式。

优点：云端资源只给两个或两个以上的特定单位组织内的员工使用，除此之外的人和机构都无权租赁和使用云端计算资源。隐私度、安全性和政策遵从都比公有云高。

缺点：由于共同费用的用户数比公有云少，因此费用比公有云高。

3．公有云

公有云通常指第三方提供商为用户提供的能够使用的云，公有云一般可通过 Internet 使用，可能是免费或成本低廉的。这种云有许多实例，可在当今整个开放的公有网络中提供服务。公有云的最大意义是能够以低廉的价格，提供有吸引力的服务给最终用户，创造新的业务价值，公有云作为一个支撑平台，还能够整合上游的服务（如增值业务、广告）提供者和下游最终用户，打造新的价值链和生态系统。它使客户能够访问和共享基本的计算机基础设施，包括硬件、存储和带宽等资源。

优点：公有云可以实现工作负载的即时部署，而无须准备裸金属。你不再需要选择大小适当的硬件、办理使用流程，也不再需要打开箱子取出硬件、架构、通电、部署、安装操作系统及打补丁。使用公有云，你只需要刷一下信用卡，在几分钟之内就可以获得一个平滑的公有云虚拟机，或者在某些情况下，你可以获得平台即服务实例，公有云立刻为服务请求做好准备。

缺点：公有云成本是不可预测的，公有云提供商收取的利率也只能任其决定。简而言之，初始阶段支付较少，但随着时间推移，你可能花费更多的钱，成本甚至会完全失控。然而，这中间可能存在一个权衡之计。

4. 混合云

混合云融合了公有云和私有云，是近年来云计算的主要模式和发展方向。我们已经知道私有云主要是面向企业用户，出于安全考虑，企业更愿意将数据存放在私有云中，但是同时又希望可以获得公有云的计算资源，在该情况下越来越多地采用混合云。它将公有云和私有云进行混合和匹配，以获得最佳的效果，这种个性化的解决方案，达到了既省钱又安全的目的。

优点：混合云允许用户利用公有云和私有云的优势，为应用程序在多云环境中的移动提供了极大的灵活性。此外，混合云模式具有成本效益，因为企业可以根据需要决定使用成本更昂贵的云计算资源。

缺点：其因为设置更加复杂而难以维护和保护。此外，由于混合云是不同的云平台、数据和应用程序的组合，因此整合可能是一项挑战。在开发混合云时，基础设施之间也会出现主要的兼容性问题。

7.4.4 云计算关键技术

1. 云计算技术概念

云计算技术是指基于云计算商业模式应用的网络技术、信息技术、整合技术、管理平台技术、应用技术等的总称，可以组成资源池，按需所用，灵活便利。云计算技术将变成重要支撑。技术网络系统的后台服务需要大量的计算、存储资源，如视频网站、图片类网站和更多的门户网站。伴随着互联网行业的高度发展和应用，将来每个物品都有可能存在自己的识别标志，都需要传输到后台系统进行逻辑处理，不同程度级别的数据将会分开处理，各类行业数据皆需要强大的系统后盾支撑，这些只能通过云计算来实现。

2. 云计算平台技术

云计算平台也称云平台，是指基于硬件的服务，提供计算、网络和存储能力。云平台可以划分为三类：以数据存储为主的存储型云平台、以数据处理为主的计算型云平台及计算和数据存储处理兼顾的综合云平台。

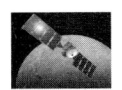

云平台的主要特点是用户不必关心云平台底层的实现。使用平台的用户，或使用云平台发布第三方应用的开发者（服务提供商或云平台用户）只需要调用平台提供的接口就可以在云平台中完成自己的工作。利用虚拟化技术，云平台提供商可以实现按需提供服务，这一方面降低了云的成本，另一方面保证了用户的需求得到满足。云平台基于大规模的数据中心或网络，因此可以提供高性能的计算服务，并且云的资源几乎是无限的。

3．虚拟化技术

虚拟化是一种资源管理技术，是将计算机的各种实体资源，如服务器、网络、内存及存储等，予以抽象、转换后呈现出来，打破实体结构间的不可切割的障碍，使用户可以比原本的组态更好的方式来应用这些资源。这些资源的新虚拟部分不受现有资源的架设方式、地域或物理组态所限制。一般所指的虚拟化资源包括计算能力和资料存储。

在实际的生产环境中，虚拟化技术主要用来解决高性能的物理硬件产能过剩和老旧硬件产能过低的重组重用，透明化底层物理硬件，从而最大化地利用物理硬件。虚拟化技术主要有以下几种。

1）服务器虚拟化

将服务器物理资源抽象成逻辑资源，让一台服务器变成几台甚至上百台相互隔离的虚拟服务器，不再受限于物理上的界限，而是让 CPU、内存、磁盘、I/O 等硬件变成可以动态管理的"资源池"，从而提高资源的利用率，简化系统管理，实现服务器整合，让 IT 对业务的变化更具适应力——这就是服务器的虚拟化。

服务器虚拟化主要分为以下三种。

（1）"一虚多"是指一台服务器虚拟成多台服务器，即将一台物理服务器分割成多个相互独立、互不干扰的虚拟环境。

（2）"多虚一"是指多个独立的物理服务器虚拟为一个逻辑服务器，使多台服务器相互协作，处理同一个业务。

（3）"多虚多"是指将多台物理服务器虚拟成一台逻辑服务器，然后再将其划分为多个虚拟环境，即多个业务在多台虚拟服务器上运行。

2）存储虚拟化

存储虚拟化最通俗的理解就是对存储硬件资源进行抽象化表现。通过将一个（或多个）目标服务或功能与其他附加的功能集成，统一提供有用的全面功能服务。存储虚拟化的方式是将整个云系统存储资源进行统一整合管理，为用户提供一个统一的存储空间。它的主要功能有：把存储资源统一整合管理形成数据中心模式；用多个异构存储服务器实现分布式存储以统一模式访问虚拟化后的用户接口；将云存储系统虚拟成用户本地硬盘；还有节能减排、安全认证、数据加密、基层管理等。

3）应用虚拟化

应用虚拟化是把应用对底层系统和硬件的依赖抽象出来，从而解除应用与操作系统和硬件的耦合关系，应用程序运行在本地应用虚拟化环境中时，该环境为应用程序屏蔽了底层可能与其他应用产生冲突的内容，从而使其具有良好的兼容性。

4）平台虚拟化

平台虚拟化是集成各种开发资源虚拟出的一个面向开发人员的统一接口，软件开发人员可以方便地在此虚拟平台中开发各种应用并嵌入到云计算系统中，使其成为新的云服务供用户使用。它的主要功能有：支持各种通用的开发工具及开发软件，如 C、C++、Java、C#、Basic 等；测试环境、服务计费、排名打分、升级更新和管理监控等。

5）桌面虚拟化

桌面虚拟化是指将用户的桌面环境与其使用的终端设备解耦。服务器上存放的是每个用户的完整桌面环境。用户可以使用具有足够处理和显示功能的不同终端设备通过网络访问该桌面环境。它的主要功能有：集中在服务器端管理和配置 PC 环境及其他客户端需要的软件可以对企业数据、应用和系统进行集中管理、维护和控制，以减少现场支持工作量；还有使用连续性、故障恢复、用户自定义等。

4．数据存储技术

数据存储技术在应用过程中主要的使用对象是临时文件在加工过程中形成的一种数据流，通过基本信息的查找，数据记录依照某种格式，并将其记录和存储在计算机外部存储介质和内部存储介质上。数据存储需要根据相关信息特征进行命名，将流动数据在系统中以数据流的形式反映出来，同步呈现静态数据特征和动态数据特征。

云计算模式下的数据存储技术也被称为云存储，属于一种延伸性的计算机存储概念。云存储是指将分布式的系统文件进行整合，在网络技术基础上通过集群应用将计算机存储设备和存储软件集中，实现协同合作。云存储功能强大，数据存储模式具有创新性，应用的关键则是程序软件，在不同设备的有机结合中能够保证计算机存储设备的服务功能转换，因而本质上云计算模式下的数据存储技术应用的广域网透明度较高，对外提供数据方便、业务访问范围广。

5．数据管理技术

数据管理技术是指对数据进行分类、编码、存储、检索和维护，它是数据处理的中心问题。随着计算机技术的不断发展，在应用需求的推动下，在计算机硬件、软件发展的基础上，数据管理技术经历了人工管理、文件系统、数据库系统三个阶段。

6．分布式编程与计算技术

为了使用户能更轻松地享受云计算带来的服务，让用户能利用编程模型编写简单的程序来实现特定的目的，云计算上的编程模型必须十分简单，必须保证后台复杂的并行执行和任务调度向用户和编程人员透明。当前各 IT 厂商提出的"云"计划的编程工具均基于 Map-Reduce 的编程模型。Map-Reduce 是一种处理和产生大规模数据集的编程模型，程序员在 Map 函数中指定对各分块数据的处理过程，在 Reduce 函数中指定如何对分块数据处理的中间结果进行归约。用户只需要指定 Map 和 Reduce 函数来编写分布式的并行程序。

7．云计算业务接口技术

为了方便用户业务由传统 IT 系统向云计算环境的迁移，云计算应对用户提供统一的业务接口。业务接口的统一不仅方便用户业务向云端的迁移,也会使用户业务在云与云之间的迁移更加容易。在云计算时代,SOA 架构和以 Web Service 为特征的业务模式仍是业务发展的主要路线。

8．云计算相关安全技术

云计算模式带来一系列的安全问题,包括用户隐私的保护、用户数据的备份和云计算基础设施的防护等。云计算中虚拟服务的规模化、集约化和专业化改变了信息资源大量分散于端设备的格局,云计算本身可以通过安全作为服务的形式为改善互联网安全做出贡献。云计算中心可以实现集约化和专业化的安全服务,改变当前人人都在打补丁、个个都在杀病毒的状况;还可以将备份作为一种服务形式,实现专门的云备份服务等。

能力训练题 7 体验网上购物

一、能力训练前的准备

(1) 查看本地计算机是否已与 Internet 连接成功。

(2) 查看本地计算机的 Internet Explorer 是否是最新版本的,建议最好使用 Internet Explorer 8.0 版或以上。

(3) 建立自己的子目录以备后用,以后可以将 Internet 上搜索到的资料下载到该子目录中。建议最好将自己的子目录创建在除 C 盘以外的硬盘中,待用完后再将相应的资料内容复制到自己的网络硬盘或 U 盘中。

二、能力训练目的要求

通过网上购物的体验,进一步理解电子商务的内涵;能够分析电子商务的物流、资金流、信息流;会利用电子商务标准对 B2C 网站进行全面的比较分析。

三、能力训练内容

【操作一】 注册淘宝会员
(1) 进入淘宝网主页后注册淘宝会员。
(2) 填写相关的资料。
(3) 用注册后的淘宝账号和密码进入淘宝网,查看其内容。
(4) 对支付宝进行设置。
(5) 熟悉淘宝网系统环境和功能模块。

【操作二】 下载阿里旺旺软件
(1) 进入淘宝网主页后下载阿里旺旺软件。
(2) 安装阿里旺旺软件。
(3) 设置阿里旺旺软件。

（4）修改个人信息。

【操作三】 在淘宝主页体验网上购物

（1）进入相关的电子商务网站，或者在地址栏中输入 http://www.taobao.com，登录淘宝网。

（2）如果购手机就可以直接单击导航条，选择商品，可以直接在分类栏中进行查询，或者直接在宝贝栏中进行模糊查询或快速查询。

（3）单击"对比选中的宝贝"。

（4）选择价格最低的掌柜为"孤独石子"的手机，单击"立即购买"。

（5）如果你没有注册，则先注册，单击免费注册。

（6）激活邮件，注册成功后，确认购买信息。

（7）等待买家付款。

（8）付款给支付宝，确认到货，支付宝打款给卖家，完成交易。

四、能力训练报告

能力训练报告的格式如下。

1．训练过程

目的要求：

训练内容：

训练步骤：

（1）画出网上购物流程。

（2）画出交易框图。

（3）写出网上购物体会。

2．训练结果

训练结果分析：

（可以使用表格方式，也可以使用文字方式。）

3．总结

通过能力训练，总结自己的掌握程度，分析出错原因，提出改进措施。

习题 7

一、填空题

1．网上购物，就是通过 Internet _____ 信息，并通过 _____ 发出 _____ 请求，然后填上 _____ 或 _____ 的号码，厂商通过＿＿＿＿＿＿＿＿＿＿的方式发货，或者是通过＿＿＿＿＿＿＿＿＿＿送货上门。

2．支付宝最初作为＿＿＿＿＿＿＿＿＿＿公司为了解决＿＿＿＿＿＿＿＿＿＿所设的一个功能，该功能为首先使用的＿＿＿＿＿＿＿＿＿＿，由买家将＿＿＿＿＿＿＿＿＿＿打到＿＿＿＿＿＿＿＿＿＿账户，由＿＿＿＿＿＿＿＿＿＿向卖家通知＿＿＿＿＿＿＿＿＿＿，买家收到＿＿＿＿＿＿＿＿＿＿后指令＿＿＿＿＿＿＿＿＿＿将货款放于卖家，至此完成一笔网络交易。

3．阿里旺旺是将原先的＿＿＿＿＿＿＿＿＿＿与＿＿＿＿＿＿＿＿＿＿贸易通整合在一起的新＿＿＿＿＿＿＿＿＿＿。它是＿＿＿＿＿＿＿＿＿＿和＿＿＿＿＿＿＿＿＿＿为商人度身定做的免费＿＿＿＿＿＿＿＿＿＿软件。它能帮您轻松找＿＿＿＿＿＿＿＿＿＿，＿＿＿＿＿＿＿＿＿＿管理＿＿＿＿＿＿＿＿＿＿信息；及时＿＿＿＿＿＿＿＿＿＿，随时＿＿＿＿＿＿＿＿＿＿做生意。

4．阿里旺旺的功能有：＿＿＿＿＿＿＿＿＿＿功能、＿＿＿＿＿＿＿＿＿＿功能、＿＿＿＿＿＿＿＿＿＿功能、＿＿＿＿＿＿＿＿＿＿功能、＿＿＿＿＿＿＿＿＿＿功能、＿＿＿＿＿＿＿＿＿＿功能等。

5．大数据又称＿＿＿＿＿＿，是指所涉及的数据资料量＿＿＿＿＿＿到无法通过人脑甚至主流软件工具，在合理时间内达到撷取、＿＿＿＿＿＿、处理、＿＿＿＿＿＿成为帮助企业经营决策更积极目的的资讯，通过＿＿＿＿＿＿和＿＿＿＿＿＿全量的非抽样的数据辅助决策。

6．大数据技术需要根据＿＿＿＿＿＿获取相关的＿＿＿＿＿＿，之后对数据进行＿＿＿＿＿＿，以便于存储数据、＿＿＿＿＿＿、＿＿＿＿＿＿，最后通过数据显示将＿＿＿＿＿＿的信息展现出来，大数据的核心问题与＿＿＿＿＿＿具有一定关联性。

7．云计算（Cloud Computing）是＿＿＿＿＿＿的一种，是指通过网络"云"将＿＿＿＿＿＿计算处理程序分解成无数个＿＿＿＿＿＿，然后通过多部＿＿＿＿＿＿组成的系统进行处理和＿＿＿＿＿＿这些小程序得到结果并返回给用户。

8．云计算技术基于＿＿＿＿＿＿模式应用的网络技术、＿＿＿＿＿＿、整合技术、＿＿＿＿＿＿、应用技术等的总称，可以组成资源池，＿＿＿＿＿＿，＿＿＿＿＿＿。云计算技术将变成重要支撑。

二、判断题

1．国内的网上购物，一般付款方式是款到发货（直接银行转账，在线汇款）。（   ）

2．在淘宝网注册成功的会员名是可以修改的，但密码不允许修改。（   ）

3．阿里旺旺实际上就是一个聊天工具，只不过该聊天工具用于买家与卖家之间的商业谈判、讨价还价等。（   ）

4．大数据技术与传统数据处理技术没有一定相似性。（   ）

5．大数据又称巨量资料。（   ）

6．大数据技术的应用范围十分广泛，包括科学计算、社交网络、网络金融、互联网、政府宏观调控、移动数据等。（   ）

7．移动商务是借助于计算机技术、网络技术向用户提供内容和服务，并从中获得利润的商务活动。（   ）

8．云计算是一种方便的使用方式和服务模式。（   ）

9. 刷脸是指采用人脸识别技术对人的面部进行扫描、识别的一种方法。（   ）

三、简答题

1. 简述网上购物的概念。
2. 简述网上购物的特点。
3. 简述在淘宝网上注册会员的方法。
4. 简述设置支付宝的方法。
5. 简述下载和安装阿里旺旺软件的方法。
6. 简述网上购物的技巧。
7. 简述大数据概念。
8. 简述大数据技术概念。
9. 简述云计算概念。
10. 简述云计算技术概念。

阅读材料 7——一个 90 后女孩做微商的经验总结

（http://www.14du.com/article-348-1.html）

> 互联网的出现和发展，潜移默化地改变了人们的工作和生活方式，同时也改变着企业传统的经营模式和管理模式。

1. 做一个经济独立的女性

（1）我最好的朋友从事化妆品行业十几年了，一直在知名化妆品公司从事产品开发和培训工作。最近，她跟我说她和几个朋友推出了一个面膜品牌，效果不错，问我要不要一起做。说实话，在医院上班十几年，真的觉得自己和社会有点脱节，之前没有听说过微商，不知道怎么操作。好吧，十几年的感情摆在那，不管我做不做这个事情，我肯定要友情支持一下，抱着帮帮朋友的想法，就咬咬牙拿货做了代理。后来我才知道，我是多么幸运地拿到了一手货源，这是多少小微商梦寐以求的。

（2）拿到产品以后怎么办？总不能自己没有用就在朋友圈推广吧。货到了，先看说明，照着使用方法在自己脸上用，自己给自己代言。其实在用的时候就有同事问，"你最近用的什么，皮肤还不错"，我说，"不告诉你们，等我用的好了再说"。用够 8 天，皮肤确实比以前光滑、紧致了。产品质量没有问题，我可以放心在朋友圈推广了。只有自己都觉得好的产品才有信心分享给大家，卖东西也是在卖良心。

（3）有了产品那么卖给谁呢？刚开始的微商都是先从自己微信里的朋友做起的。因为微信朋友圈里的朋友一般都是熟人，这部分资源是我们刚开始起步最容易获得的（在此感谢一开始就加入我的团队，给我莫大信任和支持的亲们）。当然方法应用得当的话，不但不会流失这部分资源，而且还会把他们变成我们开展营销活动最忠实的客户，通过口口相传，让我们的客户群日益壮大。这里，就有朋友问，你不是赚朋友的钱吗？你赚朋友的钱你好意思吗？刚开始的时候我也纠结过，后来一想，我们当下活在信息时代，如某商场在做活动，买200送200；某鞋店在做活动，打几折；某化妆品店里最近有个护肤品你用了特别好。你会最先把这些消息和谁分享，当然是你的朋友，你不知不觉就成了信息传播者，那你的朋友去店里消费以后，买了东西也很高兴。你又知道商场、鞋店、化妆品店赚了你朋友多少钱吗？每个产品的流转基本都通过了厂家—总代—省级—市区等各级代理才到消费者手里，商家赚了你的钱，你特高兴，朋友赚了你的钱你就不高兴，这合理吗？

（4）我发了一段时间的微信没人理我怎么办？这个时候没有更好的办法，就是坚持。我是国庆节前开始发图的，我把我自己用面膜的照片发在朋友圈，按照微商技巧发图，大概因为十一长假，大家空闲时间多，我的产品在朋友圈一发，又是一个新事物，大家比较感兴趣，评论的也多，很多人咨询，当然卖得比较好。十一假期后刚上班几天就卖断货了，我就进了第二批货，进回来以后，我还是每天坚持发图，可是没人跟了，除了点赞的，几乎没人评论，又坚持了几天，我开始动摇了，我给我老公讲，这个事情我做不下去了，没人问，卖不动，可能我们的消费水平在那摆着呢。老公说："万事开头难，坚持吧。"同时感谢我的另外一个闺蜜，她说："没事，卖不动自己用，再不行我帮你卖。"当然这是我的一个瓶颈期，但是我还是每天坚持定时发图。坚持就是胜利。

不能一味地等待，要伺机而动。等到发了十几天图的时候，有几个人就问我了。那么她们就是对你产品感兴趣的人，重点关注这一部分人群。同时，我也在研究，什么样的人对面膜微商感兴趣。

2. 总结三种人

（1）平时就爱美，喜欢保养的人。

（2）对目前处境不太满意，愿意通过另外一种方式实现自我价值的人。

（3）对金钱有强烈欲望的人。

你可以把你的朋友圈梳理一下，看看哪些人符合这些特点。

3. 如何做好微商

最后总结一下我对微商的定义：微商就是指通过微信朋友圈卖东西。咱不谈微博、QQ之类的，就说朋友圈卖货。想要让客户购买你的产品就需要让客户信任你，如果客户无法信任你是不会成交的。如果微信客户是你们相互认识的，那已经有基本的信任，只要产品是他所需要的，价格又合适，那基本就会达成交易。那么对于不太熟的朋友怎么去做呢？

（1）一定要让客户相信你的产品。如果你卖面膜，那就一定要让他相信面膜是有效的，

你卖什么就要客户相信这个产品，如可以出具证书、自己用过的感受、朋友用过的感受。当客户对产品有一定的信任，但是还略带怀疑时，这时就特别感谢公司推出了这样一个促销政策：买一盒面膜送一片单片，单片用了以后如果效果不好整盒退回可以退款；这个政策一推出，正在观望的朋友都没有后顾之忧了，马上有十几个朋友尝试性地买了我的面膜，由于产品效果真的好，所以没出现一个要退货的。

（2）对本人诚信度的塑造。举例，比如说本人微信卖货就是使用个人的名义在卖，使用的名字是我的真实姓名，头像也是真实的照片。我也经常拍一些自己工作场景的照片（本人目前还在医院工作，有具体的单位，大家信任度会更高一些）；当然我也会经常晒一些自己使用产品的照片，包括我的家人也在使用产品的图片，让客户感受到我的微信是一个活生生的人，而且是自己在使用产品的真实分享，长时间坚持下来，客户终会慢慢信任你。

（3）经常和朋友互动。再熟悉的朋友长年不联系也变得陌生，而陌生人如果经常聊天也会变成熟人。我每天所有的业余时间几乎都在和我的各种朋友微信聊天、评论、私信、语音等。和她们聊一些共同的话题，如育儿、旅游、护肤心得、养生等，总之只要找到对方感兴趣的话题都可以去聊。

（4）谈单，也就是"转化"。光聊天不成交就像光谈恋爱不结婚一样也是浪费时间，最终聊到了一定火候，大家肯定也会关心你最近在忙什么，很简单，让她们看你的朋友圈，告诉她你在兼职——卖面膜，因为自己用了好，又有货源优势，然后感兴趣的话可以一起来做这个事情。当然要想把这个作为生意，自己一定要用产品，这时就一定要让对方先用产品，用出感觉来了，再来谈如何做这个生意的具体方法和步骤。

通过以上的方法，我一个多月的时间，居然发展了 6 个代理，"一不小心"居然发现我已经进了三次货了，而且双十一还没来，我就断货了，厂家也断货了，这真的是我没想到的。然后心里偷偷地一算账，还挣了点小钱。我现在不像刚开始那样彷徨了，信心特别足，接下来我要做的就是将我的经验复制给我的代理，把她们扶持好，才不会辜负了她们对我的信任。

参 考 文 献

[1] 李晓明. 电子商务案例分析（第3版）. 北京：中国铁道出版社，2019.
[2] 张宝明，文燕平，电子商务技术基础（第3版）. 北京：清华大学出版社，2018.
[3] 陈孟建. 电子商务网站运营与管理（第2版）. 北京：中国人民大学出版社，2018.
[4] 方玲玉，李念. 电子商务基础与应用. 北京：电子工业出版社，2010.
[5] 温明剑. 电子商务网络技术基础. 北京：清华大学出版社，2010.
[6] 王冀鲁. 网络技术基础. 北京：清华大学出版社，2009.
[7] 张与鸿，等. 电子商务网络实施技术. 北京：水利水电出版社，2007.
[8] 王宏宇，张学兵. 电子商务网络技术. 武汉：武汉理工大学出版社，2010.
[9] 岑雄鹰. 电子商务技术基础教程. 北京：水利水电出版社，2008.
[10] 张润彤. 电子商务概论. 北京：电子工业出版社，2009.
[11] 陈孟建. 网络营销与策划. 北京：人民邮电出版社，2009.
[12] 张宝明，阳光，刘强. 电子商务技术基础. 北京：清华大学出版社，2008.
[13] 王忠元. 移动电子商务. 北京：机械工业出版社，2015.
[14] 钟元生. 移动电子商务. 上海：复旦大学出版社，2012.
[15] 王红雷. 移动电子商务. 北京：机械工业出版社，2015.

欢迎广大院校师生**免费**注册应用

华信SPOC官方公众号

www.hxspoc.cn

华信SPOC在线学习平台

专注教学

- 数百门精品课
- 数万种教学资源
- 教学课件 师生实时同步
- 多种在线工具 轻松翻转课堂
- 电脑端和手机端（微信）使用
- 测试、讨论、投票、弹幕…… 互动手段多样
- 一键引用，快捷开课 自主上传，个性建课
- 教学数据全记录 专业分析，便捷导出

登录 www.hxspoc.cn 检索 华信SPOC 使用教程 获取更多

华信SPOC宣传片

教学服务QQ群：1042940196
教学服务电话：010-88254578/010-88254481
教学服务邮箱：hxspoc@phei.com.cn

电子工业出版社　华信教育研究所
PUBLISHING HOUSE OF ELECTRONICS INDUSTRY